Dieses Buch
gibt Antwort auf alle wichtigen Fragen der Tierhaltung heute, und es zeigt den Weg zur ungetrübten Freude mit Tieren in Wohnung und Haus.

Heinz Sielmann, erfolgreicher Tierfilmer und Autor beliebter Bücher über Tiere in freier Wildbahn, hat sich nun auch der 40 Millionen Heimtiere angenommen, die in deutschen, österreichischen und Schweizer Haushalten ihr Dasein fristen. Bei Sielmann findet der Tierfreund Rat und Hilfe, wenn er wissen möchte, auf was beim Tierkauf zu achten ist, wie man Tiere richtig pflegt, und hier lernt er, wie er mit dem Tier seiner Wahl umgehen muß, damit es ein »lebendiges« Tier bleibt.

Im »Katalog der Heimtiere« präsentiert Heinz Sielmann die beliebtesten Tierarten fürs Heim: »Streicheltiere« wie Zwerghasen, Meerschweinchen, Katzen und Hunde, muntere »Stubengenossen« wie bunte Vögel und possierliche Kleinsäuger sowie interessante »Anschautiere« – Aquarienfische, Eidechsen, Schildkröten und Schlangen und viele andere. Alle diese Tiere werden in Zeichnungen und Farbfotos vorgestellt. Ausführliche Beschreibungen geben Auskunft über ihr Herkommen, ihr Wesen und ihr Verhalten.

Glück mit Tieren ist der unentbehrliche Ratgeber für Tierhalter von sieben bis siebzig. Er hilft sicher, wenn es gilt, Heimtierprobleme in der Familie rasch zu lösen. Und mit Heinz Sielmann lernen auch Kinder spielend den richtigen Umgang mit ihrem Liebling.

Heinz Sielmann
geboren 1917 in Rheydt (Rheinland), aufgewachsen in Ostpreußen, beschäftigte sich von Jugend an mit Tierbeobachtungen. Mit 18 hält er den ersten Lichtbildervortrag, mit 21 dreht er seinen ersten Tierfilm und mit 26 schreibt er sein erstes Tierbuch, das im Gräfe und Unzer Verlag, Königsberg, erscheint. Zwischen Film- und Forschungsarbeiten studiert Sielmann Biologie an den Universitäten Posen, Münster und München. Von 1953 bis 1956 arbeitet er bei Konrad Lorenz im Institut für Vergleichende Verhaltensphysiologie in Buldern (Westf.). 1966 macht ihn die Deutsche Ornithologen-Gesellschaft zu ihrem Ehrenmitglied. Zur Zeit befaßt sich Heinz Sielmann als Mitglied der »Gruppe Ökologie« vordringlich mit Fragen des Naturschutzes.

Das *Filmschaffen* von Heinz Sielmann umfaßt bis heute 40 Filme für den Biologieunterricht, 70 Fernsehfilme, 105 wissenschaftliche Filme und 4 abendfüllende Dokumentarfilme für Kinos. *Buchveröffentlichungen:* 10 Tierbücher, darunter »Lockende Wildnis«, »Abenteuer im Tierreich«, »Mein Weg zu den Tieren«. *Auszeichnungen:* Cherry-Kearton-Medaille der Royal Geographic Society, Christopher-Award-Medaille, USA. Für seine Tierfilme wurde Heinz Sielmann fünfmal mit dem Deutschen Bundesfilmpreis ausgezeichnet. Außerdem erhielt er den Goldenen Bären der Berliner Filmfestspiele und den Deutschen Jugendfilmpreis. Für seine Fernsehfilme erhielt Sielmann 1973 den »Bambi«, 1976 den »Goldenen Bildschirm«.

Heinz Sielmann

Glück mit Tieren

Alles über Tiere zu Hause.
So pflegen und verstehen wir sie richtig.

Mit 45 Farbfotos der beliebtesten Heimtiere
und 100 Tierzeichnungen von Fritz W. Köhler

Mitarbeit: Walter Schneider

Büchergilde Gutenberg

Redaktionsleitung: Hans Scherz
Lektorat: Doris Schimmelpfennig-Funke

Lizenzausgabe für die Büchergilde Gutenberg, Frankfurt am Main, Wien, Zürich, mit freundlicher Genehmigung des Gräfe und Unzer Verlages, München

Einbandgestaltung: Heinz Richter, Hanau
Satz, Druck und Bindung: Druckerei Ludwig Auer, Donauwörth

Printed in Germany 1977 ISBN 3 7632 2155 7

Inhalt

Inhalt

Warum ich dieses Buch geschrieben habe

Immer wieder passiert es mir auf der Straße, auf Bahnhöfen oder Flugplätzen, daß mich Leute ansprechen, weil sie in Sachen Heimtierhaltung Auskunft haben wollen. Fragen wie diese höre ich besonders oft:

Welches Tier soll ich meinem dreijährigen Töchterchen schenken, es ist besonders tierlieb? Mein Mann will für unseren Zehnjährigen einen Pudel, ich eine Katze, was ist besser? Wie alt müssen Schildkröten beim Kauf sein, damit sie nicht nach kurzer Zeit eingehen? Soll man Goldhamster und Meerschweinchen allein halten, oder brauchen sie Gesellschaft von ihresgleichen? Welche Fischarten kann man im gleichen Aquarium unterbringen?

Ich ersehe daraus, wie groß das Interesse an der Heimtierhaltung ist – und wieviel größer die Unsicherheit. In der betongrauen Enge der Großstädte haben die Menschen Sehnsucht nach der Natur. Der Trend zum Schrebergarten und der grünen Ecke hinterm Haus wächst. Blumen am Fenster, Ziersträucher auf Balkons und Dachterrassen drücken diesen Hunger nach Ursprünglichkeit aus. Und immer mehr Menschen wollen daheim ein Tier. Allein im deutschsprachigen europäischen Raum dürften an die vierzig Millionen Heimtiere leben.

In ungezählten Aquarien, Terrarien und Vogelvolieren aber ereignen sich täglich die heimlichen Tiertragödien – aus Unkenntnis, Gleichgültigkeit oder Egoismus. Denn die Menschen kennen die Tiere zuwenig, und sie wissen meist nicht, wo sie sich Rat und Hilfe holen sollen. Hinzu kommt, daß sich die wenigsten Heimtiere in ihrer arteigenen »Sprache« verständlich machen können. Selbst der sprechbegabte Graupapagei sagt uns nicht die Wahrheit, wenn er ausruft: »Oh-wie-tut-das-weh!« Falls es zufällig stimmt, bedeutet es doch etwas anderes. Denn es ist Menschensprache, die er nachplappert, weil wir's ihm vorgesagt haben. Er behauptet es auch, wenn er sich wohl fühlt. Als »Redner« ist der Papagei nämlich eine Sprechmaschine, als Vogel hingegen eine unverwechselbare Tierpersönlichkeit.

Manche Heimtiere wehren sich bei falscher Behandlung. Das Ergebnis: zerrissene Kleider, Kratzspuren, Bißwunden und sogar noch Schlimmeres. Die Aktion *Das sichere Haus* hat ermittelt, daß allein in der Bundesrepublik jährlich 10 000 Kinderunfälle mit Tieren zu verzeichnen sind, davon die meisten mit Hunden und Katzen. Daran sind nicht die Kinder schuld. Die meisten Stadtkinder haben den Umgang mit Tieren gar nicht gelernt und verhalten sich deswegen falsch. Landkinder, die noch mit Tieren aufwachsen, kommen besser zurecht. Ihr Kontakt zu Haustieren ist weniger sentimental.

Stadtkinder sehen hauptsächlich das niedliche Wesen, das so drollig oder gutmütig ist. Die Lassys, Furys und Judys des Fernsehens sind mit daran schuld, wenn die Kinder Tiere falsch einschätzen. Denn sie entdecken bei den Fernsehtieren »einsichtiges« Verhalten und meinen, alle Tiere müßten so reagieren. Sie wissen ja nicht, daß die verblüffenden Einfälle der Löwen, Schimpansen oder Elefanten Ausnahmeleistungen mit von Hand aufgezogenen zahmen Tieren sind – Dressurergebnisse also. So passiert es dann im Zoo, daß ein Kind seinem Filmidol einen Leckerbissen reichen will, und das »böse« Tier nimmt gleich die ganze Hand.

Weil ich mir wünsche, daß möglichst viele Menschen mehr über das wahre Wesen der Tiere erfahren sollten, damit sie es bei der Heimtierhaltung anwenden, habe ich dieses Buch geschrieben. Ich war bemüht, alle wichtigen Fragen zu beantworten. Bewußt habe ich bei der Auswahl auf viele einheimische und seltene exotische Tiere, die man sonst auch empfiehlt, verzichtet, weil ich meine, daß man sie viel schöner bei Spaziergängen in freier Natur oder im Zoologischen Garten beobachten kann. Das betrifft vor allem Singvögel. Von den exotischen Tierarten greife icht nur jene heraus, die hierzulande bereits gezüchtet werden. Denn die wach-

Warum ich dieses Buch geschrieben habe

sende Nachfrage ruft eine verderbliche Kettenreaktion hervor: Diese Arten werden im Freiland so rücksichtslos abgeschöpft, daß sie auf die Internationale Rote Liste der vom Aussterben bedrohten Tiere gesetzt werden mußten.

Die Erkenntnisse der modernen Verhaltensforschung machen es möglich, die für die Heimtierhaltung besonders geeigneten Arten in menschlicher Obhut zu züchten. Damit kann der Tierhandel selbst ausgefallene Käuferwünsche erfüllen. Hinzu kommt, daß sich gerade diese Arten weitaus leichter halten lassen.

Es ist schön und sinnvoll, ein Tier um sich zu haben. Besonders viele alleinlebende Menschen, vor allem ältere Leute, halten sich ein Heimtier – meist einen Hund, eine Katze, einen Käfigvogel. Denn mit zunehmendem Alter wächst die Einsamkeit. Die Kinder sind aus dem Haus oder der Ehepartner ist verstorben. Da kann das Tier nochmals eine neue persönliche Bindung schaffen. Der Wellensittich bringt etwas Abwechslung und Fröhlichkeit in die Rentnerwohnung, er muß gefüttert und gepflegt werden. Der Hund braucht täglich Auslauf; das gibt auch Möglichkeiten zu mehr zwischenmenschlichen Kontakten. Der alte Mensch merkt, daß das Tier ihn braucht, wie er das Tier braucht. Er ist noch nicht nutzlos.

Falls Sie ein Tier für Ihr Kind angeschafft haben oder anschaffen wollen, so bedenken Sie bitte, daß Sie nicht nur für Ihr Kind, sondern auch für das Lebewesen Tier mit verantwortlich sind. Für Kinder, richtig angeleitet, kann der Umgang mit Tieren zum unvergleichlichen Glück im Elternhaus werden – auf jeden Fall zu einer nützlichen Erziehungshilfe.

Ich habe seit meiner frühesten Kindheit Heimtiere gehalten – sie gezüchtet, beobachtet und verstehen gelernt. Anfangs habe ich auch vieles falsch gemacht – zum Nachteil meiner Schützlinge; den Grund konnte ich erst allmählich herausfinden. Denn kein Tier ist wie das andere. Später mußte ich auch Wildtiere handzahm machen und an mich gewöhnen, ohne daß sie ihre Eigenheit aufgaben; ich wollte sie ja so filmen, wie sie wirklich sind. Das hat mich nachdenklich gemacht und in mir den Wunsch geweckt, meine in Jahrzehnten gesammelten Erfahrungen weiterzugeben.

Ich habe versucht, dieses Buch so nützlich und praktisch zu machen wie nur möglich. Sie finden Tabellen und Symbole, die Sie auf einen Blick informieren. Auch der Test »Bin ich wirklich ein guter Tierhalter?« auf S. 26 soll Ihnen vor dem Tierkauf eine nützliche Entscheidungshilfe sein. Ich bin mir bewußt, daß ich gelegentlich verallgemeinern mußte, um mich besser verständlich zu machen. Sie selbst aber müssen, was ich Ihnen zu vermitteln habe, mit Leben erfüllen. Heimtierhaltung ist nicht nur Spaß, sondern auch ein Stück verantwortungsvoller (ernsthafter) Freizeitbeschäftigung. Dafür sind Ratschläge und Hinweise unerläßlich, damit aus Tierliebe nicht Tierquälerei wird.

An dieser Stelle ist es mir ein Bedürfnis, mich bei jenen herzlich zu bedanken, die mich bei der Vorbereitung, der Abfassung und Ausgestaltung dieses Buches unterstützt haben:

Meinem Freund *Walter Schneider*, den Mitgliedern des wissenschaftlichen Beirates *Dr. Hans Frädrich, Dr. Wilbert Neugebauer, Dr. Jürgen Nicolai, Dr. Josef Reichholf, Eberhard Trumler*, allen Tierfotografen, die Farbaufnahmen beigesteuert haben und nicht zuletzt dem Tierzeichner *Fritz W. Köhler*, dessen einfühlsame Illustrationen etwas vom Wesen der Heimtiere ausdrücken, das die stummen Geschöpfe nicht selbst mitteilen können.

Heinz Sielmann

Das Tier und wir

Für unseren Umgang mit Tieren ist es von entscheidender Bedeutung, daß wir ihr in einer langen Entwicklungsreihe herausgebildetes arteigenes Verhalten verstehen lernen. Und wichtig zu wissen ist es für uns, daß sich Tiere zu verändern beginnen, sobald sie mit Menschen in Berührung gekommen sind.

Aus langer Erfahrung weiß ich, daß wir das Tier in sich selbst begreifen müssen, wenn wir nicht an der Aufgabe der Heimtierhaltung scheitern wollen. Voraussetzung dafür ist, daß wir das Heimtier zunächst einmal als »Wildtier« sehen.

Deshalb erzähle ich Ihnen im folgenden Kapitel über Wildtiere, ihre erstaunlichen Leistungen, die ich beobachten konnte, über ihr angeborenes Verhalten, darüber, was sie im Zusammenleben mit dem Menschen dazulernen können, über ihr Sozialverhalten, ihre Prägung und ihr lebensnotwendiges Bedürfnis zu spielen, sich zu bewegen.

In Millionen von Jahren haben Tiere für das Leben in freier Natur bestimmte Verhaltensweisen ausgebildet und vererbt, ohne die sie niemals hätten überleben können. Dieses »Wildverhalten« steckt auch noch in unseren Heimtieren; es ist nicht dadurch ausgelöscht, daß wir den Tieren den Lebenskampf abnehmen, sie unterbringen, ernähren, pflegen. Aus diesem »Wildverhalten« leiten sich heute noch die Verhaltensweisen ab, die wir täglich an unseren Heimtieren miterleben. Verhaltensweisen, die uns erstaunen, die uns erfreuen, die uns ängstigen. Erst wenn wir das Tier, das wir in unserer Wohnung haben, begreifen als das letzte Glied einer langen Kette von Vorfahren, erst wenn wir uns klarmachen, daß auch unser Hund, unsere Katze, unser Vogel sich so verhalten, wie ihre Vorfahren es Jahrmillionen haben tun müssen, erst dann beginnen wir, unser Tier richtig zu verstehen.

Der Dackel ist temperamentvoll. Seine Leidenschaft als Spürhund zeigt er bei Spaziergängen.

Jetzt wird auch klar, daß jedes Tier eine eigene, unverwechselbare Persönlichkeit besitzt und demgemäß von uns individuell behandelt werden muß. Es liegt also an uns, ob sich das Tier bei uns wohlfühlt oder nicht. Wir haben es in der Hand, ob es vor sich hindämmert oder uns, weil gesund und lebhaft, Freude macht.

Machen wir uns immer wieder bewußt: Tiere sind keine Menschen – sie sind keine Apparate – sie sind auch keine Puppen; sie sind eigenständige Wesen mit arteigenen Verhaltensweisen.

Tiere können verblüffende Leistungen erbringen, wenn wir für sie eine ihren Lebensnotwendigkeiten gemäße Umgebung schaffen. Sie können durch uns dazulernen, wenn wir ihnen das Lernen ermöglichen, indem wir uns mit ihnen beschäftigen. Es ist lebensnotwendig für sie zu spielen, sich zu bewegen, sich zu beschäftigen. Und sie sind als Heimtiere auf uns geprägt, weil wir ihnen ihre Tierfamilie ersetzen. Dies ist eine Verantwortung, die wir sehen und annehmen müssen, wenn wir uns ein Tier anschaffen.

»Glück mit Tieren« bedeutet nicht allein, daß wir Glück empfinden im Umgang mit unserem Tier. Es bedeutet gleichermaßen das »Glück des Tieres«, sich selbst in Gefangenschaft wenigstens annähernd so »verwirklichen« zu können, wie die Schöpfung es gemeint hat. Wir haben es in der Hand, unserem Tier dieses »Glück« zu schaffen.

Wer diese Dinge nicht sieht, wer nicht versucht, sie zu verwirklichen, sollte sich lieber niemals ein Tier anschaffen.

Tiere und ihre verblüffenden Leistungen

Es gibt Tiere, die als Architekten, als Baumeister so erstaunliche Leistungen vollbringen, daß wir geneigt sind, ihnen »einsichtiges Verhalten«, menschenähnliche Überlegungen bei ihren Arbeiten zuzuschreiben.

Ich denke da vor allem an den Gärtnerlaubenvogel, den ich in den Bergurwäldern von Neuginea mit meiner Kamera belauschte. Zur Balzzeit baut er aus Tausenden von Stöckchen ein etwa 1 Meter hohes domförmiges Gebäude, mit einem Rundgang für das Stelldichein mit dem Weibchen und einem Mosaik zwischen den beiden Eingängen. Davor liegt ein Garten, durch einen halbkreisförmigen Zaun abgegrenzt, reich geschmückt mit gelben und roten Früchten. Links eine Sammlung blauglänzender Käfer, rechts die schimmernden Schalenstücke zerbrochener Schneckenhäuser, beide Felder abgegrenzt durch einen Streifen goldgelber Blüten und alles in abgewogener Entfernung voneinander im schwarzgrünen Moos befestigt.

Jedesmal nach der Rückkehr von den Sammelflügen betrachtet der Vogel die Farbwirkung. Er scheint zu überlegen, was noch besser, noch eindrucksvoller wirken könnte und macht sich gleich an die Arbeit. Er nimmt eine Blüte in den Schnabel, steckt sie in das Mosaik und hüpft auf günstige Sichtweite zurück. Er verhält sich ebenso wie ein Maler vor der Staffelei. Der Gärtnervogel »malt« mit Blumen. Diese gelbe Orchidee scheint nicht recht zu passen. Er rückt sie etwas nach links neben die blauschimmernden Käfer. Danach betrachtet er die Wirkung mit seitwärts gelegtem Köpfchen und ist zufrieden.

Auch Tiere benutzen Werkzeuge

Andere verblüffende Verhaltensweisen von Tieren erleben wir beim Werkzeuggebrauch. Unvergeßlich ist mir die Begegnung mit den Seeottern in der nebelverhangenen Beringsee zwischen Alaska und Kamtschatka. Einst waren diese bezaubernden Wassermarder sehr häufig, bis die Tiere wegen ihres wertvollen Pelzes fast ausgerottet wurden. Rigorosen Schutzmaßnahmen der Amerikaner ist es zu verdanken, daß der Seeotter wieder zunimmt und in seiner Existenz gerettet wurde.

Seeotter sind Krabbenspezialisten. Besonders gerne verzehren sie die leckeren Königskrabben. Da sie die großen Schalentiere weder mit den Zähnen noch den Händen öffnen können, haben die Seeotter ihre eigene »Steinzeit« erfunden. Die Krabbe in einer Hand, tauchen sie zum Meeresboden hinab und suchen sich einen möglichst flachen Stein als Amboß. Wieder aufgetaucht, legen sie sich an der Wasseroberfläche auf den Rükken, plazieren den Stein auf der Brust und schlagen den Krabbenpanzer so lange auf den Stein, bis sich die Schale öffnet und das leckere Krabbenfleisch verzehrt werden kann.

Ein anderes Tier, bei dem Werkzeuggebrauch festgestellt wurde, ist der Schimpanse. Er speist gewissermaßen mit Stäbchen. Um an die von ihm sehr geschätzten Termiten zu gelangen, nimmt er einen Grashalm oder ein Stöckchen, benetzt das Werkzeug mit seinem Speichel und angelt sich damit die Insekten mundgerecht aus den Schlupfwinkeln der festen Bauten.

Aber auch Vögel haben den Werkzeuggebrauch erfunden. Ich denke da vor allem an den Spechtfinken, der mich auf den Galapagosinseln begeisterte. Der sperlingsgroße Vogel hat auf dem Archipel die Planstelle der dort fehlenden Spechte eingenommen, aber er besitzt nicht deren weit herausstreckbare Harpunen- oder Leimrutenzunge. Um dennoch an die in Holzspalten, unter der Rinde oder in Bohrlöchern steckenden Insekten oder deren Larven zu gelangen, bedient er sich eines Stöckchens, mitunter eines

Kaktusstachels, als Werkzeug. Manchmal nutzt er das Werkzeug als Hebel, um Rindenstücke abzubrechen und an die darunter steckenden Nahrungstiere zu kommen.

Buchfinken sind Körnerfresser. Ihre Jungen füttern sie jedoch mit Insekten.

Besonders eindrucksvoll und erstaunlich ist aber das Herausstochern von Insektenlarven aus den Bohrgängen. Wenn das Insekt herausbefördert ist und der Vogel den Schnabel zum Aufnehmen der Beute freihaben muß, klemmt er das Werkzeug so unter den Fuß, daß er das Instrument gleich wieder zur Beschaffung weiterer Beutetiere einsetzen kann.

Ist das Bauen und Schmücken von Liebeslauben oder der Werkzeuggebrauch allein das durch Selektion erworbene Walten angeborener Instinkte?

Kein Mensch kann diese Frage eindeutig beantworten. Wer aber das Leben auf unserer Erde als das Ergebnis einer langen historischen Entwicklung betrachtet, wird auch nach dem Ursprung des bewußten Denkens und eines gewissen Schönheitssinnes forschen. Bei den Laubenvögeln scheinen sich solche Ansätze zumindest abzuzeichnen.

Bei Schimpansen, die mit uns von gemeinsamen Vorfahren abstammen, zeigen sich nicht allein einsichtige Handlungsweisen, sondern auch ähnliche Äußerungen eines ästhetischen Empfindens, wenn sie zum Beispiel mit Farbe und Pinsel primitive Bilder malen und offenbar an dieser Beschäftigung Freude empfinden.

Bei einer Gemäldeversteigerung im englischen Zoo Dudley bei Birmingham erzielten die knallbunten Bilder der Schimpansinnen Lindy Lou und Papi beachtliche Preise. Im Rotterdamer Tierpark Blijdorp üben sich Menschenaffen schon seit langem in der Malkunst. Hier war das Gorillaweibchen Sophie die Größte. Freilich bekam sie bei einer Ausstellung in ihrem Artgenossen Congo vom Londoner Zoo starke Konkurrenz. Congo wurde als der »Picasso der Affenwelt« berühmt.

Es wäre falsch, diese Beschäftigung der Affen als Jux abzutun. Für den Verhaltensforscher bringt sie aufschlußreiche Erkenntnisse. Affen, vor allem Menschenaffen, sind unsere nächsten Verwandten, auch wenn wir nicht direkt von ihnen abstammen. Affen und Menschen besitzen aber gemeinsame Vorfahren in grauer Urzeit.

»Und sie denken doch!« Unter dieser Überschrift schilderte ein Reporter die Methoden von Dr. Philip Ogilvie, Zoodirektor von Portland, um das Arbeitslosendasein der Käfiginsassen ein wenig abwechslungsreicher zu machen. Bei Dr. Ogilvie laufen Versuche, bei denen sich die Affen, Elefanten, Seelöwen, Strauße, Kamele und Giraffen selbst bedienen, wenn sie essen wollen. Das funktioniert auf folgende Weise:

Wenn den Affen eine Münze in ihren Käfig eingeworfen wird, geht an der Käfigdecke ein Licht an. Der Affe klettert hinauf und zieht am Schalter, worauf das Licht ausgeht. Dafür geht in der anderen Ecke eines an. Sobald der Affe auch diesen Schalter ausknipst, fällt eine Gewinnmarke zu Boden. Damit kann er sich aus dem Automaten Leckerbissen ziehen.

Solche Spiele trainieren nicht allein den Verstand der Tiere, sie sind auch gut für ihr Gemüt. Sie brauchen nicht zu warten, bis es was zu fressen gibt. Sie können selbständig handeln, und der Tüchtigere, Schlauere, Aktivere bekommt mehr ab.

Außerdem schaffen diese Spiele Bewegung, die notwendig ist, um Herz- und Kreislaufschäden zu vermeiden.

Was ist angeboren – was dazugelernt?

Wie das Verhalten unserer Verwandten im Tierreich, wird auch das Verhalten des Menschen zum Teil durch Instinkte gelenkt. Allerdings wird bei uns diese Instinktgrundlage durch kulturell geprägte geistige Leistungen »überlagert«. Dadurch war der Mensch in der Lage, sich aus der naturgegebenen Umwelt nicht nur zu lösen, sondern sie mit fortschreitender Technik zu beherrschen oder gar zu vernichten.

Die von Konrad Lorenz begründete Vergleichende Verhaltensforschung hat gezeigt, daß das Verhalten von Tieren durch stammesgeschichtlich erworbene Anpassungen in genau feststellbaren Bereichen gewissermaßen »vorprogrammiert« ist.

Wer einmal Gelegenheit hatte, Nestflüchtern aus der Vogelwelt kurz nach dem Schlüpfen zuzuschauen, wird überrascht sein, wie viele Fertigkeiten das Vogelkind mit auf die Welt bringt. Ein Entenküken strebt auch dann gleich nach dem Verlassen des Eies dem Wasser zu, wenn es künstlich im Brutschrank oder von einer wasserscheuen Henne erbrütet worden ist. Das Entlein wird auch sogleich baden, indem es den Kopf ins Wasser steckt und, geschickt auftauchend, Wasser auf den Rücken wirft. Und nach dem Baden wird es in der artgemäßen und für die Arterhaltung wichtigen Weise sein Gefieder mit dem Fett seiner Bürzeldrüse einfetten.

Solche angeborenen Verhaltensweisen, die das Tierkind nicht zu lernen braucht, bezeichnet man auch als Instinktbewegungen im Gegensatz zu erlernten Verhaltensweisen. Solche Instinktbewegungen gibt es auch beim Menschen. So braucht der Säugling zum Beispiel das Saugen und Schreien nicht erst zu lernen.

Außer diesem angeborenen »Können« gibt es aber auch noch ein angeborenes »Erkennen«. Ein Putenküken zum Beispiel pickt gleich nach dem Schlüpfen zielsicher nach Futter. Wenn oben am Himmel ein Greifvogel vorbeifliegt, dann läuft das Küken so schnell es kann unter einen Strauch in Deckung. Bevor es mit Greifvögeln schlechte Erfahrungen machen konnte, erkennt es die gefährliche Situation, genauso wie es den Ruf der Mutter erkennt.

Eine Hühnermutter reagiert prompt auf den Ruf der Verlassenheit, das laute Piepen eines Kükens, das sich verlaufen hat. Um festzustellen, ob es lediglich der Ruf des Kükens ist, auf den die Henne reagiert, stellten wir einen Versuch an, bei dem wir eine Glasglocke über das Junge stülpten. Das machte die Rufe für die Mutter unhörbar, und es hatte zur Folge, daß die Henne jedes Interesse an dem Kleinen verlor. Obgleich sie es deutlich unter der Glasglocke zappeln sah, entfernte sie sich allmählich gleichgültig von ihrem Standort.

Anders verhielt sie sich, als wir ein Küken hinter eine Bretterwand setzten. Die Mutter konnte das Kleine nicht sehen aber gut hören. Die Henne eilte zur Bretterwand und versuchte, emsig lockend, zu dem Jungen zu gelangen.

Daraus kann man schließen, das das Bild des zappelnden Jungen der Mutter völlig gleichgültig ist. Der Kükenruf ist gewissermaßen ein »Schlüsselreiz« – denn ein Tier reagiert auf einen Artgenossen so prompt und passend, wie ein Schloß auf den richtigen Schlüssel.

Daß oft nur ein Teil der Erscheinung für das Ganze genommen wird, hat man besonders eindrucksvoll beim Rotkehlchen festgestellt. Die Rotkehlchen-Männchen pflegen zu Beginn der Brutzeit untereinander heftige Revierkämpfe auszutragen. Befestigt man ein ausgestopftes Rotkehlchen an der Reviergrenze, so wird es heftig angegriffen. Entfernt man aber aus diesem Balg die roten Brustfedern, so bleibt er unbeachtet. Ein Büschel roter Federn löst dagegen heftige Angriffe aus. Das zeigt, daß der Rotkehlchenhahn seinen Gegner gar nicht als Ganzes erfaßt. Einzig und allein die roten Federn

von Kehle und Brust lösen sein Kampfverhalten aus. Dem Rotkehlchen ist nur ein sehr grobes vereinfachtes Bild seines Rivalen angeboren.

Nun sind aber nicht jedes Verhalten und nicht jede Reaktion unmittelbar nach der Geburt schon voll ausgebildet. Manches entwickelt sich erst nach und nach. Dann ist zu ermitteln, ob das Tier eine bestimmte Verhaltensweise gelernt hat, oder ob sich das Verhalten unabhängig von Lernvorgängen entwickelt hat. Bestimmte Verhaltensweisen können heranwachsen und heranreifen wie ein körperliches Organ.

Um genau festzustellen, welche Verhaltensweisen bei einem Tier angeboren sind, wieweit es sich um erlerntes Verhalten handelt und was durch Übung weiter perfektioniert werden muß, bedient sich die Verhaltensforschung der Kaspar-Hauser-Methode, so benannt nach dem rätselvollen Findelkind Kaspar Hauser, das 1828 im Alter von 16 Jahren völlig verwahrlost, und ohne richtig sprechen zu können, in Nürnberg auftauchte. Als es sich verständlich machen konnte, sagte es aus, daß es, so lange es denken könne, allein in einem dunklen Raum eingesperrt gewesen sei.

Ein Kaspar-Hauser-Versuch mit Tieren kann folgende Fragen beantworten: Welche Verhaltensweisen reifen ohne Mitwirkung von Erfahrung heran und in welchen Entwicklungsstadien treten sie spontan auf? Welche Umweltreize, die man am besten in Form von Attrappen bietet, lösen ohne Mitwirkung von Erfahrungen bestimmte Reaktionen aus?

Alle bei Freilandtieren beobachteten Verhaltensweisen, die das isoliert aufgezogene Tier nicht zeigt, können unter gewissen Einschränkungen als Ergebnis von Lernvorgängen gewertet werden. Wieweit angeborene Verhaltensweisen erst durch Lernen zu funktionellen Einheiten zusammengefaßt werden, untersuchten wir mit meinem Freund Professor Eibl-Eibesfeldt im Max-Planck-Institut für Verhaltensphysiologie, Seewiesen, an einem Kaspar-Hauser-Eichhörnchen.

Das Eichhörnchenkind, das der Zucht von Dr. Eibl entstammte, wurde bereits mit noch geschlossenen Augen von Mutter und Geschwistern getrennt und in einer hermetisch abgeschlossenen Voliere aufgezogen – zunächst mit der Flasche, dann bis zum Erwachsenwerden ausschließlich mit weicher Kost. Jedenfalls bekam unser Kaspar-Hauser-Eichhörnchen keine Nüsse und keine Tannenzapfen, mit denen wir unsere Versuche durchführen wollten.

Auch das Asiatische Streifenhörnchen hat besondere »Freßtechniken« entwickelt.

Als unser »Quick« erwachsen war, gaben wir ihm die erste Haselnuß, deren Kern natürlich in der Schale verschlossen war. Bei Freilandtieren hatten wir beobachtet, daß sie zum Öffnen der vielgeliebten Nüsse eine regelrechte Sprengtechnik entwickelt haben. Unser Kaspar-Hauser-Hörnchen zeigte uns sogleich, daß es die Technik nicht beherrschte. Es mußte durch Versuch und Irrtum selbst herausfinden, wie man am schnellsten zum Ziel kommt.

Daß man leichter parallel zur Nußfaser nagt, als quer dazu, hatte es bald begriffen. Auch, daß es sich an der Breitseite der Nuß leichter nagt, als an der stärker gewölbten Kuppe. Und da die Breitseite der Nuß überdies eine seichte Rinne hat, folgen die meisten Eichhörnchen dieser Spur. Ihre Aufmerksamkeit wird durch die Struktur der

Nuß in eine bestimmte Richtung gelernt. Die meisten erlernen daher die gleiche Sprengtechnik. Wir sammelten die von dem Eichhörnchen in der ersten Woche bearbeiteten Nüsse, die an den Nagespuren deutlich erkennen lassen, wie »Quick« durch Übung immer konzentrierter und rationeller das Öffnen der Nüsse erlernte.

Es gibt jedoch auch beim Eichhörnchen kompliziertere Bewegungsfolgen, die angeboren sind. Eichhörnchen vergraben Nüsse und Eicheln als Wintervorrat im Boden, und zwar immer mit den gleichen Bewegungen. Sie scharren ein Loch, legen darin die Nuß ab, rammen die Nuß mit der Schnauze fest in den Boden und scharren dann mit den Vorderbeinen Erdreich über das Loch. Zuletzt drücken sie die Erde mit den Pfoten fest.

Wir nahmen unserem Kaspar-Hauser-Eichhörnchen die Möglichkeit, das Vergraben von Nahrung zu üben, indem wir es isoliert in einem Gitterkäfig unterbrachten. Als wir unserem gesättigten Eichhörnchen eine Nuß gaben, lief es in seinem Gitterkäfig, der einen Steinboden hatte, auf und ab, um eine passende Stelle zum Verbuddeln der Nuß zu suchen. Da es kein Erdreich gab, begann es schließlich, auf festem Boden zu scharren, legte die Nuß ab, stieß sie mit der Schnauze fest und machte sogar die Zugrabe- und Festdrückbewegungen, obgleich es kein Loch in den Boden hatte graben können.

Hier lief eine ererbte Bewegungsfolge ohne weitere Einsicht ab, sobald sie einmal ausgelöst wurde. Die angeborenen starren Verhaltensweisen nehmen im Vergleich mit den erlernten ab, je höher eine Tierart entwickelt ist. Das meiste im Verhalten der Menschen ist sicher erlernt. Dennoch gibt es auch bei uns eine ganze Reihe von angeborenen Verhaltensweisen.

Verständigung und soziales Verhalten

Was den Menschen am deutlichsten von anderen Geschöpfen unterscheidet, sind seine geistigen Fähigkeiten, die in seiner besonderen Sprache ihren Ausdruck finden. Der Symbolcharakter der menschlichen Sprache und die Tatsache, daß sie nicht wie die Lautäußerungen der Tiere eine Erbsprache, sondern eine Lernsprache ist, macht sie zu einer einmaligen Errungenschaft. Es wird uns Menschen sicher nie möglich sein, mit Tieren ein Gespräch zu führen, aber es ist für Mensch und Tier möglich, aus Verhaltensweisen zu »lesen«.

Diese Haltung bedeutet: gespannte Aufmerksamkeit. Sie kann sich zur Drohhaltung steigern.

Die meisten Tiere geben ihre Gefühle durch eine Ausdrucks- oder Gebärdensprache kund. Eine zutrauliche Katze tritt uns gewöhnlich mit herabhängendem Schwanz und aufgerichteten Ohren entgegen. Sieht sie eine andere Katze, so hebt sie ihr Hinterteil, und der Schwanz beginnt sich zu krümmen. Wenn eine Katze Angst hat, duckt sie sich. Wenn sich die Katze aber in Gefahr glaubt, setzt sie sich mit all ihren Waffen zur Wehr. Dabei sind die Schwanzhaare gesträubt, die Ohren nach hinten gelegt und die Krallen gezückt; auch ihre Stimme setzt sie ein: Jaulen und Fauchen gehören zu ihrer Verteidigung.

Um anderen Artgenossen ihre Anwesenheit anzuzeigen, bedienen sich Tiere der verschiedensten akustischen und optischen Signale: Vögel vor allem durch Rufe und Gesang, ferner durch Körperhaltungen und

Bewegungen. Der Gesang der Vögel hat meistens im Tagesverlauf zwei Höhepunkte: früh am Morgen und in der Abenddämmerung. Damit geben sie Artgenossen zu verstehen, daß das »akustisch markierte« Revier besetzt ist.

Ähnlich wie die Vögel betreiben auch Säugetiere eine Reviermarkierung durch akustische Signale. Berühmt hierfür sind die Brüllaffen der Südamerikanischen Regenwälder. Wenn bei Tagesanbruch der erste Schrei erschallt, stimmen alle Mitglieder der Affenfamilie in den Gesang ein, dieser Chorgesang wird von benachbarten Trupps beantwortet, und schließlich hallt der Wald ringsherum von ihren Rufen. Das Kerngebiet mit den bevorzugten Schlafbäumen gehört ausschließlich einem Brüllaffentrupp, und um diese Kernzone wird nötigenfalls gekämpft, während ein Besuch in den Randgebieten gegenseitig toleriert wird.

Manche Säugetiere besitzen Duftdrüsen, die sie zur Reviermarkierung benutzen. Einige Hirscharten haben Duftdrüsen unter den Augen und setzen ihre Witterung beim Reiben an Sträuchern ab. Das Murmeltier markiert vor allem mit seinen Analdrüsen, es hat aber noch andere Drüsen um die Augen herum und an den Backen.

Den Hunden dient das Absetzen von Kot und Urin als Nachrichtenvermittlung. Wer mit seinem Hund Gassi geht, weiß, mit welcher Gründlichkeit ein Hund das Absetzen und Kontrollieren solcher Duftmarken betreibt.

Wenn Artgenossen Signale und Drohungen nicht beachten und in fremde Territorien eindringen, greifen Tiere einander an, aber der Kampf geht sehr selten tödlich aus. Zumeist handelt es sich um ritualisierte Kämpfe.

Mitunter beginnt eine Auseinandersetzung als Beschädigungskampf. Hunde zum Beispiel beißen sich. Merkt aber einer der beiden, daß er dem anderen nicht gewachsen ist, dann rettet er sich vor empfindlichen Beschädigungen, indem er sich dem Stärkeren unterwirft. Er wirft sich auf den Rücken, ähnlich einem Welpen, der sich seiner Mutter zur Hautpflege anbietet. Diese Demutsgeste hat zur Folge, daß er vom Stärkeren nicht mißhandelt wird. Was als Kampf begann, endet vielfach mit einem freundschaftlichen Spiel.

Bei Hühnern herrscht eine regelrechte Hackordnung. Bringt man ausgewachsene Hühner zusammen, so bilden die Vögel stets eine Hierarchie, eine Rangordnung. Selbst wenn Küken im Brutschrank aufgezogen werden, entwickelt sich von der zweiten Woche an eine Rangordnung. Der Rang jedes einzelnen Tieres wird durch körperliche Auseinandersetzungen entschieden, wobei von den Hähnchen und Hühnchen jeder gegen jeden antritt. Ist im Hühnervolk einmal die Hierarchie der Männchen und Weibchen geregelt, ist der Streit beendet.

Ranghohe Vögel haben bei allen lebenswichtigen Funktionen, wie Fressen und Trinken, am Nest und am Schlafplatz, den Vorrang und können sich überall frei bewegen. Die ranghöheren Hähne haben auch bei den Hennen die meisten Chancen. Zwischen der Hackordnung und der Leistungsfähigkeit der Hühner besteht ein überzeugender Zusammenhang. Wenn mehr gekämpft wird, sind die Hähne sexuell weniger aktiv, und die Eiproduktion nimmt ab, weil viele rangniedrige Hennen ganz mit dem Legen aufhören.

Tiere lernen durch Spielen

Nicht allein Menschenkinder, auch Tierkinder müssen spielen, zumal mit diesen ausgelassenen Bewegungsabläufen lebenswichtige Zielsetzungen verbunden werden.

Das Spiel ist ein ganz eigenartiger Vorgang, dem die Verhaltensforscher besondere Aufmerksamkeit geschenkt haben. Im Spiel ist das Tier viel weniger an den starren Ab-

lauf seiner Instinkthandlungen gebunden als im Ernstfall. Durch die Brutfürsorge der Mutter von Nahrungssorgen und Störungen entlastet, kann es verhältnismäßig frei über seine Bewegungen verfügen und seine Fähigkeiten entfalten. Das Tierkind experimentiert, forscht und sammelt so Erfahrungen, die im späteren Leben verwertet werden. Bisweilen erfinden Tiere sogar ganz neue Bewegungsformen, die sie dann um ihrer selbst willen fast unermüdlich wiederholen. Haben junge Fischotter einmal erkannt, wie schön man an einer schlammigen Uferböschung rutschen kann, dann werden sie immerzu von ihrer Schlammrutschbahn ins Wasser gleiten und dieses akrobatische Spiel ständig wiederholen.

Als ich mit Professor Eibl-Eibesfeldt das Leben unserer einheimischen Hamster in einem künstlichen Bau filmte, hatten wir ausgiebig Gelegenheit, das Fluchtweglernen der Hamsterkinder kennenzulernen. Im Alter von 14 Tagen, wenn die Jungen ihre Augen geöffnet haben, folgen sie der Mutter schon bis zum Baueingang, wenige Tage später wagen sie sich auch ins Freie – zuerst nur zaghaft und immer wieder in den schützenden Bau zurücklaufend. Man hat den Eindruck, als wären die kleinen Hamster mit unsichtbaren Gummifäden an den Bau gebunden; denn je weiter sie sich in den ersten Tagen entfernen, desto schneller gelangen sie beim Fluchtweglernen wieder in Deckung; eine spielerische Übung mit großer Bedeutung für die Arterhaltung, denn in der Feldflur lauern auf Hamsterkinder sehr viele Feinde.

Jungenspiele beobachtet man fast nur bei Säugetieren. Vor allem bei Beutegreifern (Raubtieren) unterscheiden wir Kampfspiele, Jagdspiele und Bewegungsspiele. Bei einer Filmarbeit mit handaufgezogenen Iltissen erinnerten uns die balgenden Jungtiere in vielem an kleine Katzen oder Welpen. Man wird nicht müde, ihren reizenden, oft noch ungeschickten, tolpatschigen Bewegungen zuzuschauen. Sie umklammern sich mit ihren dicken Pfoten und fahren mit weitaufgerissenem Fang aufeinander los. Aber man tut nur so ernst. Keiner packt fest zu, und wenn das doch einmal passiert, dann quiekt der Partner, und sofort lockert der andere den Biß. Auch fallen bei diesen Spielen die den Ernstkampf begleitenden Drohgesten und viele andere Äußerungen der Erregung weg.

Im Freien tollen die jungen Iltisse in wechselseitiger Verfolgung mit übertrieben hohen Galoppsprüngen umher. Sie lauern sich auf, springen sich an und balgen schier unermüdlich. Die Bewegungen des Kampfes, das Anspringen, Beißen und Schütteln des Partners, sind den Iltissen angeboren. Sie brauchen nicht erlernt zu werden, sondern reifen im Verlauf des Wachstums wie Körperorgane heran. Wohl aber lernen die Jungen, im Spiel diese angeborenen Verhaltenselemente richtig einzusetzen, Bisse zu parieren und sich dem Verfolger durch einen geschickten Sprung zu entziehen – die Kampftaktik also.

Ähnliches gilt für die von der Mutter herbeigeschafften Beutetiere. Sie lauern ihnen auf, springen sie an und beißen sie »tot«. Ist kein Beutetier vorhanden und der Spiel- oder Jagdtrieb plötzlich entfacht, ergreifen sie auch ein Holzstückchen oder etwas anderes als Ersatz.

Durch die Igelmutter lernen junge Igel Jagdrevier und Beutetiere kennen.

Im Spiel werden die körperlichen Fähigkeiten der Jungtiere trainiert. Die Lungen weiten sich, damit die stark beanspruchten

Bunte Vogelgesellschaft: Zebrafink (weiße Rasse) – Dreifarbennonne (obere und untere Stange Mitte) – Astrild (oben rechts) – Papageiamadine (mittlere Stange) – Kanarienvogel (unten links).

Muskeln versorgt werden. Bevor das Tier im Ernstfall seine Eignung in Angriff oder Verteidigung unter Beweis stellen muß, hat es sie viele Male im spielerischen Kampf erprobt.

Die Art des Spieles richtet sich im allgemeinen nach der Lebensweise des Tieres. So bevorzugen junge Katzen das Auflauern. Sie ducken sich, spannen das Hinterteil und stürzen sich dann auf den Kumpan, um ihn zu packen – genau wie sie später ein Beutetier anspringen werden. Eichhörnchen, die sich vor Marder und Habicht in acht nehmen müssen, üben immer wieder in spielerischem Lauf das Hinauf- und Hinabeilen an Baumstämmen oder das blitzschnelle Deckungnehmen auf der Rückseite des Stammes.

Tiere, die in der offenen Landschaft der Savanne leben und viele Feinde haben, zum Beispiel Thompsongazellen, beginnen im Zickzack durch die Herde zu rennen, andere folgen. Sie fallen in springende Gangart, ein rascher Pfeilsprung folgt, bei dem alle Viere steif den Boden berühren. Plötzlich schnellen sie vom Erdboden weg – bei gerade gehaltenen Hinterbeinen, die Vorderbeine frei in der Luft gebeugt. Danach laufen, springen oder galoppieren sie. Solche Fluchtspiele der Jungen dauern in der Regel ein paar Minuten.

Besonders vielseitig sind die Spiele bei den Tieren, die man als die intelligentesten bezeichnet: Primaten und Raubtiere. In Laborversuchen wurde festgestellt, daß das Spielen mit Artgenossen für ihre normale Entwicklung notwendig ist.

Als man junge Rhesusaffen isoliert aufzog, blieben sie zwar gesund, wuchsen aber zu sozialen Versagern heran. Sie wurden ängstlich, mitunter neurotisch und als Erwachsene zu normalem Sexualverhalten unfähig. Man schloß daraus, daß vor allem das Fehlen der Mutter den Jungen schwere Schäden zugefügt hatte.

In einer anderen Versuchsreihe wurden wiederum junge Rhesusaffen isoliert. Sie bekamen aber die Gelegenheit, 20 Minuten am Tag mit ähnlich aufgezogenen jungen Artgenossen zu spielen. Diese kurzen Unterbrechungen der Isolierung schienen bereits das Fehlen einer Mutter auszugleichen. Die Affen wuchsen zu normalen Tieren heran.

Ein wichtiger Begriff: Prägung

Eine besondere Art der Mutter-Kind-Bindung ist die Prägung. Die kleinen Enten und Küken müssen ihre Mutter erkennen. Das beginnt, wenn sie zum ersten Mal ihre Stimme hören – und zwar schon im Ei. An ihrem ersten Lebenstag folgen die Küken allem, was sich bewegt. Im allgemeinen ist das ihre Mutter, und ihr Lockruf hält die Kinderschar zusammen.

Konrad Lorenz, von dem der Begriff Prägung stammt, hat mit seinen Mitarbeitern viele Prägungsversuche durchgeführt. In seinem Institut für Verhaltensphysiologie wurden ganze Gänsebruten von Pflegern aufgezogen und auf diese geprägt. Professor Lorenz entdeckte, daß die kleinen Graugänse schneller auf ihn geprägt wurden, wenn er sie kriechend anführte und dabei wie eine Gans schrie. Als sie geschlechtsreif waren, umwarben ihn die Gänse, wenn er auf dem See im Institutsgelände schwamm.

Wer selbst Enten großzieht, muß damit rechnen, als Muttrersatz angesehen zu werden.

Ich hatte Gelegenheit, mit dem Verhaltensforscher Dr. Friedrich Schutz ein besonders interessantes Phänomen der Prägung zu

filmen. Ein frisch geschlüpftes Entenküken wurde aus einem Brutschrank genommen und auf einem runden Tisch neben eine Attrappe gesetzt, die aus Brettchen gefertigte grobe Nachbildung einer Ente. Sie hing am Arm eines Gestells und konnte durch einen Elektromotor im Kreis herum bewegt werden. In ihrem »Bauch« befand sich ein Lautsprecher, der von einem Tonbandgerät gespeist wurde und »Komm-komm-komm« rufen konnte. Zuerst saß das Entchen hilflos da, es konnte noch schlecht laufen und wankte etwas. Bald fing es heftig zu klagen an.

Wir entnahmen daraus, daß es ein angeborenes Anschlußbedürfnis hatte. Die Attrappe, noch still und bewegungslos, übte keinerlei Anziehung aus. Aber kaum wurde der Lautsprecher angestellt, änderte das Entlein sein Verhalten. Es zeigte die ersten, zunächst noch etwas schüchternen und unentschlossenen Annäherungsversuche. Nun wurde die Attrappe in Bewegung gesetzt.

Noch zögerte das Entchen, doch bald watschelte es mit. Da es nun der Attrappe folgte, prägte es sich auf sie. Das heißt, es folgte der Attrappe nicht nur im Augenblick, sondern noch nach Tagen und Wochen. Hieraus erkennen wir, daß für ein Entenkind in der prägungsfähigen Phase Stimme und Bewegung die entscheidenden Reize eines Mutterobjektes sind.

Es fragt sich nun, wie weit das Aussehen eine Rolle spielt. Die Brettchenattrappe hatte die Gestalt einer braunen Ente mit gelbem Schnabel und einer ebenso gefärbten Schwanzunterseite. Bei einem anderen Prägungsversuch, bei dem wir statt der Brettchen-Entenmutter einen Fußball mit eingebauter Menschenstimme rotieren ließen, zeigte das Entlein die gleiche Reaktion und watschelte hinter dem lockenden Fußball einher.

Größe, Farbe und Gestalt sind für die Prägung also unerheblich. Eine hölzerne Entennachbildung, ein Fußball oder ein Mensch können Mutterersatz sein. Die Entchen – bei Hühnerküken und anderen Nestflüchtern ist es ganz ähnlich – erkennen jenes Wesen als Mutter an, das ihnen zuerst begegnet und Laute von sich gibt. Indem sie sich ihm zuwenden und nachfolgen, entsteht das bleibende Band, das ein Küken an ein bestimmtes Mutterobjekt bindet.

Die einmal geprägten Jungen irren laut rufend und suchend herum, wenn man sie von dieser »Mutter« trennt. Setzt man sie wieder zu ihr, so äußern sie Zufriedenheit und kommen zur Ruhe.

Um zu untersuchen, in welcher Zeitspanne Küken überhaupt prägungsbereit sind, machten wir folgenden Versuch: Wir setzten bereits fünf Tage alte Entenküken vor die Attrappe, der die anderen Küken so gut folgten. Als das »falsche Mutterwesen« rufend näherkam, kauerten sich die älteren Entlein scheu und furchtsam zusammen. Die Ersatzmutter konnte noch so oft vorbeiziehen und noch so eifrig locken – die Entchen trafen keinerlei Anstalten, ihr zu folgen.

Die Küken lassen sich also nur innerhalb einer bestimmten Zeitspanne, einer sensiblen Periode, prägen. Ist diese Zeit verstrichen, gelingt es nicht mehr, sie an ein Mutterobjekt zu binden.

Unsere auf den Fußball geprägten Enten folgten ihrer seltsamen Ersatzmutter auch noch im Alter von 65 Tagen. In diesem Alter nimmt unter natürlichen Bedingungen die Mutterbindung ab. Das war auch bei unseren Versuchstieren der Fall. Sie folgten zwar und zeigten damit, daß die künstlich erzeugte Mutterbindung an ein Ersatzobjekt tatsächlich solange anhält wie die Bindung an eine natürliche Mutter. Doch zunehmende Zankereien deuteten darauf hin, daß sich die Vögel in einem Konflikt befanden zwischen der geringer gewordenen Nachfolgebereitschaft einerseits und Furcht andererseits.

Der Versuch hatte damit seinen natürlichen Abschluß gefunden. Wir entließen unsere längst flugfähig gewordenen Stockenten auf den Instituts-See und konnten

sicher sein, daß sie sich trotz der Prägung auf eine künstliche Mutter nun als erwachsene Tiere genauso verhalten würden wie normal herangewachsene Stockenten.

Vom Ursprung und Werden der Haustiere

Alle Haustiere stammen von wildlebenden Ahnen ab. Im Jahr 1868 hat Charles Darwin bei der Züchtung von Haustieren folgende richtige Einsicht gewonnen: Man kann sagen, daß der Mensch ein Experiment in riesigem Ausmaß durchführte, als er sich Haustiere heranzog; ein Experiment, das auch die Natur selbst im langen Verlauf der Erdgeschichte unablässig gemacht hat und noch immer unternimmt.

Hieraus folgt, daß die Grundgesetze der Haustierwerdung für uns bedeutungsvoll sind. Das hauptsächliche Ergebnis ist, daß das so behandelte organische Wesen beträchtlich variiert, und daß die Abänderungen vererbt worden sind.

Von Zeit zu Zeit treten bei allen Tierarten plötzlich Änderungen auf. In der freien Natur können sich solche Tiere oft gar nicht vermehren. Sie werden in ihrer Auffälligkeit – denken wir zum Beispiel an weiße Amseln, Tauben- oder Albino-Rotkehlchen – von Feinden schneller entdeckt und erbeutet. In der Pflege des Menschen aber können alle Tiere mit Erbänderungen erhalten bleiben und sich fortpflanzen. Hierbei wählte der Mensch jene aus, die die von ihm erwünschten Eigenschaften besaßen. Aber er kreuzte auch Tiere mit unterschiedlichen Merkmalen, um bei ihren Nachkommen neue Eigenschaften zu entwickeln.

Ausgrabungen der letzten Jahrzehnte lassen den Schluß zu, daß Schaf und Ziege die ältesten Haustiere sind. Sie entstanden etwa um 8000 v. Chr. in Kleinasien. Nicht viel später soll es den Menschen auf der Krim gelungen sein, aus dem Wildschwein das Hausschwein zu züchten. Dann wurde der Auerochse zum Haustier gemacht. Die ältesten Hausrinder sind erst für die Zeit um 6500 v. Chr. aus dem griechischen Raum nachweisbar.

Im Vergleich mit der so großen Artenzahl und Vielfalt der Geschöpfe ist die Zahl der Haustiere, die für die menschlichen Kulturen von Bedeutung wurden, verhältnismäßig gering. Unter den so häufigen Nagetieren wurde allein das Meerschweinchen bei der Indianerbevölkerung der Anden als Fleisch- und Opfertier gezüchtet. Das einzige Hasentier, das zum Haustier gemacht wurde, war das Wildkaninchen.

Von den Raubtieren wurden nur Hund, Katze und Frettchen zu Haustieren, von den Einhufern Pferd und Esel. Weit mehr Haustiere lieferten die Paarhufer: Schweine, Kamele und Wiederkäuer.

Eine große Formenfülle umfaßt das Hausgeflügel: die von der Felsentaube stammenden Haustauben etwa, oder die von der Stockente gezüchteten Hausenten. Die Moschus- oder Türkenenten entstammen der amerikanischen Wildmoschusente. Unsere Haushühner leiten sich vom Bankivahuhn und die Truthühner vom Wildtruthuhn her. Neben diesen »klassischen« Haustieren wurden Pelztiere, Labortiere, vor allem Ratten und Mäuse, und zahlreiche Vogelarten wie Wellensittich und Kanarienvogel domestiziert. Viele weitere Haustiere werden sicher noch folgen.

Mensch, Tier und Umwelt – die bedrohte Einheit

Durch die Erkenntnisse der Verhaltensforschung und der modernen Tiermedizin gelingt es immer mehr Zoologischen Gärten,

Tiere zur Fortpflanzung zu bringen, deren Existenz im Freiland ernstlich bedroht ist. Man schätzt, daß es heute bereits mehr Tiger in Zoos als im Freiland gibt. Besonders erfolgreich züchtet man den Sibirischen Tiger, der bereits am Rand der Ausrottung stand, ferner das Indische Panzernashorn und die im Freiland so bedrohten Orang Utans.

So erinnern die Zoos an eine moderne Arche Noah, in der Tiere aus einer umweltfeindlichen Welt gerettet werden. Wir dürfen aber nicht vergessen, daß mit der Umgewöhnung einer Wildtierart, auch in die noch so komfortable Anlage eines Zoos, die Domestikation beginnt. Das hat zur Folge, daß wir bedrohte Wildtierarten nur dann auf die Dauer retten können, wenn wir ihnen noch verbliebene und ausreichend große Freilandbiotope erhalten. Die erstaunlichen Zuchterfolge Zoologischer Gärten sollten darauf ausgerichtet sein, einen gebührenden Prozentsatz ihres Nachwuchses in bereitstehende Naturreservate zu entlassen.

Im Verlauf der stammesgeschichtlichen Entwicklung der Natur sind auf der Erde schon lange vor dem Auftreten des Menschen zahlreiche Tierarten ausgestorben. Denken wir nur an das Zeitalter der riesigen Saurier. Daß sie von unserem Planeten verschwunden sind, hatte sicher mehrere Ursachen – zum Beispiel krasse Klimaveränderungen, Degeneration, Überspezialisierung, das Auftreten der Säugetiere, die Saurieeier verzehrten, und mancherlei andere Gründe.

Die Ausrottung von Tierarten durch den Menschen bedeutet genau das Gegenteil dieses natürlichen Vorgangs; denn sie führt zur Verarmung des Lebens auf der Erde und hinterläßt nichts als Leere.

Anthropologen glauben, daß der Mensch erst 500 000 Jahre auf der Erde ist – eine vergleichsweise kurze Zeitspanne in der stammesgeschichtlichen Entwicklung der Arten. Während es heute noch Naturvölker gibt, die wie im Anfang der Menschheit ohne feste Wohnsitze als Sammler und Jäger durch die Wildnis ziehen, können wir »life« im Farbfernsehen bestaunen, wie Menschen auf dem Mond landen. Eine faszinierende technische Leistung! Dort jedoch gibt es keine Blumen, keine singenden Vögel, keine duftenden Wiesen, die uns auf unserem Planeten noch umgeben. Aber die Verarmung der Erde ist infolge von Raffgier oder Gleichgültigkeit des Menschen bereits weit vorangeschritten.

Zum Glück erkennen immer mehr Menschen, daß Naturschutz zugleich Umweltschutz – ja Lebensschutz – für alle Geschöpfe ist. Der einst gepriesene Fortschritt erweist sich immer mehr als ein Sich-Entfernen von gesunden naturnahen Lebensbedingungen.

Die wunderbare Vielfalt des Lebens auf unserer Erde ist durch das Wirken der Evolution in etwa 750 Millionen Jahren entstanden. In nur wenigen Jahrzehnten hat der Mensch die Oberfläche der Erde mit roboterartigen Maschinen und Dynamit beängstigend verändert. Allein in der Bundesrepublik werden täglich 110 Hektar Kulturland der Industrie geopfert. Straßenbau, Monokulturen in Wald und Flur, Trockenlegen von Seen und Mooren stören immer empfindlicher das ökologische Gleichgewicht unserer Umwelt. Während die Belastung der Natur ständig zunimmt, gehen die Naturreserven in bedrohlicher Weise zur Neige. Es wird immer deutlicher, daß der Haushalt der Natur vom Menschen nicht ewig und hemmungslos ausgebeutet werden kann.

Der Zeitpunkt ist gekommen zu erkennen, daß der gestörte Naturhaushalt auch eine Existenzbedrohung für die Menschheit bedeutet.

Das Kind und sein Tier

Für die gedeihliche Entwicklung Ihres Kindes können Sie sich kaum einen besseren Umgang wünschen als ein Tier – sofern es das richtige ist. Hier sind einige Gründe dafür:

- Jedes Kind hat Liebebedürfnis, aber oft zuwenig Zärtlichkeit – meist dann, wenn die Mutter mehrere Kinder zu versorgen hat oder zur Arbeit geht. Der Umgang mit einem Tier kann eine sinnvolle Lebens- und Liebesbeziehung auslösen helfen.
- Tierhaltung erzieht zur Verantwortung Dritten, insbesondere Schwächeren, gegenüber. Das Kind lernt frühzeitig, für andere zu sorgen und diese Pflicht gelegentlich auch wichtiger zu nehmen als die eigenen Probleme. Tierhaltung fördert außerdem soziales Verhalten: Das Kind lernt, daß das Tier nicht für das Kind da ist, sondern das Kind für das Tier da sein muß.
- Zwischen Tier und Kind entsteht eine Lernbeziehung. Das Kind beobachtet, was das Tier tut. Es kann bei seiner Erziehung mitwirken. Das gibt ihm Selbstvertrauen und trägt zur Selbsterkenntnis (und damit zur Selbsterziehung) bei. Umgang mit Tieren fördert Phantasie und Erlebnisfähigkeit, löst Wissensdurst und Forscherdrang aus.
- Vor allem Einzelkinder und Schlüsselkinder werden durch den Umgang mit Heimtieren günstig beeinflußt: Ein Tier hilft dem Kind über die Einsamkeit und Leere von Stunden hinweg, in denen es ohne Ansprache durch seine Bezugsperson ist. Die Angst vor dem Heimkommen (von Schlüsselkindern) in die leere Wohnung weicht der Freude, für das »noch einsamere« Tier sorgen und mit ihm zusammen sein zu können. Für Einzelkinder ist der Umgang mit einem Tier zudem eine gute Vorbereitung auf das vielleicht nachkommende Baby oder ihr Verhalten in einer Klassengemeinschaft.

Das Kind sollte frühzeitig – möglichst schon mit drei Jahren – Umgang mit Tieren haben. Dann wird es sich später auch bei fremden Tiere nicht grundverkehrt verhalten: die beste Garantie gegen Unfälle mit Tieren. Was Landkinder oft noch am Nutztier lernen, kann das Stadtkind am Heimtier erfahren.

Ich bin meinen Eltern heute noch dankbar, daß sie mir frühzeitig den Umgang mit Tieren ermöglicht haben. Wir wissen aus vielen Negativbeispielen, daß der Grundstein für eine natürliche Mensch-Tier-Beziehung in der frühesten Jugend gelegt wird. Was im Kindesalter in dieser Hinsicht versäumt wird, läßt sich später nicht nachholen. In unserem Zeitalter der Verstädterung ist Tierhaltung eine der letzten Möglichkeiten, das »Abenteuer Natur« in unser Dasein zurückzuholen. Für viele Menschen wird daraus ein lebenslanges Hobby, das sie mit Glück erfüllt und das nie mehr Langeweile aufkommen läßt. Nicht wenige Tierliebhaber entwickeln sich später zu Züchtern oder in der Fachwelt geachteten Amateurforschern. Und bei einigen wird sogar, wie in meinem Fall, ein beglückender Lebensberuf daraus.

Ganz wesentlich sind der persönliche Einfluß und das gute Vorbild der Eltern und Erzieher. Das beginnt beim Streifzug durch die freie Natur, bei Besuchen von Zoos und Nationalparks. Es setzt sich im häuslichen Gespräch fort, wenn Sie sich über Tiersendungen im Fernsehen und Radio und über Bücher unterhalten, die Ihr Kind liest.

Wenn es merkt, daß Sie Tiere gern haben und etwas von ihnen wissen, wird es auch selbst Interesse an Tieren entwickeln. Wenn Sie als Autofahrer die Warnschilder »Wildwechsel« beachten und sich rücksichtsvoll verhalten (langsam fahren mit abgeblendeten Scheinwerfern), wird es Ihr Kind später genauso machen. Und wenn Sie beim Spaziergang auf den Waldwegen bleiben, im Frühjahr die Kinderstuben der Wildtiere meiden, Ihr Kind stets leise, behutsam und aufmerksam beobachtend durch die Natur führen, haben Sie ein festes Fundament für eine positive Beziehung zur Kreatur gelegt.

Das Kind und sein Tier

Schon für Zwei- bis Dreijährige ist die Begegnung mit Aquarienfischen und Terrarientieren eine erste Tier-Begegnung: Das sind keine Streichel- und Liebhabe-Tiere, sondern Anschau-Tiere. Etwas später, etwa mit vier Jahren, wird das Kind sich ein Meerschweinchen oder Kaninchen wünschen. Dann ist es bereits alt genug, um zu lernen, wie man ein Tier richtig anfaßt.

Viele Kinder wollen ein Kaninchen; aber es braucht viel Platz und Zuwendung.

Etwa mit dem Schuleintritt, zwischen sechs und sieben Jahren, sind die meisten Kinder reif, ein kleines Tier selbst zu versorgen: einen Goldhamster etwa, oder ein Meerschweinchen. Diese Tiere sind leicht zu halten und werden recht zutraulich. Das Kind hat jetzt das »Pflegeralter« erreicht. Es entwickelt einen natürlichen Trieb, für Schwächere zu sorgen und lernt, das auch mit Verstand zu bewerkstelligen.

Schon bald könnten dann auch etwas schwierigere Tiere ins Heim kommen. Auf keinen Fall sollten Sie ohne die entsprechenden Voraussetzungen Vieltierhaltung betreiben. So ein Haus- oder Gartenzoo mag sich sehr hübsch ausnehmen, aber er verlangt doch sehr viel Wissen, Zeit und Geld. Das ist nicht jedermanns Sache. Das Kind muß allmählich selbst darauf kommen, was es zu leisten vermag.

Ist der Umgang mit Tieren gefährlich?

Das ist eine häufig gestellte und oft falsch beantwortete Frage. Es ist verständlich, daß sich die Eltern Sorgen machen, ob Heimtiere gefährlich sind für ihre Kinder oder ob durch sie Krankheiten übertragen werden können.

Ich habe bereits auf die Untersuchung der Aktion »Das sichere Haus« hingewiesen, die feststellte, daß allein in der Bundesrepublik jährlich etwa 10 000 Kinder in Unfälle mit Tieren verwickelt werden. Die meisten Unfälle kommen mit Hunden und Katzen vor. Diese Zahlen stimmen bedenklich, bedürfen jedoch einer Erklärung.

- Relativ viele Unfälle ereignen sich in den Tiergärten. Ursache: Unachtsamkeit, wenn nicht Dummheit, der Eltern und Leichtsinn oder falsch gelenkter Spieldrang der Kinder. Wer die Gebote und Hinweise in den Zoos beachtet, braucht Unfälle nicht zu fürchten.
- Die meisten Unfälle ereignen sich nicht mit den eigenen Heimtieren, sondern mit Fremdtieren. Selbstverständlich ist ihnen gegenüber besondere Vorsicht geboten. Es gehört zu den Grundregeln, an ein Tier nie von hinten oder von der Seite heranzutreten. Wenn es sich durch die plötzliche Annäherung bedroht fühlt, schnappt es zu. Außerdem sollte man Tiere anderer Leute grundsätzlich nicht anfassen – es sei denn, der Tierhalter erlaubt es ausdrücklich, oder wir kennen das Tier schon seit längerer Zeit. Dann wird es vielleicht von selbst auf uns zukommen.
- Selbst kleinere Tierarten, wie Goldhamster oder Mäuse, können Verletzungen verursachen. Grundsätzlich müssen wir den Kindern einschärfen, daß Tiere ihren Käfig als ihr Revier, ihren persönlichen Lebensraum betrachten und sich darin als die Herren fühlen. Überraschend, ohne Vorankündigung, hineinzulangen, betrachten die Tiere als Angriff. Es kann daher sein, daß sie sich instinktiv wehren: zupacken, beißen oder kratzen.

● Es versteht sich, daß wir Muttertiere, die Junge bei sich haben, nicht streicheln – auch wenn sie es sonst gern dulden. Sie könnten diese Zärtlichkeit falsch verstehen und als Angriff auf ihre Kinder betrachten. Viele Verletzungen gehen auf dieses Fehlverhalten der Menschen zurück. Und daß wir Tiere nicht beim Fressen stören, ist eigentlich selbstverständlich.

● Kleinere Kinder betrachten Tiere häufig als Spielzeug. Sie schleppen sie herum oder drücken sie an sich, wie sie es mit Puppen oder Stofftieren gewöhnt sind. Das Tier »denkt« anders darüber. Wenn es sich belästigt fühlt oder gar dabei Schmerzen empfindet, wehrt es sich. Wer wollte es ihm verdenken? Darum ist es wichtig, kleinen Kindern von Anfang an klarzumachen, wie man ein Tier richtig anfaßt, oder zu verhindern, daß sie, solange sie zu klein sind, mit Tieren in Anfaßkontakt kommen.

Nur so hebt man kleine Hunde und Katzen hoch. Niemals im Genick packen!

● Auf jeden Fall ist es gefährlich, Tiere zu ärgern oder gar zu quälen: sie zu pieken, am Fell zu zupfen, am Schwanz zu zerren, sie zu stechen oder zu schlagen. Wenn sich ein Tier wehrt, wird es vielfach als »kratzbürstige« Katze oder »böser« Hund abgestempelt. Der Umgang mit Tieren verlangt Vernunft, viel Einsicht, vor allem aber persönliche Zuneigung. Das Tier merkt recht gut, wer ihm wohl will.

Wahre Schauergeschichten sind über die Ansteckungsgefahr bei Tieren im Umlauf. Es gibt da ein paar Schreckenswörter, die von Heimtiergegnern gern vorgebracht werden: Hundeseuche (Leptospirose), Toxoplasmose bei Säuglingen, Spulwürmer, Bandwürmer, Listeriose. Oder etwa die stets zitierte Papageienkrankheit und die schon lange bekannte Tollwut. Man könnte noch die Viruserkrankung durch Goldhamster nennen und manches andere.

Als wesentlichster Gegenbeweis für die Behauptung, Menschen seien durch diese Tierkrankheiten gefährdet, ist anzuführen, daß dieser Krankheitskatalog in der Praxis so gut wie keine Bedeutung hat. Erkrankungen von Kindern (und Erwachsenen) durch Ansteckung bei Heimtieren gehören laut Statistik zu den höchst seltenen Ausnahmen. Wenn wirklich einmal ein Fall auftritt, ist er durch die Antibiotika rasch unter Kontrolle zu bringen. Die Freude am Tier, die ein junges Leben entscheidend beeinflussen kann, sollte nicht durch falsch verstandene Infektionsangst im Keim erstickt werden.

Fest steht auch, daß Tiere als Krankheitsüberträger nicht gefährlicher sind als Menschen. Vor allem Kinder fassen vieles an, was nicht steril ist. Wir alle bewegen uns in einer wahren Bakterienschwemme. Krankheitskeime sind rund um uns und in uns. Jeder Arzt wird Ihnen das bestätigen. Wenn wir uns und unsere Kinder ängstlich von jeder Ansteckungsgefahr fernhalten, werden wir mit Sicherheit krank, weil wir im Ernstfall nicht genug Abwehrkräfte entwickeln können.

Es versteht sich, daß wir als Tierhalter die auch sonst üblichen Sauberkeitsregeln genau einzuhalten haben. Für den Umgang mit Tieren sollten wir, um Krankheiten zu vermeiden, zusätzlich noch Folgendes beachten:

● Sich nicht von Tieren im Gesicht belecken lassen.

Bin ich wirklich ein guter Tierhalter?

- Darauf achten, daß Kleinkinder den Spielkameraden nicht küssen.
- Nach dem Umgang mit Tieren (unbedingt aber vor jeder Mahlzeit) die Hände waschen.

Das sind Regeln, die auch zu allgemeiner Körperhygiene erziehen.

Wenn das Tier stirbt

Wir werden uns kaum eine Elefantenschildkröte halten, die hundert und mehr Jahre alt werden kann. Nur zwei bis drei Jahre ist das Durchschnittsalter mancher Heimtiere. Ein fünfzehnjähriger Hund entspricht einem 78jährigen Menschen, und eine Katze wird selten älter als fünfzehn. (Über das Durchschnittsalter von Heimtieren mehr in der Tabelle »Heimtiere auf einen Blick« S. 30.)

Trauern Sie nicht lange, wenn Ihr Liebling stirbt. Sich selbst und Ihre Kinder bringen Sie am besten über den Verlust hinweg, wenn Sie recht rasch ein anderes Tier anschaffen.

Machen Sie nicht den Fehler, ein möglichst ähnliches auszusuchen. Meist ist dann die Enttäuschung groß. Ich habe beobachtet, daß eine andere Rasse oder sogar Art leichter über den Verlust hinweghilft. Der Reiz des Neuen, des Andersartigen wirkt sich aus. Man gewinnt den Neuling rasch lieb, und alles ist verschmerzt. Ich denke hierbei hauptsächlich auch an Kinder. So lernen sie Abschied nehmen – nicht oberflächlich, aber auch nicht mit falscher Pietät.

Bin ich wirklich ein guter Tierhalter?

Beantworten Sie die Fragen nach bestem Wissen und Gewissen. Falls ein anderes Familienmitglied (Ihr Kind) hauptsächlich das Tier versorgen soll, bedenken Sie seine Antworten an erster Stelle – aber ebenso die Familiensituation. Sie können den Test auch für jedes Familienmitglied einzeln machen. Setzen Sie die Punktzahl, die sich aus Ihren Antworten ergibt, in die Kästchen ein.

Sie können sich und Ihren Angehörigen bei gewissenhafter Prüfung manche Enttäuschung ersparen. Bedenken Sie bitte auch, was es für ein Tier bedeutet, wenn es bei Ihnen nicht die Pflege und das Verständnis findet, die unbedingt zu seinem Gedeihen nötig sind. Das gilt vor allem für „Problemtiere“, die besonders schwierig zu halten sind und überdurchschnittliche Erfahrung und Hinwendung erfordern. Halten Sie, wenn der Test zu Ihren Ungunsten ausfällt oder Sie Zweifel haben, besser gar kein Tier, als daß Sie aus falschverstandener, vielleicht auch übertriebener (und damit unnatürlicher) Tierliebe am Ende noch zum Tierquäler werden.

Test A: Passe ich zu einem Tier?

1. Haben Sie Angst vor Tieren?
   Ja: 2 P. · Nein: 5 P. · Nicht vor allen: 3 P. ☐
2. Ärgern Sie sich über Hundedreck auf dem Gehweg oder dem Parkrasen?
   Ja: 4 P. · Nein: 1 P. ☐
3. Finden Sie nächtliches Katzengeschrei lästig?
   Ja: 1 P. · Nein: 2 P. ☐
4. Unterhalten Sie sich gern mit Haustierbesitzern über ihre Lieblinge?
   Ja: 5 P. · Keine Gelegenheit: 2 P. · Nein: 0 P. ☐
5. Haben Sie mehr als ein (etwas zeitraubendes) Hobby?
   Ja: 2 P. · Nein: 6 P. ☐

Bin ich wirklich ein guter Tierhalter?

6. Sind Sie Mitglied im Tierschutzverein?
Ja: 5 P. · Nein: 2 P. ☐

7. Beabsichtigen Sie, in den Tierschutzverein (vor allem, um das Tierheim zu unterstützen) oder einen Züchterklub einzutreten, falls Sie sich ein Heimtier anschaffen?
Ja: 3 P. · Nein: 1 P. ☐

8. Sind Sie ein ordentlicher, aber nicht unbedingt pedantischer Mensch?
Ja: 5 P. · Nein: 3 P. ☐

9. Führen Sie, was Sie einmal angefangen haben, auch zu Ende?
Ja: 4 P. · Nicht immer: 2 P. · Nein: 1 P. ☐

10. Sind Sie ein ausgesprochener Sauberkeitsfanatiker, der (zu Hause) nicht die geringste Unordnung duldet?
Ja: 1 P. · Nein: 4 P. ☐

11. Gehen Sie gern in Zoos und Wildparke?
Ja: 6 P. · Selten: 3 P. · Nein (Ich finde es langweilig): 0 P. ☐

12. Gehen Sie gern (wenigstens im Urlaub) in freier Natur spazieren und freuen sich, wenn Sie Wildtieren begegnen?
Ja, öfter: 6 P. · Gelegentlich: 4 P. · So gut wie nie: 1 P. ☐

13. Stellen Sie vor Wintereinbruch ein Futterhäuschen auf oder füttern Sie sonstwie, falls Sie Gelegenheit haben, die Singvögel?
Ja: 5 P. · Nein: 2 P. ☐

14. Sorgen Sie dafür, daß stets genug Futter da ist?
Ja: 3 P. · Nein: 0 P. ☐

15. Sind Sie oft überarbeitet und nervös und möchten Sie in Ihrer Freizeit am liebsten nur Ihre Ruhe haben?
Ja: 3 P. · Nein: 5 P. ☐

16. Finden Sie es daheim, wenn kein Betrieb ist oder Gäste kommen, langweilig?
Ja: 1 P. · Nein: 4 P. ☐

17. Ärgert Sie die Fliege an der Wand und fahren Sie leicht aus der Haut?
Ja: 2 P. · Manchmal: 3 P. · Nein: 4 P. ☐

18. Sehen (hören) Sie gern Tiersendungen im Fernsehen und (oder) Radio?
Ja: 5 P. · Nein: 2 P. ☐

19. Lesen Sie gern, wenn Sie Zeit haben, Bücher und Zeitungsartikel über Tiere?
Ja: 6 P. · Gelegentlich: 4 P. · Nein: 2 P. ☐

Summe A ☐

Bewertung

70 Punkte und mehr: Sie besitzen, was die persönlichen Umstände angeht, alles Zeug, ein guter Tierhalter zu werden. Machen Sie **Test B** und fügen Sie am Ende eine Gutschrift von 5 Punkten hinzu.

50–69 Punkte: Gewiß werden Sie Tiere ordentlich betreuen. Machen Sie jetzt noch **Test B,** damit Sie sich ein endgültiges Urteil bilden können.

35–49 Punkte: Bei Ihnen bestehen gewisse Hindernisse, sich ausreichend um Tiere zu kümmern. Machen Sie vorsichtshalber **Test B** und ziehen Sie am Ende 5 Punkte ab.

34 Punkte und weniger: Sie sollten kein Tier halten. Es wäre besser für Sie (und für das Tier). Freilich soll das kein Werturteil sein. Es gibt auch andere schöne Hobbys. Aber Sie können dennoch einen weiteren Versuch machen und **Test B** ausfüllen – unter Abzug von 10 Punkten am Ende der Zusammenrechnung.

Bin ich wirklich ein guter Tierhalter?

Test B: Paßt ein Tier zu meinen Lebensumständen und Wohnverhältnissen?

1. Warum wollen Sie ein Heimtier anschaffen?
Weil auch Bekannte eines haben: 1 P. · Weil ich mich so oft einsam fühle: 3 P. · Weil ich gern für jemand sorgen möchte: 6 P. · Weil ich mir schon lange ein Tier wünsche: 8 P. · Weiß ich nicht genau: 0 P. ☐

(Entscheiden Sie sich, falls mehrere Antworten in Frage kommen, für die zutreffendste!)

2. Wollen Sie für den Anfang nur ein Tier halten oder gleich mehrere?
1 Tier: 6 P. · Mehrere: 3 P. ☐

3. Haben Sie sich bereits Gedanken darüber gemacht, welches Tier Sie gern hätten, auch wenn Sie noch nicht zu einem Endergebnis gekommen sind?
Ja: 5 P. · Nein: 3 P. ☐

4. Sind Sie und (oder) Ihre Frau beruflich so angespannt, daß Sie sich oft noch Arbeit mit nach Hause nehmen?
Ja: 5 P. · Nein: 2 P. ☐

5. Verreisen Sie gern so oft wie möglich?
Ja: 3 P. · Nein: 6 P. ☐

6. Gehen Sie oft aus (Kino, Partys, Einladungen usw.)?
Ja: 3 P. · Nein: 5 P. ☐

7. Würden Sie, nachdem Sie ein Tier angeschafft haben, anfangs auch mal auf einige Wochenendfahrten oder andere Unternehmungen verzichten, um sich mit Ihrem neuen Hausgenossen zu befassen?
Ja: 7 P. · Nein: 0 P. ☐

8. Was würden Sie mit Ihrem Tier machen, wenn Sie in Urlaub fahren?
Es am liebsten mitnehmen: 6 P. · Es Bekannten anvertrauen, die schon ein Tier haben: 4 P. · Es in ein gutes Tierheim geben: 3 P. · Weiß ich nicht: 1 P. ☐

9. Würden Sie auch mal, falls es nicht anders geht, dem Tier zuliebe auf eine Urlaubsreise verzichten?
Ja: 8 P. · Vielleicht: 4 P. · Nein: 2 P. ☐

10. Haben Sie normalerweise jeden Tag wenigstens 1 Stunde Zeit und Lust, sich mit Ihrem Tier zu beschäftigen?
Ja: 6 P. · Nein: 0 P. ☐

11. Könnten Sie sich vorstellen, daß Sie auch junge Tiere, obwohl sie unerwünscht kommen, aufziehen?
Ja: 6 P. · Nein: 2 P. ☐

12. Ekelt Sie der Gedanke, in der Wohnung Tierkot zu beseitigen, eine Wunde von Blut oder Eiter zu säubern oder Erbrochenes wegzuwischen?
Ja: 1 P. · Eigentlich schon ein bißchen: 3 P. · Nein: 5 P. ☐

13. Prüfen Sie auf einer Personenwaage Ihr Gewicht (mit Kleidern 2 kg zulegen). Haben Sie Normalgewicht, Idealgewicht oder Übergewicht?
Normalgewicht (Größe minus 100 in Kilogramm. Beispiel: bei 175 cm 75 kg): 5 P. · Idealgewicht (Normalgewicht minus 10% bei Männern, minus 15% bei Frauen): 8 P. · Übergewicht (mehr als 2 kg über Normalgewicht): 1 P. ☐

14. Essen Sie gern und häufig Süßigkeiten und verleiten Sie auch andere Erwachsene dazu, obwohl sie es vielleicht gar nicht wollen?
Ja: 6 P. · Nein: 3 P. ☐

Bin ich wirklich ein guter Tierhalter?

15. Sind Sie starker Raucher?
Ja: 1 P. · Gelegentlicher Raucher: 3 P. · Nichtraucher: 5 P. ☐

16. *Nur für Eltern mit Kindern.*
Sind Sie in der Lage, Ihrem Kind, dem Sie ein Tier schenken wollen, klarzumachen, daß es täglich einen Teil seiner Freizeit opfern muß, um sich mit dem Tier zu beschäftigen (es zu pflegen)?
Ja: 7 P. · Mit Einschränkung: 3 P. · Nein: 0 P ☐

17. *Nur für Ehepaare ohne Kinder.*
Ist der andere Ehepartner einverstanden, daß ein Tier ins Haus kommt?
Ja: 7 P. · Ist ihm egal: 4 P. · Haben noch nicht darüber gesprochen: 2 P. · Nein: 0 P ☐

18. *Nur für Alleinstehende.*
Sind Sie berufstätig und den ganzen Tag außer Haus?
Ja: 0 P. · Gibt es in der Nachbarschaft jemand, dem Sie Ihren Schlüssel geben können, damit er mal nach dem Tier sieht?: 3 P. · Sind Sie die meiste Zeit des Tages daheim?: 7 P. ☐

Zwischensumme B ☐

Gutschrift aus A + ☐

Abzug aus A – ☐

Endergebnis ☐

Bewertung

80 und mehr Punkte. Das erste Testergebnis hat sich bestätigt. Sie werden ein vernünftiger und verantwortungsbewußter Tierfreund sein – auch für bestimmte Problemtiere. Schaffen Sie sich ruhig ein Tier an. Es wäre schade, wenn Sie's nicht täten.
56—79 Punkte: Für Sie gilt obiges mit Einschränkung. Vorerst keine Problemtiere halten! Finden Sie mit Hilfe dieses Buches heraus, welches Tier speziell zu Ihnen paßt!
35—55 Punkte: Es wird noch gehen, falls Sie den ernsthaften Wunsch haben, ein Tier zu halten. Aber beschränken Sie sich auf ein »Anfängertier«!
Weniger als 35 Punkte: Sie sollten, da wahrscheinlich auch der Vortest recht knapp ausfiel, auf Heimtierhaltung verzichten. Sie würden damit sich und Ihrem Pflegling keinen Dienst erweisen. Dafür werden Ihnen gewiß andere Hobbys viel Freude machen. Falls Sie ein gutes Werk tun wollen, stiften Sie etwas für Ihren örtlichen Tierschutzverein oder die Sammlung »Hilfe für die bedrohte Tierwelt« (Postscheckkonto Nr. 47601 beim Postscheckamt Frankfurt am Main). Auch dieses Buch haben Sie nicht vergebens gekauft. Nicht jeder Tierfreund muß (und sollte) Tierhalter sein – dann jedenfalls nicht, wenn die persönlichen oder häuslichen Umstände es nicht gestatten. Schenken Sie dieses Buch, falls Sie es nicht als Nachschlagewerk und Lesebuch behalten wollen, einem interessierten Kind oder der nächsten Schulbücherei (Gemeinde- oder Pfarrbibliothek)! Sie helfen mit, den Gedanken der vernünftigen Heimtierhaltung zu verbreiten.

Für die Anschaffung von Heimtieren soll Ihnen die Tabelle *Heimtiere auf einen Blick* (→ S. 30) eine erste Orientierungshilfe sein. Die Symbole, die bei der Einzelbeschreibung der Heimtiere wiederkehren, um Sie rasch zu informieren, sind dort erläutert. Sie geben Ihnen wichtige Hinweise auf die Eigenschaften der Tiere in Bezug auf die Heimhaltung, den Umgang mit ihnen, über Raumbedarf und Pflege. Selbstverständlich sind das nur Verallgemeinerungen. Das gilt auch für die übrigen Angaben. Aber Sie können Ihnen die Entscheidung erleichtern helfen. Jedenfalls werden sie Ihnen als erste Anhaltspunkte und Orientierungsdaten wertvolle Dienste leisten.

Die beliebtesten Heimtiere auf einen Blick

Art/Tiergruppen	Eigenschaften/Umgang	Lebenserwartung Jahre	Raumbedarf/Pflege
Aquarienfische Schwarmfische (Warmwasserbecken)	▼▲▼ 👁 ☼	2–10	⌂ ⌗ Bei Nachwuchs mehr Pflege, Lebendfutter
Einzel-/Paarfische (Kaltwasserbecken)	▲ ▼▲▼ 👁 ☼ Interessante Beobachtung bei Brutpflege	2–10	⌂ ⌗ Nachwuchspflege. Lebendfutter
Vögel Weichfresser	▲ ▼▲▼ 👁 ✋ Gute Sänger	6–12	⌂ ⌗ Viel Lebendfutter, schmutzen sehr
Körnerfresser	▲ ▼▲▼ 👁 ✋ Möglichst zu mehreren halten	8–15	⌂ ⌗ Leichter zu halten als Weichfresser
Papageien	▲▼ ▼▲▼ ✋ ☼ Viele lernen sprechen. Persönlicher Umgang	20–40	◇ ⌂ / ⊠ ⌗ Beschäftigung mit Zeitaufwand
Kleinsäuger Goldhamster	▲ ▼▲▼ ✋ ⊜	2–3	※ ⌂ ⌗ ⊔ Bei Pärchen Nachwuchspflege
Meerschweinchen	▼▲▼ ✋ ☼ Streicheltier	6–8	◇ ⌂ ⌗ ⊓ Riecht leicht
Kaninchen	▼▲▼ ✋ ☼	4–6	◇ ⊠ ⌗ ⊓ Höchstens 1 Tier in der Wohnung
Hörnchen	▲ ☼ ✋	6–8	※ ⌂ / ⊠ ⌗ ⊓ Wird im Alter bissig
Mäuse und Ratten	▼▲▼ 👁 ◐ Zu mehreren interessant (Familienleben)	2–3	※ ⌂ ⌗ Krankheitsanfällig

Erklärung der Symbole

👁	Anschautier: kein Kontakt möglich
✋	Anfaßtier: läßt sich streicheln, wird zutraulich
▲▼	Anpaßtier: gesellig, anhänglich
▲	Einzelgänger
▼▲▼	Schwarm- oder Rudeltier
⚽	spielfreudig
◐	Nachttier
☼	Tagtier
⊜	Nacht- oder Dämmerungstier, das auch bei Tag aktiv wird
◇	braucht viel Pflege und Zuwendung
※	braucht wenig Pflege
⌂	in der Wohnung zu halten
⊠	nicht (oder nur schwer) in der Wohnung zu halten
⌗	nur im Behälter (Aquarium, Terrarium, Käfig) zu halten
⊔	wird stubenrein
⊓	wird nicht stubenrein
♀	Weibchen
♂	Männchen

Die beliebtesten Heimtiere auf einen Blick

Anschaffungspreis in DM (pro Exemplar)	Kosten monatlich in DM	Für welches Kindesalter geeignet: Anschaffung ab	Für welches Kindesalter geeignet: zur selbständigen Pflege ab	Einzelbeschreibung Seite
1–6	5–10	jedes Alter	9–11 Jahre	84
2–8	3–6	jedes Alter	9–11 Jahre	93
15–100	4–10	8–10	11–13 Jahre	57
8–50	3–15	6–8	10–12 Jahre	49
40–500	5–15	8–10	10–12 Jahre	45
4–7	3–6	4–6	6–8 Jahre	66
7–14	3–7	4–6	6–8 Jahre	69
12–30	5–10	4–6	6–8 Jahre	71
30–45	4–9	10–12	12–14 Jahre	71
1–6	2–6	6–8	8–10 Jahre	67

Die beliebtesten Heimtiere auf einen Blick

Art/Tiergruppen	Eigenschaften/Umgang	Lebenserwartung Jahre	Raumbedarf/Pflege
Terrarientiere Molche/Salamander	▲ 👁 ◐ Beobachtungstier	10–15	※ ⌂ ▦ Aquaterrarium oder Aquarium
Frösche	▼▲▼ 👁 ☼ Reizvolle Beobachtung	10–20	※ ⌂ ▦ Viel Lebendfutter
Kröten	▲ 👁 ◐ Nur für Liebhaber	10–20	※ ⌂ ▦ Viel Lebendfutter
Schildkröten	▲ ☜ ☼ Sumpfschildkröten schwieriger zu halten	15–30	⌂ / ⊠ ▦ Abwechslungsreich füttern. Viel Sonne
Eidechsen	▲ 👁 ☼ Exoten im beheizten Landschaftsterrarium	unterschiedlich	⌂ Besondere Pflegekenntnisse. Sonnen- und UV-Bestrahlung, krankheitsanfällig
Schlangen	▲ ▼▲▼ 👁 ☼ Nur für Liebhaber	unterschiedlich	※ ⌂ Besondere Kenntnisse des Verhaltens
Hauskatzen Normalkatze	▲ ☜ ⚽ ⊜	12–15	※ ⌂ ⊔
Zuchtkatzen	▲ ☜ ▲▼ ⚽ ⊜ Schwieriger als Normalkatzen	12–15	※ ⌂ / ⊔ Viel Fellpflege
Hunde kleine Rassen	▼▲▼ ▲▼ ☜ ⚽ ☼	12–14	◇ ⌂ ⊔ Viel Beschäftigung in der Wohnung
mittlere Rassen	▼▲▼ ▲▼ ☜ ⚽ ☼	12–14	◇ ⌂ ⊔ Viel Auslauf
große Rassen	▼▲▼ ▲▼ ☜ ⚽ ☼	12–14	◇ ⊠ ⊔ Viel Auslauf

Erklärung der Symbole

- 👁 Anschautier: kein Kontakt möglich
- ☜ Anfaßtier: läßt sich streicheln, wird zutraulich
- ▲▼ Anpaßtier: gesellig, anhänglich
- ▲ Einzelgänger
- ▼▲▼ Schwarm- oder Rudeltier
- ⚽ spielfreudig
- ◐ Nachttier
- ☼ Tagtier
- ⊜ Nacht- oder Dämmerungstier, das auch bei Tag aktiv wird
- ◇ braucht viel Pflege und Zuwendung
- ※ braucht wenig Pflege
- ⌂ in der Wohnung zu halten
- ⊠ nicht (oder nur schwer) in der Wohnung zu halten
- ▦ nur im Behälter (Aquarium, Terrarium, Käfig) zu halten
- ⊔ wird stubenrein
- ⊓ wird nicht stubenrein
- ♀ Weibchen
- ♂ Männchen

Die beliebtesten Heimtiere auf einen Blick

Anschaffungspreis in DM (pro Exemplar)	Kosten monatlich in DM	Für welches Kindesalter geeignet Anschaffung ab	zur selbständigen Pflege ab	Einzelbeschreibung Seite
3–6	3–6	8–10	10–12 Jahre	106
3–6	1–3	6–8	8–10 Jahre	108
3–7	1–3	8–10	10–12 Jahre	109
4–80	2–10	8–9	9–11 Jahre	111
8– 20	2–7	9–11	11–12 Jahre	113
12 und mehr	4–10	ab 14	14 Jahre	115
Normalkatze 10 und mehr Zuchtkatzen 200 und mehr	30–40	5–8	8–10 Jahre	128
150–700	50–80	6–8	10–12 Jahre	129
50–600	45–60	6–8	8–10 Jahre	154
100–500 und mehr	50–75	7–9	9–10 Jahre	152
100–700 und mehr	80–200	10–12	14 Jahre	149

Gefiederte Hausgenossen:

Stubenvögel

Heimische und exotische Arten

**Herkommen – Körperbau – Sinnesorgane.
Erstaunliche Verhaltensweisen.
Was paßt zu wem?**

Unter den kleineren Heimtieren ist keines so beliebt wie der Vogel. Es dürften gut sechs Millionen Gefiederte allein in den Zimmerkäfigen, Balkon- und Gartenvolieren der Bundesrepublik, Österreichs und der Schweiz leben.

Die Gründe für die Liebe zu Vögeln sind zahlreich. Der eine hält sich einen Kanari, weil er schön singt. Der andere mag Prachtfinken, denn sie sind so bunt. Ein dritter hält sich einen Papagei, weil er nicht nur bunt ist, sondern auch sprechen lernt. Die erfahrenen Vogelliebhaber wollen schwierigere Arten hegen, pflegen, nachzüchten und verstehen lernen.

Vögel konnten fast die ganze Erde besiedeln. Sie haben sich vor etwa 150 bis 200 Millionen Jahren aus den Kriechtieren entwickelt. Tatsächlich entsprechen die aus der Oberhaut entstandenen Federn den Schuppen der Reptilien. Auch die Fortpflanzung weist eine große Ähnlichkeit zwischen Kriechtier und Vogel auf. Die Männchen der meisten Vögel haben kein äußeres Geschlechtsorgan, so daß bei gleicher Färbung die Unterscheidung der Geschlechter oft nicht möglich ist.

Vögel sind gleichwarme Tiere: Ihre Körpertemperatur verändert sich nicht. Sie ist höher als die der meisten Säugetiere. Das bedeutet: Sie leben »schneller«, intensiver. Sie bleiben auch bei Kälte aktiv, denn Fettpolster unter der Haut und das Gefieder schützen sie bei Minusgraden. Aber aus eben diesem Grund können sie nicht lange hungern; deshalb sollen wir Singvögel im Winter füttern.

Bereits der Körperbau zeigt uns, warum sich die Vögel einst in die Luft erheben konnten und so vorzügliche Flieger geworden sind: Stromlinienform, Flügel, Hohlfedern, »Luftsäcke« im Körper, kielförmiges Brustbein (Sitz der kräftigen Flugmuskeln), das im Vergleich zur Größe geringe Gewicht.

Körpermerkmale des Vogels

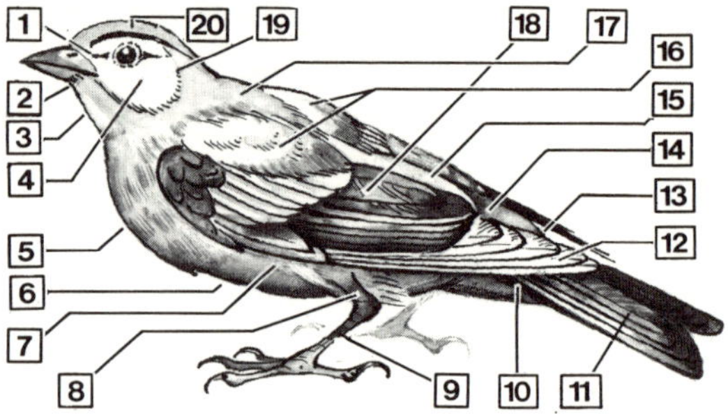

1 Zügel. 2 Kinn. 3 Kehle. 4 Ohr (Wange). 5 Brust. 6 Bauch. 7 Flanke. 8 Schenkel. 9 Lauf. 10 Unterschwanzdecken. 11 Schwanzfedern. 12 Handschwingen. 13 Oberschwanzdecken. 14 Bürzel. 15 Unterrücken. 16 Schulterdecken. 17 Oberrücken. 18 Armschwingen. 19 Augenstreif. 20 Überaugenstreif.

Das Oberkleid des Vogels besteht aus wasserdichten und luftfesten Deckfedern. Sie sind zweckmäßig angeordnet. Der Vogel hält sie durch häufiges Putzen in Ordnung. Im Herbst wechseln die meisten Vögel ihr Federkleid: Sie mausern. Einige Vogelarten mausern sich im Frühjahr ein zweites Mal, dann allerdings nur das Kleingefieder oder Teile davon. Sie legen dann ihr mehr oder weniger prächtiges Hochzeitskleid an.

Vögel sind gewandt und lebenstüchtig, sie können sich recht gut anpassen. In Freiheit werden viele freilich nur wenige Jahre alt; Krankheiten, Parasiten oder Raubtiere vermindern den Vogelbestand, auch Nachstellungen durch den Menschen und das unaufhaltsame Vordringen der Zivilisation. Viele Vogelarten sind bereits ausgestorben, andere von der Ausrottung bedroht. Dabei könnten

viele Vögel steinalt werden; so vor allem Kraniche, Rabenvögel und der Uhu bis zu 70 Jahren, Papageien 60 bis 100 Jahre, um nur einige zu nennen. In Gefangenschaft haben viele Vögel durchaus die Chance, länger zu leben als in Freiheit – falls sie nicht durch nachlässige oder unsachgemäße Behandlung vorzeitig eingehen, was leider ziemlich häufig vorkommt.

Die Vögel bilden unter den Wirbeltieren eine eigene Tierklasse. In unserer weiteren Heimat kennen wir etwa 400, in aller Welt an die 9000 Arten. Manche Kolibris wiegen nur wenige Gramm, der Strauß hingegen kann ein Gewicht von 100–120 kg erreichen. Strauß, Emu, Pinguine und andere Arten haben das Fliegen verlernt. Manche Zugvögel aber legen viele Tausend Kilometer zurück, einige 10 000 km und mehr, um ins Winterquartier zu kommen – und wieder zurück in ihre Heimatländer.

Die Wahrnehmungsmöglichkeiten der Vögel zeigen mit unserer menschlichen Sinnenwelt verblüffende Ähnlichkeiten – wohl mit ein Grund, warum unter den Verhaltensforschern die Ornithologen (Vogelkundler) besonders zahlreich und erfolgreich sind. Vögel sehen gut (und ähnlich wie Menschen); der Sehwinkel beider Augen ist unabhängig voneinander einstellbar. Das Farbunterscheidungsvermögen ist nicht schlechter als unseres. Ähnliches gilt auch für das Hörvermögen. Der Geruchssinn hingegen ist wenig ausgeprägt.

Vögel haben ein vorzügliches Gedächtnis. Selbständig denken allerdings können sie nicht. Vieles in ihrem Verhalten ist angeboren. Gewiß können sie hinzulernen; durch Erfahrung, deren Ergebnis sie dann künftig in der Praxis anwenden.

In ihrer langen Entwicklungsgeschichte hat sich höchst Verblüffendes bei einzelnen Vogelarten ausgebildet: phantastisches Flug- und Orientierungsvermögen, meisterlicher Nestbau, hohe Gesangskunst, prachtvolles Farbenspiel, komplizierte Werbungsriten und kunstvolle Hochzeitstänze zum Beispiel. Dies und vieles andere machen verständlich, warum die Zahl der Vogelfreunde, die unsere Gefiederten in freier Natur beobachten oder sie selbst halten, ständig zunimmt.

Ich möchte vor allem den gar nicht oder wenig Erfahrenen unter Ihnen einige Merksätze weitergeben, die für erfolgreiche und tierfreundliche Vogelhaltung unerläßlich sind. Hier die drei Grundfragen, damit Sie feststellen können, welcher »Vogeltyp« für Sie in Frage kommt:

- Suchen Sie einen Wohnungsgenossen, der auch umherfliegt, Ihnen nachfolgt, mit Ihnen spricht oder für Sie singt?
Auswahlvorschlag: Kanarienvogel – Wellensittich – Sprechpapagei (z. B. Graupapagei).
- Möchten Sie einen Käfig mit Buntgefiederten, die wenig Lärm (und Arbeit) machen und etwa so reizvoll anzusehen sind wie ein Aquarium mit exotischen Fischen?
Auswahlvorschlag: Nehmen Sie Körnerfresser, möglichst Exoten: Prachtfinken (beispielsweise Zebrafinken, Band- oder Reisfinken).
- Interessiert es Sie zu wissen, wie sich die Vögel verhalten? Suchen Sie ein zeitaufwendigeres Objekt für Ihren Pflegetrieb?
Auswahlvorschlag: Tauben-, auch Webervögel (großartige Nestbauer).

Unterbringung in der Wohnung

Käfig und Zimmervoliere – Einzel- oder Gesellschaftskäfig – Zubehör, Preise

Wir unterscheiden Körnerfresser und Weich- oder Insektenfresser. Sie können diese beiden Arten gut an der Schnabelform unterscheiden:

Körnerfresser Weichfresser

Das ist für die Auswahl ebenso wichtig wie für die Haltung. Weichfresser machen viel Schmutz, weil sie mehr Kot absetzen, der öfter auch dünnflüssig ist und weniger angenehm riecht. Sie singen meist besser als Körnerfresser und brauchen einen höheren Käfig. Ihre Haltung ist nicht selten recht problematisch. Darum sind Weichfresser keine Vögel für Tierhalter ohne Erfahrung.

Eines gilt für alle Vogelarten (aber nicht alle Menschen beachten es): Vögel sind eigentlich zum Fliegen auf der Welt. Sie brauchen Freiraum – Freiheit. Schlußfolgerung für uns: Das Vogelbauer muß so groß wie möglich – wie nur erschwinglich und aufstellbar sein. Von Geld und Platz hängt also auch die Auswahl der Arten ab. Am besten ist die große Gartenvoliere. Falls möglich kommt auch eine Balkonvoliere in Frage; sie muß aber windgeschützt aufzustellen sein. Die meisten Exoten sind von der Freihaltung ausgenommen – es sei denn, wir können ihnen zusätzlich ein Warmhaus bieten.

Wenn der Platz ausreicht und die Pflege gut ist, werden dem Insassen die Gitterstäbe gleichgültig sein. Er wird seine verlorene oder möglicherweise nie erlebte Freiheit nicht vermissen. Sein Revier ist eben nur der Raum innerhalb der Gitterstäbe.

Wichtiger ist, wo der Käfig steht oder hängt. Vögel sind Versteckiere – ausgenommen Laufvögel, die sich durch Tarnung schützen. Sie brauchen zum Wohlergehen das »Wissen« um erreichbare sichere Zufluchtsorte, an denen sie sich außerdem immer gern aufhalten, wenn sie nicht auf Futtersuche sind. Ein offenes Vogelbauer mit durchsichtiger Rückwand und ohne Versteck, das mitten im Zimmer steht oder hängt, fordert jeden Raubvogel heraus – so »denkt« sich sein Bewohner, und er fühlt sich nicht sicher. Denken *Sie* also daran! Schon wenn Sie den Käfig an eine Wand stellen oder hängen, ist viel gewonnen. Ihr Vogel wird nicht immer auf der Flucht sein, sondern sich ruhiger, weniger scheu und Ihnen gegenüber zutraulicher verhalten.

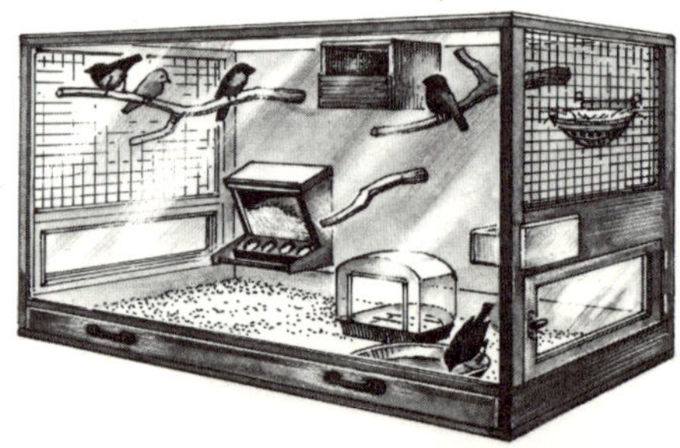

Dieser einfache Vogelkäfig ist der beste. Er gibt den Tieren größeren Bewegungsraum.

In einem Zoogeschäft wird allerlei an Vogelkäfigen angeboten, aber nicht alles ist gut und brauchbar. Verschnörkelte Pagoden und sonstige Ungetüme mögen »so richtig exotisch« aussehen, unpraktisch sind sie in jedem Fall und für den Vogel meist auch unpassend, wenn nicht sogar gefährlich. Er hat keinen ausreichenden Flugraum, keine Ab-

setzmöglichkeit anderen Insassen gegenüber. Zudem kann er sich an den Innenausbuchtungen leicht verletzen.

Am schönsten und besten sind rechteckige Vogelbauer der alten Züchterart:

Die Abbildung auf S. 38 zeigt einen Gesellschaftskäfig aus Holz – selbst angefertigt. Das vordere Gitter ist der Übersicht wegen ausgehängt. Er enthält:

- Eine Bodenschale für den Vogelsand;
- eine ausreichend große Tür, damit Ihre Hand auch die hinterste Ecke erreicht;
- Sitzäste mit unterschiedlichem Durchmesser oder Stangen, hier im »Dreisprung« angeordnet: Oben – unten – oben (auch umgekehrt möglich);
- Trinkschale (oder Trinkautomat);
- Vogelbad – muß nicht vorhanden sein, wenn die Trinkschale zum Baden ausreichend groß ist;
- Körnerfutter-Automat: Vorderseite verglast, damit Sie jederzeit den Vorrat prüfen können, mit Schmutzschublade zur leichteren Reinigung – aber die einfache Futterschale tut's auch;
- an der festen Rückwand vielleicht zwei Zufluchtkästen (Nistkästen).

Sie können diese Zimmervoliere – auch andere Holzkäfige – ganz gut selbst bauen und damit Geld sparen. Achten Sie darauf, daß Käfig und Kästen möglichst fugenlos gebaut sind. Denn in den Ritzen nisten sich die scheußlichen Vogelmilben ein, die nachts aus ihrem Versteck kommen und den Vögeln Blut aussaugen.

Für den Einzelvogel sollte der Käfig wenigstens 50 cm breit sein, für ein Pärchen mindestens 60 cm. Käfige für Weichfresser brauchen eine Mindesthöhe von 50 cm. Käfige für Wellensittiche und Papageien (starke Nager und Klettervögel) werden in Metall (vermessingt) angeboten, Finkenkäfige meist aus Holz gefertigt.

Hier einige Größen- und Preisbeispiele für Käfige und Zimmervolieren, wie sie der Handel anbietet. Stellen Sie Preisvergleiche an beim Einkauf:

Breite	Tiefe	Höhe	Preis
50	30	40 cm	50–100 DM
60	30	40 cm	60–120 DM
80	35	40 cm	80–150 DM
80	40	80 cm	120–300 DM
100	40	50 cm	150–300 DM
100	50	100 cm	200–400 DM
140	50	120 cm	400–700 DM

Weniger kostspielig sind die Zubehörteile:

Futterbrett für Volierenwand:	12–20 DM
Futternapf:	2– 5 DM
Futterautomat:	15–30 DM
Trinkautomat:	5– 8 DM
Badehaus:	15–40 DM
Birnenstrahler (60–250 Watt)	8–15 DM
Infrarot-Wärme- und Dunkelstrahler (60–100 Watt)	10–20 DM
Schutzgitter (für Strahler) mit Zuleitung	12–25 DM

Kauf und Eingewöhnung, Vogel-Alltag

Grundregeln für die Pflege – Krankheiten und Parasiten

Die Zoohandlungen sind voll mit Vögeln, und die Anzeigenspalten der Tageszeitungen und Fachzeitschriften quellen über vor Verkaufsangeboten. Wie kann man zu einem wirklich gesunden Tier oder einem Pärchen kommen?

Tierkauf ist Vertrauenssache. Letztlich müssen Sie sich auf den leider nicht ausnahmslos fachmännischen Rat des Händlers oder das durchaus nicht immer seriöse Inserat verlassen. Auch gewisse Züchter nehmen es, wenn's um Geld geht, nicht so genau mit der Wahrheit.

Leider ist insbesondere der Handel mit einheimischen Singvögeln in der Bundesrepublik noch immer nicht im Sinne des Naturschutzgesetzes geregelt, auch wenn die Behörden den – zu den Ausnahmen zählenden – unseriösen »Geschäftemachern« jetzt schärfer auf die Finger klopfen. Erkundigen Sie sich bei einem Fachmann, zum Beispiel dem örtlichen Züchterverein, wo man Sie reell bedient, falls Ihnen eine renommierte Zoohandlung nicht bekannt ist.

Es gibt gewisse Roßtäuschertricks, die Sie kennen sollten:

- »Ausgebildete Gesangsvögel« – gute oder überdurchschnittliche »Gesangs- und Schallform«: Diese Sänger müssen garantiert abgehört worden sein. Lassen Sie es sich schriftlich geben. Das gilt auch für »Spötter«.
- »Zuchtpaar«: Das darf nicht irgendein Hahn mit irgendeiner Henne sein. Lassen Sie sich bescheinigen, daß dieses Paar bereits in der Obhut des Menschen gebrütet und die Jungen auch aufgezogen hat.
- »Besonders zahm und anschmiegsam«: Vögel, die sich ohne weiteres ergreifen lassen, sind meist nicht etwa besonders friedlich, sondern schwächlich und krank.

Kaufen Sie nicht blind! Kaufen Sie möglichst nicht aus der Ferne per schriftlicher Bestellung, sondern gehen Sie in eine Zoohandlung und sehen Sie sich dort um. Beobachten Sie die Tiere Ihrer Wahl erst eine Weile von weitem, leise, ohne hastige Bewegungen. Besonders zutrauliche Vögel mit lockerem Gefieder sind oft krank. Gesunde, kräftige Tiere geben sich anfangs scheu und abweisend.

Kaufen Sie nicht unbesehen! Bitten Sie den Händler, den von Ihnen gewünschten Vogel einzufangen. Nehmen Sie den Vogel so in die Hand, wie es die Abbildung zeigt, um seinen Gesundheits- und Ernährungszustand zu begutachten.

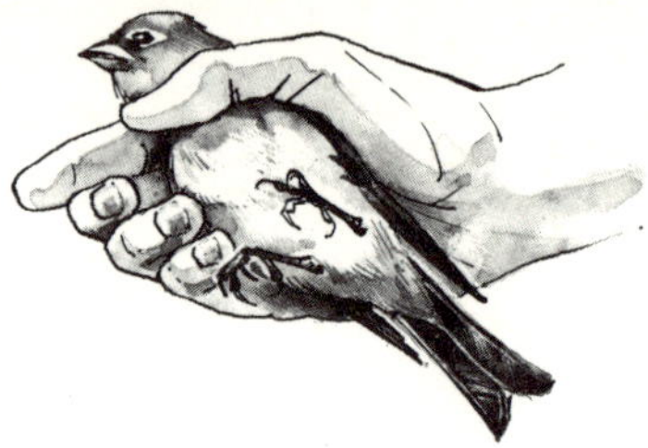

So faßt man einen Vogel an: Vorsichtig in die Hand nehmen – ohne fest zuzudrücken.

- Das gesunde Tier ist schlank, weder fett noch mager. Sein Gefieder fühlt sich glatt und geschmeidig an.
- Blasen Sie das Brustgefieder vorsichtig an. Die Brust soll voll und fleischig sein, das Brustbein nicht spitz, der Leib etwas zurückgezogen mit dünnem Fettansatz. Beim kranken Vogel ist der Leib rötlich (sonst blasser) und aufgetrieben.
- Nasse, verklebte Federn weisen auf Darmerkrankungen und Durchfall hin.
- Die Füße müssen glatt sein, nicht rauh und schuppig.

Für den Transport genügt ein gut luftdurchlässiges Leinensäckchen – aber nur, wenn Sie es nicht weit haben nach Hause. Nehmen Sie möglichst einen Schuhkarton mit Löchern. Bei längerer Bahn- oder Autoreise ist ein Transportkasten unerläßlich (zu bekommen in Zoohandlungen). Papageien müssen im Holzkasten oder Metallkäfig befördert werden; sonst entwischt der Vogel und ist eher auf dem nächsten Baum als mit Ihnen daheim.

Jedes Tier braucht Zeit zum Eingewöhnen in der fremden Umgebung. Bringen Sie den Käfig für die ersten zwei, drei Wochen möglichst hoch an. Am besten stellen Sie ihn auf einen Schrank. Ihr neuer Hausgenosse kann dann Zimmer und Tür gut beobachten. Nach Eingewöhnung stellen oder hängen Sie den Käfig möglichst an eine Wand in Augenhöhe. Das ist die künftige Begegnungsebene zwischen Ihnen und Ihrem gefiederten Freund.

Falls Sie Zuwachs für den Gesellschaftskäfig erworben haben, setzen Sie den Vogel zunächst in einen kleineren Gewöhnungskäfig, der in einem anderen Raum untergebracht ist als der Gesellschaftskäfig. Dann bringen Sie ihn nach einigen Tagen ins Volierenzimmer und lassen ihn ebenfalls einige Tage in der Nähe des großen Käfigs, ehe Sie Vogel samt Käfig in den Gesellschaftsbehälter stellen. Jetzt wird sich zeigen, ob der Neuankömmling von den anderen angenommen wird. Erst wenn Sie das genau wissen – etwa nach zwei bis drei Tagen müßte es sich herausgestellt haben –, können Sie die Käfigtür öffnen und darauf vertrauen, daß der Neuankömmling schon aus Neugier hinüberhüpft. Lassen Sie vorerst noch die Rückkehrmöglichkeit – das heißt: die Tür des kleinen Käfigs – offen. Wenn Sie Vögel auf diese behutsame Weise aneinander gewöhnen, dann werden Sie Todesfälle – vor allem bei älteren Tieren – vermeiden.

Im Winter, bitte, den Neuzugang nicht nahe beim Ofen oder der Heizung – und somit zu schnell aufwärmen. Das kann für ihn tödlich sein. Gewöhnen Sie das Tier langsam an die Zimmertemperatur.

Wie man Vögel ernährt

Die Zusammensetzung des Futters richtet sich nach dem »Freßtyp« – genaue Angaben für die einzelnen Vögel finden Sie auf den Seiten 45–57 bei den einzelnen Beschreibungen.

Grundsätzlich sollte das abgepackte Körnerfutter nur die Grundnahrung bilden. Nehmen Sie ein gutes Markenfutter, um sicher zu sein, daß die Zusammensetzung – und damit der Nährwert – stimmt. Sie können die Mischung auch selbst herstellen, obwohl es kaum billiger kommt und die Gefahr besteht, mit Pflanzenschutzmittel behaftete Körner oder Mutter-Korn zu erwischen. Das wäre tödlich.

Auf keinen Fall sollten Sie Körner verfüttern, die älter sind als ein Jahr. Sie sind als »Magenputzer« gut, nähren aber nicht. Machen Sie die »Keimprobe«: 2 bis 3 Eßlöffel Körner auf einem flachen Teller mit lauwarmem Wasser übergießen und warm halten – auf die Heizung stellen oder in die Sonne. Dreimal täglich Wasser erneuern. Nach 4 bis 5 Tagen muß die Keimung eingesetzt haben, sonst sind die Körner zu alt.

Sie können Körnerfressern das Futter in den Automaten geben, wenn Sie die einzelnen Sämereien in besondere Abteilungen schütten, und – bei ausreichendem Wasserangebot – die Vögel sich durchaus einige Tage selbst überlassen. Bei Weichfressern geht das nicht. Der Handel bietet für sie Fertigfutter an, das auch Insekten enthält. Auch »Ei- und Kraftfutter« ist wertvoll. Sorgen Sie für Abwechslung: Ameisenpuppen, Würmer, Insekten, Mehlwürmer zum Beispiel. Dazu hartgekochtes und zerriebenes Eigelb, feingeschabtes Fleisch, Magerquark, Vogelbisquit, süßes Obst, Beeren, in Milch eingeweichtes Weißbrot oder Brötchen.

Allerdings ist der Übergang zwischen den beiden Freßtypen fließend, was sich schon an der Form des Schnabels erkennen läßt. Manche Körnerfresser nehmen gern Grünzeug, auch hin und wieder einen Mehlwurm, etwas Eigelb, ein wenig Karotte; Carotin ist gut für die Augen und das Gefieder. Die Weichfresser werden auch Sämereien nicht immer verschmähen. Frisches Grünzeug – Spinat, Löwenzahn, Kopfsalat, Vogelmiere, etwas Möhre oder Apfel – ist sowohl für Körnerfresser als auch für Weichfresser gut. Die Hauptsache ist, Sie sorgen für Abwechslung in der Ernährung.

Im Zoohandel oder im Versandhaus können Sie unter anderem kaufen: Ameisenpuppen: 1 kg 28,– bis 30,– DM; Mehlwürmer: 1 kg 25,– bis 30,– DM; Fliegenmaden: 1 Liter 10,– bis 15,– DM; Regenwürmer, sog. Rotwürmer: 100 Stck. 7,– bis 10,– DM.

Oben: Chinesische Nachtigallen und Gelb- bzw. Rotköpfige Gouldamadine.
Mitte: Distelfink und Zebrafinken (links ♂, rechts ♀),
Unten: Unzertrennliche und Edelpapagei.

Im Winter können Sie die „Keimprobe« zur Grünfutterzucht ausbauen: Die flache Schale mit Körnern und Wasser über die Heizung auf die Fensterbank stellen, mit einer Glasplatte abdecken, täglich mit frischem Wasser versorgen. Frische Körner keimen und treiben grüne Spitzen, die eine schöne Vitaminbeigabe sind. Außerdem geben Sie in der sonnenarmen Jahreszeit ein Vitaminpräparat, am besten Multibionta. Gut sind auch Eierschalen zur Kalk- und Mineralstoffzufuhr. Das gilt auch für Muschelkalk, den es fertig abgepackt zu kaufen gibt.

Wenn der Vogel krank ist

Es ist gut zu beobachten: Der Vogel zieht sich meist in die äußerste Ecke des Käfigs zurück; er plustert sich auf (bekommt ein lockeres Gefieder), bewegt sich langsam und widerwillig, schiebt oft auch den Kopf unters Gefieder. Die Augen schauen trüb und träge, das Körperchen wird von einem Zittern geschüttelt.

Nehmen Sie das Tier aus dem Käfig heraus und setzen Sie es in einen kleinen Isolierkäfig. Fragen Sie einen Züchter, besser noch: den Tierarzt. Hier sind die wichtigsten Vogelkrankheiten:

- Erkältung und Entzündung der Atemwege.

Anzeichen: Bei dieser häufigsten Stubenvogelkrankheit, hervorgerufen durch zu trockene Zimmerluft und Durchzug, atmet das Tier mühsam und rasselnd bei geöffnetem Schnabel. Es niest öfter. Aus der Nase kann schleimige Flüssigkeit austreten.
Behandlung: Warmhalten, vorsichtig mit Rotlicht (aber nicht im kleinen Käfig) bestrahlen; Abstand: 70 cm, Dauer der Bestrahlung: 5 Minuten. In schweren Fällen Inhalation: Eine Schüssel mit heißem Kamillen-Sud wird neben den Käfig gestellt, Käfig und Schüssel werden mit einem Tuch abgedeckt. Anwendungsdauer: 5–10 Minuten. Behutsam füttern: Grünzeug mit Lebertranzusatz, Obst und Kraftfutter. Tierarzt fragen!

- Bein- oder Flügelbruch.

Anzeichen: Lahmen, »abgehängter« Flügel.
Behandlung: Auf einem Kissen Ruhe geben. Heilungsprozeß durch Vitamingabe und Obst unterstützen.

- Entzündete Füße.

Anzeichen: Offene Stellen, die jucken.
Behandlung: In lauwarmem Wasser baden und mit antiseptischer Salbe bestreichen. Das sogenannte »Kalkbein« – juckende Verdickung der Zehen und Beine – wird von Milben verursacht. Am besten vom Tierarzt behandeln lassen.

- Ungeziefer. Es handelt sich meist um Vogelmilben, Flöhe oder Läuse.

Anzeichen: Kratzen und Jucken; die Tiere magern ab; sie sind vor allem nachts unruhig.
Behandlung: Käfig auskochen. Vögel, Behälter und Zubehör mit Insektenpulver behandeln.
Vorbeugung: Käfig zweimal wöchentlich säubern, altes Grünfutter und Obst entfernen, täglich Sand erneuern. Zweimal im Jahr Käfig desinfizieren, zum Beispiel mit Spezial-lysol.

Regelmäßige und gute Pflege, vernünftige Ernährung und peinliche Sauberkeit sind die beste Garantie dafür, daß Ihr Vogel gesund bleibt und lange lebt.

Fünf Tips für den Vogelfreund

- Nicht hastig bewegen – vorm Käfig oder im Zimmer herumtollen – an das Gitter klopfen! Das alles macht jeden Vogel verrückt.
- Leise, gemessen, begütigend mit ihm reden! Dann wird er Ihre Stimme als etwas Freundliches, Harmloses kennenlernen.

Oben: Kinderstube der Wellensittiche.
Unten: Im Nistkorb der Kanarienvögel.

● Nicht in besonders auffälliger – greller – Kleidung vor den Käfig oder in seine Nähe gehen, auch nicht mit Hut und Mantel; es ist für das Tier ein »Vogelscheuchen-effekt«. Das gilt auch für Familienmitglieder und Besucher.

● Dem Tier so oft wie möglich mit der Hand (genauer: mit zwei Fingern) Leckerbissen anbieten – im Rahmen das »Kalorienplans« selbstverständlich. So wird der Vogel sich allmählich an die ausgestreckte Hand auch als Sitzplatz gewöhnen. Damit ist schon fast alles gewonnen.

● Wenn der Vogel frei umherfliegt, ihn niemals jagen oder mit dem Netz einfangen! Käfigtür offenlassen, mit »Lockspeise« – am besten seiner Lieblingsnahrung – füttern. Notfalls wird er auf dem Schrank übernachten – aber er soll freiwillig in den Käfig zurückkehren. Wann immer der Vogel frei umherfliegt, achten Sie darauf, daß die Fenster – und möglichst auch die Türen – geschlossen sind.

Papageien

Psittaci

Zu den Papageien gehört auch der Wellensittich, die Nummer eins unter den Käfigvögeln. Er ist schön bunt, lieb und zutraulich, ganz gut zu halten, kommt auf die Hand, flattert im Zimmer umher, lernt sogar sprechen und singen. Ein problemloser Hausgenosse.

Papageien sind durchweg farbenfrohe Bewohner der tropischen und subtropischen Landschaften Amerikas, Afrikas, Asiens und Australiens. Die Einteilung ist schwierig und umstritten. Am besten unterscheiden wir mehrere Gruppen nach bestimmten Merkmalen:
Eulenpapageien – Nestorpapageien – Kakadus – Loris (Pinselzüngler) – Sittiche – Aras und einige andere; insgesamt gibt es 77 Gattungen mit 325 Arten.

Die Körnerfresser sind vorzügliche Kletterer, die in der freien Natur hauptsächlich auf Bäumen leben und in Höhlen brüten. Ihr Krummschnabel ist nicht nur Nußknacker und Holzraspler, sondern auch dritte Greifhand, Stützbein und Kletterhaken. Sie brauchen stabile und große, besonders hohe Käfige mit hoch angebrachter Sitzstange – besser noch einen Kletterbaum.

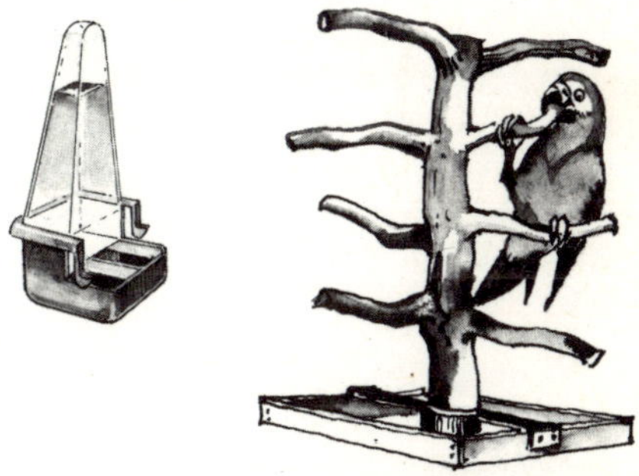

Links: Trinkautomat. Rechts: Sitz- und Kletterbaum. Vogel bitte nicht anketten!

Papageien leben in Einehe und sind einander sehr zugetan, vor allem in der Brutzeit. Bestes Beispiel hierfür sind die als »Liebesvögel« bekannten Unzertrennlichen. Wenn Weibchen brüten und Junge betreuen, sind sie bewegungs- und lärmempfindlich, brauchen dann also viel Ruhe. Die Eltern füttern die Küken aus dem Kropf. Papageien können angeblich bis zu 100 Jahre alt werden, in Gefangenschaft bis zu 60 Jahre – aber nur die großen Arten.

Es sind prachtvolle, unterhaltsame, wenn auch oft lautstark krakeelende Komiker, die entweder Gesellschaft von Ihresgleichen oder unsere, recht ungeteilte Aufmerksamkeit und Zuneigung brauchen. Aber: Wen der Papagei nicht mag, den bringt er zur Verzweiflung. Die Haltung dieser Tiere ist also nur ein echtes Hobby für Dauerbegeisterte.

Je nach Art ist das Sprechvermögen, genauer gesagt: die Geräuschnachahmung, ausgeprägt, sofern man das Tier einzeln hält. Dazu zwei Schmunzelgeschichten:
In München kletterte nachts ein junger Mann aus der von ihm eingeschlagenen Fensterscheibe einer Tierhandlung, einen Käfig in der Hand. Als unterwegs Leute vorüberkamen, fing der Amazonenpapagei laut zu bellen an. Die Passanten schöpften Verdacht und alarmierten die Polizei, die den Vogeldieb festnahm.

In London drangen drei Einbrecher in das von zwei alten Damen bewohnte Haus ein, als plötzlich eine rauhe Männerstimme rief: »Was ist denn da los?« Die eine der Damen rief um Hilfe, die Banditen ergriffen die Flucht. Der »Mann« war Papagei Billi. Er wurde wegen seiner Heldentat mit einer Rettungsmedaille ausgezeichnet.

Die Sprechausbildung braucht Zeit.
Phase 1: Papagei eingewöhnen und allmählich durch Füttern handzahm machen. Dabei nur plaudern ohne Schulmeisterei.
Phase 2: Einzelunterricht, nicht alle Familienmitglieder sollten mitwirken! Mit viel Geduld einzelne Worte stets in der gleichen Stimmlage vorsprechen. Wenn ein Wort sitzt, das nächste. Dann ein Drei-Wörter-Sätzchen. Danach eine einfache Melodie vorpfeifen. Viel Geduld muß man haben.
Phase 3: Jetzt lernt er auch von selbst: Worte, Sätzchen und ahmt Geräusche nach – den Hund, die Katze, den Opa, die Eisenbahn.

Großpapageien lernen am besten sprechen: Aras, Graupapageien, Nymphenkakadus; aber auch Wellensittiche können sprechen lernen.

Die *Papageienkrankheit,* Psittakose oder Ornithose, also Vogelkrankheit, was richtiger ist, weil auch andere Vögel sie auf den Menschen übertragen können, kommt kaum noch vor – und wenn, ist sie bei Früherkennung (*Symptome:* Brechreiz, Kopf- und Gliederschmerzen, Fieber, Appetitlosigkeit, Lungenschmerzen, Auswurf, Kreislaufschwäche) mit Antibiotika gut zu bekämpfen. Der Vogel selbst braucht nicht krank zu sein, um den Erreger auf den Menschen zu übertragen. (Die Übertragung erfolgt bei Schnabelberührung – oder die Erreger werden eingeatmet.) Die Unsitte, Papageien mit Vorgekautem von »Mund zu Mund« zu päppeln, ist gefährlich – nicht nur für den Pfleger, sondern auch für den Vogel. Denn unsere Mundbakterien können bei ihm üble Infektionen hervorrufen. Also: Lippen weg vom Krummschnabel!

Zucht und Handel von Papageien sind genehmigungspflichtig.

Wellensittich

Melopsittacus undulatus

Farbfoto → Seite 44.

Familie: Edelpapageien *(Psittacidae)*
Heimat: Grassteppen Inneraustraliens
Größe: um 20 cm – davon fast 10 cm Schwanz
Anschaffungspreis: 12–25 DM
Normalkosten im Monat: 4–9 DM

Finger ausstrecken und locken: Dann fliegt der Wellensittich an und läßt sich umhertragen.

50 Millionen Wellensittiche leben in den Käfigen der ganzen Welt, davon jeder zehnte in der Bundesrepublik; wenn das kein »Hit« ist! Diese Plattschweifsittiche, verwandt mit den größeren Rosella- und Nymphensittichen, stellen mit Abstand die meisten Käfigvögel.

Gefiederte Hausgenossen
Stubenvögel

Gegen Ende des 18. Jahrhunderts begegneten die eben nach Australien deportierten britischen Sträflinge diesem gelbgrünen Vogel mit der hübschen grauen Wellenzeichnung. Denn auf dem Beuteltierkontinent zieht der kleine Papagei plappernd und schwatzend in stattlichen Schwärmen umher – wie hierzulande die Stare. Die Gefangenen fanden die Vögel so schön, daß sie sie einfingen und in Käfige setzten. 1840 sind sie von John Gould erstmals nach Europa gebracht worden.

Aus der Wildform sind verschiedene Zuchtformen (Farbschläge) entstanden. Beide Geschlechter sehen in der Färbung gleich aus. Kleines Unterscheidungsmerkmal: Das Männchen hat auf dem horngelben Schnabel eine dunkelblaue Wachshaut, das Weibchen eine gelbgraue Wachshaut um die Nasenlöcher.

Wellensittiche sind ein Musterbeispiel für Erbveränderungen (Mutationen) und die Anwendung der Mendelschen Vererbungsgesetze. Die Wildform »grün« dominiert; sie kommt immer wieder durch, auch wenn sie überdeckt ist (Spalterbigkeit). So entstehen bei Kreuzungen Nachkommen verschiedener Farbschläge. Man kennt um die 300 Spielarten, die sämtlich auf die Grundfarben Grün, Gelb, Weiß und Blau zurückgehen, wobei jeweils ein anderes Farbpigment – auch grau-schwarz für die Wellenzeichnung – ausfällt.

Viele Papageienhalter und Amateurzüchter haben sich diesem interessanten Gebiet verschrieben. Sie sind in Zuchtvereinen zusammengeschlossen, um »Standardformen« zu züchten oder neue Kombinationen »herauszumendeln«: Weiß- und Gelbschwingen-Wellensittiche, Harlekin-, Opalin- oder Hellflügel-Wellensittiche und viele andere. Für uns genügt es zu wissen, daß wir vor allem blaue, gelbe und weiße Farbvariationen haben können – auch Albinos, rein weiß, ohne Wellenzeichnung mit roten oder schwarzen Augen, sowie Lutinos, gelblich ohne Wellen.

Dieser gesellige Schwarmvogel hält sich am besten zusammen mit Artgenossen. Dann allerdings lernt er nicht – oder fast nicht – sprechen. Von den fünf bis sechs Millionen Wellensittichen in der Bundesrepublik radebrecht jeder zwanzigste ein paar Brocken, viele können ganze Sätze sprechen. Wellensittiche sind von Haus aus große Plappermäuler, die gern ununterbrochen im Schnellrednertempo trällern, plaudern, singen, pfeifen, zwitschern, zischen, piepen, quäken, plärren wie Wickelkinder, bellen wie Hunde, miauen wie Katzen, den Dampfkessel und den Radiosprecher imitieren.

Zum Meistersprecher wird ein Wellensittich nur, wenn ihn der Fachmann aufzieht – ein Anfänger bringt den Vogel nicht durch. Ein etwa drei Wochen alter Hahn wird in einem Einzelkäfig alle zwei Stunden von Hand mit einem peinlich genau zusammengestellten »Kropfbreiersatz« gepäppelt, bis er allein fressen kann. Er ist auf diese Weise bald handzahm

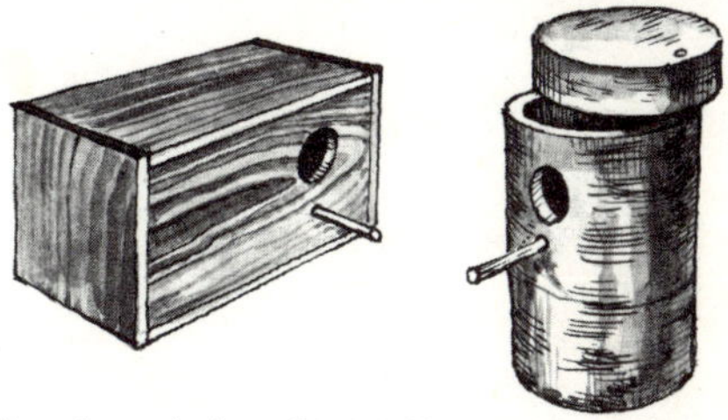

Nistgelegenheiten für Wellensittiche: Links Nistkasten. Rechts Niströhre.

und nimmt seinen Pfleger wie einen Artgenossen an. Nach einigen Monaten ausdauernden Sprachunterrichts ist er perfekt und lernt dann auch allein weiter. Nun kann man ihm einen jungen Hahn beigeben, den er seinerseits ausbildet. Dann reden beide miteinander (auch deutsch!). Das ist reizend zu sehen und zu hören. Diese seit Jahrzehnten bekannte Methode nach Weege-Ragotzi ist fast vergessen, aber erfolgreich – für den, der's kann. Also, bitte nicht damit experimentieren!

Der Wellensittich sollte einen Kletterbaum im Käfig haben und recht oft frei im Zimmer umherfliegen dürfen. Das liebt er. Die Zucht ist gar nicht so schwierig, aber (wie schon gesagt) genehmigungspflichtig, und die Erlaubnis gibt es nur für den, der Sachkunde nachweisen kann. Darum sollten Sie auch keinen Schwarzkauf machen, sondern sich überzeugen, daß der Verkäufer auch züchten darf.

Sehr gut geeignet ist das abgepackte Wellensittichfutter, dazu Grünes, Obst, Kreuzkraut, Grasrispen. Dann können Sie viel und lange – bis zu 12 Jahren – Freude an Ihrem Sittich haben. Wer auf Unterhaltung weniger Wert legt, gebe ihm einen Gefährten bei.

Nymphensittich oder Nymphenkakadu

Nymphicus hollandicus

Unterfamilie: Kakadus *(Kakatoinae)*
Heimat: Inneres Australien
Größe: bis 32 cm, davon um 15 cm Schwanz
Anschaffungspreis: 40–110 DM
Normalkosten im Monat: 5–8 DM

Der Nymphensittich ist nichts für Mietwohnungen (kann laut lärmen).

Dieser prachtvolle Australier ist der einzige langschwänzige Kakadu (so etwas wie ein Kakadusittich). Man sieht ihn häufiger; gut zu erkennen an der Kopfhaube, dem deutlichen weißen Augenring und dem großen, gelb umrahmten roten Kugelfleck auf den Wangen. Zwar kreischt er viel, ist schreckhaft und dämmert manchmal tagelang vor sich hin, ehe er wieder spektakelt. Aber er ist kältefest, anspruchslos, sprechbegabt und gut Freund mit seinem nahen Verwandten, dem kleineren Wellensittich.

● Häufig im Angebot sind auch der **Kleine Alexandersittich** *(Psittacula krameri),* grau mit Wellenzeichnung, schwarzer Schnabel, rotes Schwanzende, um 40 cm groß, Preis 50–70 DM und der **Große Alexandersittich** *(Psittacula eupatria),* am Kopf bläulich schimmernd mit rötlichem Nackenring, um 50 cm groß, Preis 120–180 DM.

● Besonders reizend erscheint der **Pflaumenkopfsittich** *(Psittacula cayanocephala),* Größe um 35 cm: grün mit pflaumenfarbenem Kopf; Merkzeichen: dünnes schwarzes Band zwischen Kopf- und Körperfarbe. Für diesen etwas empfindlichen Gesangesfreund wäre (bei sorgfältiger Pflege) ein Weibchen zu empfehlen (Preis einzeln 50–80 DM, Paar 90–120 DM).

Unzertrennliche (Lovebirds)

Agapornis

Farbfoto → Seite 43.

Heimat: Afrika und Insel Madagaskar
Größe: 14–18 cm
Anschaffungspreis: Paar 80–120 DM
Normalkosten im Monat: 9–14 DM

Halten Sie Agapornis-Papageien stets als Pärchen; es sind die »Unzertrennlichen«.

Nach wie vor sind diese »Liebesvögel« in manchem Haus die dem Besuch gern vorgezeigte Attraktion: ein Pärchen eng aneinandergeschmiegt auf der Käfigstange – leuchtend grün gefärbt, Kopf und Brust mehr oder minder rötlich bis gelblich, je nach Art an der unterschiedlich gefärbten Kopfplatte voneinander zu unterscheiden.

Einzeltiere trauern. Sie brauchen den Partner, dem sie treu anhängen – aber nur ihm. Andere Vögel (auch Unzertrennliche) mögen sie nicht; das gibt nur Zank und zerrupfte Federn. Unzertrennliche sind nicht sprechbegabt.

Sie werden nur handzahm, wenn man sie selbst aufzieht; sonst sind sie anspruchslos und brauchen auch relativ wenig Platz. Aber sie kreischen gern. Ein Kletterbaum im Käfig behagt ihnen sehr. Wir geben verschiedene Hirsesorten (häufiger mal angekeimt), dazu Grünes, Salat, etwas Apfel oder anderes Obst, im Winter Vitamine.

● Es gibt 9 verschiedene Arten. Recht oft wird das **Pfirsichköpfchen** *(Agapornis fischeri)* angeboten: Kehle, Wangen und Stirn orangerot, Brust orangegelb, Hinterkopf und Nacken gelb,

Oberseite grün, Oberschwanzdecke blau, Schnabel rot. Besonders auffallend der breite (nackte) weiße Augenring.

● Recht bekannt ist auch das **Schwarzköpfchen** *(Agapornis personata)* aus Tansania, der weiße Augenring etwas dünner. Andere Arten: **Grauköpfchen** *(Agapornis cana)* aus Madagaskar, nur 14 cm groß, Schnabel, Kopf und Brust silbergrau; **Rosenköpfchen** *(Agapornis roseicollis)* aus Westafrika und das nur noch selten im Handel auftauchende **Erdbeerköpfchen** *(Agapornis lilianea)* von Nord-Rhodesien bis zum Njassa-See, ebenfalls um 14 cm groß. Der **Tarantiner-Papagei** *(Agapornis taranta)* erreicht eine Größe von 16 cm, Vorderkopf und Schnabel rot, ein widerstandsfähiger Hochlandbewohner Äthiopiens. Das schöne **Orangeköpfchen** *(Agapornis pullaria)* aus Kamerun kann man so gut wie nicht mehr kaufen.

Wer auf Artreinheit Wert legt, sollte sich das beim Kauf bescheinigen lassen, da die Arten untereinander oft gekreuzt werden, etwa Pfirsichköpfchen, Schwarzköpfchen, Erdbeerköpfchen.

Graupapagei oder Jako

Psittacus erithacus

▲ ▲▼ ☼ ◇ ⌂

Familie: Echte Papageien *(Psittacinae)*
Heimat: West- bis Zentralafrika
Größe: um 40 cm
Anschaffungspreis: 250–500 DM
Normalkosten im Monat: 5–8 DM

Seit alter Zeit bekannt und als wahrer Sprechkünstler gerühmt: der Jako.

Wir schaffen ihn möglichst jung an und halten ihn in einem recht großen Käfig. Nahrung: frisches Körnerfutter aus der Zoo- oder Samenhandlung, auch Mais; Früchte, gelegentlich frische Zweige, ab und an Erdnüsse. Es ist bezeugt, daß Graupapageien in Gefangenschaft schon 80 Jahre alt geworden sind. Das liegt auch an der guten Pflege.

● Häufiger im Laden und Versandhandel werden die *Amazonenpapageien* angeboten: Besonders sprechbegabte, gesellige Tiere, die bei auffallend großem Schnabel und kurzem Schwanz etwas gedrungen wirken. Vorherrschende Farbe ist grün. Anschaffungspreis: 400 – 500 DM. Am meisten sind zu sehen die **Rotbug-** oder **Blaustirn-Amazone** *(Amazona aevista)* aus Brasilien bis Nordargentinien, um 40 cm, sehr beliebt als »musikalische« Vögel – die **Surinam-Amazone** *(Amazona ochrocephala)* aus Mexiko bis Mittelbrasilien, sprechbegabt, liebenswert, 40 cm groß. 5 cm größer wird die mexikanische Unterart der **Großen Gelbkopf-** oder **Doppelgelbkopfamazone,** ein sehr gelehriger und musikalischer Nachahmer.

Heimische Körnerfresser

Finkenvögel

Neben dem Wellensittich möchte ich einige heimische Waldvögel vorstellen, die häufig auch als Käfig- oder Volierenvögel gehalten werden.
Grundsätzlich rate ich ab, unsere schönen Singvögel hinter Gittern zu halten. Sie gehören ins Freie, wo sie ihre Aufgabe im Naturhaushalt – vor allem auch die Ungezieferbekämpfung – zu erfüllen haben. Selbst der Großstädter kann viele dieser reizvollen Tiere beobachten, vor allem im Winter am Futterhäuschen.

Außerdem sind gerade die heimischen Arten nicht unbedingt leicht zu pflegen. Selbstverständlich dürfen wir Singvögel nicht draußen einfach wegfangen, auch nicht Nestjunge ausheben. Wenn es schon heimische Vögel sein müssen, wenden Sie sich an einen seriösen Händler oder Züchter. Der gewünschte Vogel wird nicht das ganze Jahr über lieferbar sein.

Die heimischen Körnerfresser sind nicht unbedingt große Gesangeskünstler, dafür sind viele besonders schön gefärbt. Die Käfighaltung, auch die Haltung in der Gartenvoliere, macht bei den anschließend dargestellten Finkenvögeln keine besonderen Schwierigkeiten. Der Käfig sollte recht groß sein. Finken geben sich meist ziemlich scheu, die Männchen treten als Raufbolde auf. Insbesondere Finkenvögel planschen gern im Vogelbad herum. Deshalb muß das Wasser häufig erneuert werden.

Es ist gewiß ein besonders reizvolles Hobby, das interessante Leben dieser schönen Tiere aus der Nähe zu erforschen. Es verlangt viel Geduld, Freude an der stillen Beobachtung und Interesse für alle Fragen der Natur- und Arterhaltung. Nicht selten sind Amateur-Ornithologen auch von der Wissenschaft ernstgenommene Partner. Dachorganisation ist der Verband Deutscher Waldvogelliebhaber e. V. in Mainz.

Kanarienvogel ▲▼▲▼ ☼ ⌂ ▦

Serinus canaria

Farbfotos → Seite 18 und 44.

Familie: Finkenvögel *(Fringillidae)*
Heimat: Kanarische Inseln, Madeira und Azoren
Größe: bis 13 cm, Schwanzlänge um 6 cm
Anschaffungspreis: ♀ 8–40 DM; ♂ 25–50 DM
Normalkosten im Monat: 3–6 DM

Nach den Wellensittichen nehmen die Kanarienvögel den zweiten Platz ein unter den Käfiglieblingen. Man schätzt, daß es in der Bundesrepublik etwa zwei Millionen Kanarienvögel gibt – doppelt soviel Tiere, wie alle anderen Stuben- und Ziervögel (außer den Wellensittichen) zusammengenommen.

Der Kanari: Links ein gescheckter, rechts ein »Gestaltkanarienvogel« (Holländer).

Auf seinen bewaldeten Heimatinseln ist der Wilde Kanarienvogel, nächster Verwandter unseres Girlitz, oft anzutreffen: gelbgrün mit schwärzlichen Strichen, der Bauch weißlich, das Weibchen mehr graubraun, etwas kleiner als unser Käfigkanari.

Als die Spanier die vor der westafrikanischen Küste liegenden Islas Canarias (»Hundsinseln«) eroberten, fiel ihnen der variationsreiche Gesang des Kanarigirlitz angenehm auf. Schon um 1500 brachten sie Käfigvögel auf den Kontinent. Um 1600 bestanden in Augsburg und Nürnberg gute Zuchten. Aus der grünen Wildform wurde die gelbe Zuchtform. Schon damals gab es Albinos – weiß mit roten Augen. Im 18. Jahrhundert waren zahlreiche Zuchtschläge zu finden, auch bereits der Haubenkanarienvogel. Die kostspielige Liebhaberei breitete sich rasch aus. Zunächst im Schwarzwald und Harz, dann in Nordfrankreich, Holland und England kamen weitere Zuchterfolge zustande.

Das Ziel der Zucht war es, den Gesang der Vögel zu vervollkommnen. Berühmt wurde der – zuerst von Bergleuten in Andreasberg gezüchtete – **Harzer Kanarienvogel,** der »Harzer Roller«. Er benutzt als Führungskonsonant beim Trillern das »r« und die Vokale »i«, »ü«, »o« und »u«. Andere »Touren«: Klingel, Hohlklingel, Klingelrolle, Hohlrolle, Wasserrolle, Knorre, Pfeife, Glocke. Man merkt: Hier eröffnet sich dem Liebhaber ein weites gesangspädagogisches Feld.

Der Kanarienvogel singt – im Gegensatz zu vielen anderen Vögeln – praktisch das ganze Jahr über.

● *Tip:* Kaufen Sie im November oder Dezember ein Junghähnchen aus der Jahreszucht, das bereits singen gelernt hat. Behalten Sie sich ausdrücklich Umtauschrecht vor. Denn Sie wollen ja einen Sänger, keinen Schweiger; sonst würden Sie sich einen bunten Prachtfinken zulegen.

Wir kennen um die vierzig Rassen (Farbschläge): Von weiß über gelb – es sind die weitaus meisten – bis orangerot – durch Kreuzung mit dem aus Venezuela kommenden **Feuerzeisig** *(Carduelis cucullata)* entstanden. Auch der in den Niederlanden, England und Frankreich gezüchtete **»Gestaltkanarienvogel«** (etwa der **Holländer,** siehe Abbildung) gehört dazu. Er sieht aus, als ob er gerade der Dauerwellenhaube eines Prominentenfriseurs entschlüpft wäre.

Der Kanarienvogel ist ohne größere Probleme zu halten – besonders gut in einem geräumigen Behälter. Er wird zahm, wenn man ihn einfühlsam behandelt. Die Mauser tritt zwischen Juli und Oktober ein – Dauer 6 bis 8 Wochen. Dann sieht Hänschen arg zerzaust aus. Aber die Natur lohnt die Plage mit neuer, verschönter Federnpracht. Bricht eine wachsende Feder ab, so daß der Vogel blutet, dann nehmen Sie ihn vorsichtig auf (anfassen wie auf Seite 40 dargestellt) und ziehen den Federstumpf behutsam mit der Pinzette heraus. Die Blutung ist danach sofort gestillt.

Auch die Fortpflanzung läuft im Käfig recht problemlos ab. Manchmal liegen schon Ende Februar die ersten Eier im Nest (4 bis 6). Sie können drei, sogar vier Bruten im Jahr erleben. Ausschlüpfen der Jungvögel nach 13 Tagen. Als Nistgelegenheit dient ein Stell- oder Hängekorb.

Besonders beliebt sind »Bastarde«: *Kreuzungen* mit anderen Finkenvögeln – etwa dem Hänfling. Spitzenreiter ist die Kreuzung von Stieglitz und Kanari. Der Fachhandel führt auch solche Spezialitäten.

Stets sollten wir unserem Kanarienvogel abwechselnd Vogelmiere, Kreuzkraut, etwas Salat – gut gewaschen und abgetropft – und Obst geben. Vergessen Sie nicht, regelmäßig den Vogelsand (Muschelsand) zu erneuern. Laufend Wasserwechsel im Trinknapf und im Badehäuschen, das ist wichtig.

Zeisig oder Erlenzeisig ▲▼▲▼ ◎ ☼ ⌂

Carduelis spinus

Familie: Finkenvögel *(Fringillidae)*
Heimat: Europa bis Sibirien und Japan
Größe: um 11 cm
Anschaffungspreis: je nach Fangergebnis zu unterschiedlichen Tagespreisen
Normalkosten im Monat: 3–6 DM

Ein problemloser Stubenvogel und fleißiger Sänger ist der heimische Erlenzeisig.

Der Zeisig ist häufiger in Zoohandlungen zu sehen: Weibchen graugrün, Männchen gelbgrün mit schwarzer Kopfplatte. Er ist gut einzugewöhnen, zutraulich, verträglich, widerstandsfähig, leicht zu züchten (Anfängervogel). Dieser brave Sänger läßt fast das ganze Jahr über sein Lied erschallen: »Di-di-didel-däh«. Kreuzungen mit Kanarienvogel oder Gimpel singen noch besser.

● Recht widerstandsfähig ist der **Grünfink** oder **Grünling** *(Carduelis chloris):* grün mit hellgelben Flügeln und Schwanzsäumen, das Weibchen etwas trist grau. Er singt recht nett – ein Nachahmer – leicht zu halten und zu züchten (vor allem zusammen mit dem Kanarienvogel).

● Öfter steht der **Hänfling** oder **Bluthänfling** *(Carduelis cannabia)* im Angebot: durchgehend bräunlich gefärbt, ein guter Sänger. Wir gewöhnen ihn daheim (falls wir nicht ein Pärchen halten) sehr langsam und behutsam ein. Dann hält er sich gut. Vor allem sind Zuchten mit dem Kanarienvogel erfolgreich.

Stieglitz oder Distelfink

Carduelis carduelis

Farbfoto → Seite 43.

Familie: Finkenvögel *(Fringillidae)*
Heimat: gemäßigte Zonen Europas bis Nordafrika, Pakistan und mittleres Sibirien
Größe: um 12 cm
Anschaffungspreis: je nach Fangergebnis zu unterschiedlichen Tagespreisen
Normalkosten im Monat: 3–6 DM

Der Stieglitz gehört zu unseren schönsten Singvögeln, er ist dazu angenehm im Umgang, verträglich bis anhänglich. Beide Geschlechter sind ähnlich gefärbt: Kopf schwarz-weiß-rot, hellgelbe Flügelbinde. Unterscheidung: Kleine Flügeldecken beim Männchen schwarz, beim Weibchen braun-grau; das Kopfrot geht beim Weibchen nur bis zur Augenmitte.

Der Gesang ist abwechslungsreich und ausdauernd mit eingestreutem Lockruf »Did-lit«. Sein spitzerer Schnabel verrät, daß er neben Körnern eher Weichfutter nimmt – wie gequetschten Hanf, reifes Obst, dazu Salat. Gut gepflegt, wird der Distelfink zehn und mehr Jahre alt.

Buchfink heißt lat. »coelebs« (Junggeselle), weil er vor dem Weibchen aus dem Süden heimkehrt.

● Schön bunt begegnet uns auch das Männchen beim **Buch-** oder **Edelfink** *(Fringilla coelebs):* Oben kastanienbraun mit doppelter weißer Flügelbinde, die beim Fliegen hell aufleuchtet, unten braun- bis weinrot; Scheitel und Nacken schieferblau, Stirn sattblau – das Weibchen oben olivbraun, unten grau. Er wird bis 16 cm groß. Dieser »Frühlingsvogel« verkündet mit lautem »Finkenschlag« das erwachende Jahr: Er beginnt hoch und leise »zizizizizi«, sinkt ab, danach kommt eine Rollerfolge, dann geht's wieder aufwärts mit lautem Schluß »Dü-dü-dieh«.

Die Männchen sind rauflustig und beißen sich gegenseitig tot. Halten Sie also, wenn Sie den Schlaggesang lieben, nur ein Männchen; sonst ein Männchen mit einem oder mehreren Weibchen in einem großen Käfig. Man füttert Körner, auch Rübsamen und Mohn, geschälten Hafer, dazu Weichfutter: Mehlwürmer, Ameisenpuppen. Im Winter kälter halten.

● Hier noch der dritte der heimischen »Buntlinge«, der **Gimpel** oder **Dompfaff** *(Pyrrhula pyrrhula).* Beide Geschlechter sind oberseits bis über den Kopf schwarz, mit weißer Flügelzeichnung; Unterseite beim Männchen rot, beim Weibchen braun-grau. Er wird bis zu 16,5 cm groß, braucht also einen großen Käfig. Sein Gesang klingt bescheiden, aber als Nachahmer ist er prächtig. Junge Männchen, mit Weichfutter gesondert aufgezogen, flöten unsere Pfeifstrophen brav nach. Der Gimpel ist gut zu zähmen und zu züchten.

Exotische Körnerfresser

Prachtfinken und Webervögel

Viele Weber *(Plocidae)* flechten kunstvolle, haltbare, oben geschlossene Nester. Falls Sie schon mal durch die ostafrikanische Baumsavanne gefahren sind, kennen Sie das: Von den Ästen herabhängende »Strümpfe«, oft Hunderte auf einem Baum. Denn Weber sind gesellige Koloniebrüter.

Die Prachtfinken geben sich angenehm, sind gut zu halten, aber wärmebedürftig. Denn sie kommen aus den Tropen bis Subtropen Afrikas, Asiens oder Australiens – als Amadinen, Astrilde, Elsterchen, Mövchen, Nonnen, Schmetterlings- oder Reisfinken ausgewiesen.

Falls Sie nicht eine größere Anzahl dieser bunten Kostbarkeiten einsetzen wollen, halten Sie bitte wenigstens ein Pärchen. Allein trauern sie dem Tod entgegen. Prachtfinken schließen Dauerehe, sitzen oft beieinander, schlafen auch dicht an dicht. Im Gesellschaftskäfig sind sie verträglich, scheuen aber leicht. Man kann sie durch Lärm, hastige Bewegungen und Unrast allmählich umbringen. Falls es also daheim keine ruhige Ecke gibt oder die allzu große Kinderschar unentwegt Radau macht, ist von Prachtfinken abzuraten.

Brutnester von Webern. Viele dieser in mehr als einhundert Arten über die Tropen (Afrika, Madagaskar und indo-australischer Raum) verbreiteten geselligen Vögel sind meisterliche Nestbauer. Gewöhnlich sind sie nur sperlingsgroß (auch entfernt mit dem Spatz verwandt) – vorwiegend gelb und rot gefärbt.

Die Zucht der eingewöhnten Arten – wie Zebrafinken, Japanisches Mövchen oder Weißer Reisfink – verläuft meist problemlos. Wir müssen Gras, Halme und ähnliches Baumaterial in den Käfig legen. Zur Werbung bringt das Hähnchen einen Halm im Schnabel.

Diese farbenfrohen Boten aus einer exotischen Welt können für ihre Größe erstaunlich alt werden: 12 Jahre und darüber. Leider erreichen viele in Gefangenschaft kaum das zweite oder dritte Jahr, weil sie falsch gehalten, falsch ernährt und vernachlässigt werden. Ich habe es leider wiederholt beobachtet.

Afrikanische Prachtfinken

Schmetterlingsfink

Graeginthus bengalus

Familie: Prachtfinken *(Estrildidae)*
Heimat: Afrika
Größe: 12–14 cm
Anschaffungspreis: Paar 8–30 DM
Normalkosten im Monat: 5–8 DM

Eine Augenweide: Der Schmetterlingsfink (links) und das Orangebäckchen (rechts).

Der Schmetterlingsfink gehört zu den häufigsten Käfigastrilden, weil er leicht zu züchten und besonders schön anzusehen ist: Gesamteindruck bläulich, der Bauch hellbraun, Kopfplatte und Flügeldecke braun, der halbmondförmige Wangenstreif des Männchens rot. Es sind lebhafte, friedfertige und zutrauliche Anfängervögel. Sie singen recht hübsch, auch das Weibchen, wie oft bei Prachtfinken, jedoch etwas schwächer. Das überdachte Nest hat Kugelgestalt – im Nistkasten oder frei im Gezweig.

Der Handel bietet auch die beiden folgenden Arten an:

● **Angola-Schmetterlingsfink** *(Graeginthus angolensis)*, ohne Wangenstreif, singt besser –

● **Blauköpfiger Schmetterlingsfink** *(Graeginthus cyanocephala)*, aus Ostafrika, mit blauem Kopf.

● Wesentlich teurer (80–100 DM das Paar) ist der aus dieser Gattung besonders prachtvolle **Granatastrild** *(Granatina granatina)* aus Südafrika: die Oberschwanzdecken leuchtend blau, Größe bis 16 cm, davon gut die Hälfte Schwanz.

Er singt sehr schön trillernd. Wir geben Körner und Grünzeug (auch Gräser, Vogelmiere etc.) sowie ständig als Beigabe Mehlwürmer und frische Ameisenpuppen.

● Beliebt und häufig in den Zoohandlungen zu sehen ist das westafrikanische **Orangebäckchen** *(Estrilda melpoda)*, das Paar meist schon für 10–15 DM zu haben. Es wird kaum 10 cm groß: unterseits bräunlich und grauweiß, Flügeldecke braun, Kopfplatte stahlgrau, Schnabel rot, Schwanz schwarz, auffallend der tropfenförmige orangerote Wangenfleck bis übers Auge hinauf (Abb. S. 53).

● Dem Orangenbäckchen nicht unähnlich, aber versehen mit einem roten Augenstreif, erscheint der eingeführte und oft gezüchtete **Grauastrild** *(Estrilda troglodytes)* aus Senegal bis Nordostafrika – wie der Schmetterlingsfink ein ausgesprochener Anfängervogel, nur knapp 10 cm messend.

● Der **Elfenastrild** *(Estrilda erythronotos)* aus Südafrika erreicht 10 bis 12 cm Länge (die Hälfte Schwanz). Kostenpunkt je Paar: 70–90 DM. Färbung: Oberseite und Kopf grau (der Kopf mit dunklen Querlinien), Gesicht schwarz, Bauch und Flanke grau mit rot, die Schwingen schwarzbraun quergebändert. Schwanz, Schnabel und Füße schwarz, Augen rot. Er ist sehr empfindlich, braucht viel Sonne und trockene Wärme.

● Zu den schönsten Prachtfinken gehört der über fast ganz Afrika verbreitete **Buntastrild** *(Pytilia melba)*, Preis etwa 50–70 DM für ein Paar. Er tritt in mehreren geographischen Rassen auf: Stirn, Schnabel und Hals rot, Brust gelb, Bauch und Flanken mit braun-weißen Wellenzeichnungen; Schwanz rot, Rücken grünlich bis braun; Hinterkopf und Wangen grau. Sein flötender ausdauernder Gesang klingt auf rührende Weise melancholisch; auch das Weibchen singt manchmal leise.

● Der auffällig gefleckte **Bandfink** *(Amadina fasciata)* aus Afrika kann 13 cm erreichen, einer der größten Prachtfinken: durchgehend bräunlich mit dunkleren Bandzeichnungen, das Männchen an einem leuchtend roten geschwungenen Kropfband leicht zu erkennen. Bandfinken gelten als besonders fruchtbar.

● Fast immer steht das **Silberschnäbelchen** *(Euodice cantans)* aus den Buschsavannen von West- bis Ostafrika (und Südwestarabien) im Verkaufskatalog. Es wird um 11 cm groß, sieht ähnlich aus wie das indische **Malabarfasänchen** *(Euodice malabarica)*, hat aber einen dunklen Bürzel (anstelle eines weißen). Die Grundfarbe ist bräunlich, Unterseite weiß bis gelblich, Schnabel und Füße weißgrau. Es sind Anfängervögel: widerstandsfähig, hübsch anzusehen, der unaufdringliche Gesang ganz reizend – das Paar schon für 8–12 DM zu haben. (→ Foto S. 18)

Asiatische Prachtfinken

Reisfink

Padda oryzivora

Unterfamilie: Prachtfinken *(Estrildinae)*
Heimat: Java, Sumatra, Malaiische Halbinsel
Größe: bis 13 cm
Anschaffungspreis: Paar 12–18 DM
Normalkosten im Monat: 3–5 DM

Der Reisfink (links) kommt in Ostafrika auch wild vor. Rechts die Dreifarbennonne.

Dieser stattlichste Prachtfink von Stieglitzgröße ist auch der bekannteste und sehr beliebt. Färbung beider Geschlechter: Schnabel rötlich, schwarzer Kopf und Schwanz, großer weißer Wangenfleck; Körper graublau, Unterseite ab Bauch weißlich-gelblich bis bräunlich. Nur das Männchen singt wie ein Silberglöckchen mit Schlußtriller. Aus japanischer Züchtung kommt der **Weiße Reisfink:** durchgehend weiß, Schnabel, Augenlider und Füße rosa. Insgesamt anspruchslose, friedliche und schöne Vögel.

● Der gleichfalls häufig angebotene **Tigerfink** *(Amandava amandava)* aus Indien und Ceylon mißt 9 bis 10 cm. Das Ruhekleid des Männchens entspricht der Färbung des Weibchens: Rücken oliv, unten blau, schwarzer Augenstreif und Schwanz, helle Rückenpunkte. Das Prachtkleid des Hahns geht bis ins leuchtende Rot. Beide Geschlechter lassen ausdauernden Trillergesang hören, das Weibchen seltener und leiser. Interessant ist die Balz. Das Nest hat Kugelform. Preis je Paar 12–20 DM.

● Außerdem stehen recht häufig zum Verkauf (12–18 DM): die **Dreifarbennonne** *(Lonchura malacca)* aus Ceylon, Indien, Südchina und den Philippinen, um 11,5 cm groß, Grundfarben schwarz, weiß und braun, empfindlicher als die vorigen Arten, und das **Japanische Mövchen** *(Lonchura striata),* eine in Japan gezüchtete Form des **Spitzschwanz-Broncemännchens.** Besonders interessant an ihnen ist, daß sie neben der eigenen Brut mit großer Hingabe auch fremde Jungen betreuen.

Australische (pazifische) Prachtfinken

Zebrafink

Taeniopygia guttata

Farbfoto → Seite 18 und Umschlagrückseite.

Unterfamilie: Prachtfinken *(Estrildidae)*
Heimat: Australien
Größe: bis 12 cm
Anschaffungspreis: Paar 10–18 DM
Normalkosten im Monat: 3–5 DM

Zwei prachtvolle Stubengenossen: Der Zebrafink (links) und die Papageiamadine.

Australische Prachtfinken sind auf dem fünften Kontinent so häufig und fröhlich wie bei uns die Spatzen. In unsere Liebhaberkäfige kommen sie aus heimischer Zucht: Schnabel rot, Kopfoberseite grau, orangeroter Wangenfleck, Brust weißgrau mit schwärzlicher Wellenzeichnung, die sich unter der Brust zu einem schwarzen Zackenband verdichtet; Unterseite weißgrau, Flügel braun, Schwanz schwarz. Es gibt auch ganz weiße Zuchtformen mit rotem Schnabel und verschiedene Farbschläge, sogenannte »Farbige Zebrafinken«.

Sie sehen nicht nur schön aus, sondern sind auch zutraulich und recht leicht zu halten; ausgesprochene Anfängervögel, die auch der Meister noch gern pflegt. Gleich den Japanischen Mövchen ist das Zebrafinkenpaar für Ammendienste zuverlässig.

● Wesentlich teurer kommen die **Papageiamadinen** (siehe Abbildung rechts) aus dem indo-pazifischen Raum, Größe bis 14 cm, Körper gedrungen, langschwänzig. Die **Lauchgrüne Papageiamadine** *(Erythura prasina):* Rücken lauchgrün, Schnabel schwarz, Kehle und Unterseite weißgrau. Gut geeignet für Gesellschaftskäfige mit anderen Arten (untereinander zänkisch), Paar 20–30 DM. Die **Dreifarbige Papageiamadine** *(Erythura trichroa)* sieht ähnlich aus, unten mehr grünlich, teurer (70–90 DM), aber weniger empfindlich und auch gut für die Gartenvoliere geeignet; brütet recht leicht. Die **Rotköpfige Papageiamadine** *(Erythura psittacca)* von Neukaledonien (140–180 DM das Paar) ist am schönsten und leicht zu halten (Farbfoto → Seite 18).

● Die Krönung der australischen Prachtfinken bildet die **Gouldamadine** *(Poëphila gouldia):* rosa Schnabel, die Kopfplatte schwarzblau umrandet, Rücken leuchtend grün, Brust violett, Unterseite orangerot, Schwanz schwarz. Eine Rotköpfige Gouldamadine kostet etwa 90–120 DM, die schwarzköpfige Rasse sogar 120–150 DM.

Diese Vögel brauchen für die Eingewöhnungszeit besonders sorgfältige Pflege und Zuneigung, dann lassen sie sich gut halten. Obwohl sie mühelos brüten, sind es doch keine Anfängervögel.

Webervögel

Oryxweber

Euplectes orix orix

Gattung: Feuerweber *(Euplectes)*
Heimat: Südafrika
Größe: um 13 cm
Anschaffungspreis: 30–50 DM
Normalkosten im Monat: 3–6 DM

Drei interessante Weber: Brandweber (links), Oryxweber (Mitte) und Orangeweber.

Beim Oryxweber ist der Rücken rotbräunlich, sonst (mit Ausnahme der Schwanzteile) scharlachrot. Dieser Bewohner der Steppen- und Sumpflandschaften braucht – wie alle Feuerweber – Schilf- und Rohrstengel sowie Zweige im Käfig; denn er klettert ähnlich wie eine Rohrammer.

● Andere Feuerweber: **Orange- oder Franziskanerweber** *(Euplectes orix franciscana)* ist ähnlich, Vorderhals hochrot; kein großer Nestbauer – **Brandweber** *(Euplectes nigroventris)* aus Ostafrika, oberseits scharlachrot – **Napoleonsweber** *(Euplectes afra),* Westafrika von Senegal bis Nordangola, 11 cm groß, häufig zu sehen (Prachtkleid schwarz und gelb).

● Ein ausdauernder und nahezu künstlerischer Nestbauer ist der nicht zu den Feuerwebern gehörende **Blutschnabelweber** *(Quelea quelea),* in verschiedenen Rassen von Äthiopien nach Westafrika und Südafrika verbreitet, um 12 cm groß. Kopfseiten schwarz, Oberkopf und Brust rosenrot, oberseits bräunlich mit schwärzlichen Zeichnungen. Er baut Kugelnester mit seitlichem Einschlupf. Tschilpt ausdauernd und ähnlich wie ein Spatz (was auf die Nerven gehen kann), ist aber ein geeigneter Anfängervogel, weil er widerstandsfähig ist.

Amerikanische Farbenfinken

Papstfink

Passerina ciris

Unterfamilie: Kardinäle *(Pyrrhuloxiinae)*
Heimat: Südstaaten der USA
Größe: um 12 cm
Anschaffungspreis: 30–40 DM
Normalkosten im Monat: 3–5 DM

Papstfink (unten) und Roter Kardinal: Diese Farbenfinken schillern besonders bunt.

Der Papstfink ist der schönste Farbenfink: das Männchen an Kopf und Halsseiten purpurblau, roter Augenring; Unterrücken bis Bürzel, Oberschwanzdecken und Unterseite rot; Schultern goldfarben, Schwingen bräunlich mit Rot, Afterflügel grün. Das Weibchen ist oben mehr olivgrün, unten rötlich mit gelbgrün gefärbt.

Seine schillernde Schönheit hat diesem Vogel viele Freunde gewonnen. Papstfinken sind angenehme Vögel, die allerdings untereinander viel streiten. Der Gesang ist etwas monoton, aber nett anzuhören. Man muß sie (wie alle Farbenfinken) besonders behutsam eingewöhnen, sonst gehen sie ein. Neben Glanzsamen brauchen alle Farbenfinken viel Lebendfutter, auch Mehlwürmer und frische Ameisenpuppen.

● Reizvoll ist der **Indigofink** *(Passerina cyanea)* aus dem östlichen Nordamerika: indigoblau mit rötlichem Schimmer und schwärzlichem Schnabel. Es entstehen interessante Kreuzungen mit dem Papstfink. Preis 28–35 DM.

● Recht oft begegnet man auch dem **Orangeblaufink** *(Passerina leclancheri)* aus Mexiko: um 13 cm groß, Oberkopf und Schultern grün; Oberseite, Flügel und Schwanz blau, unten goldgelb bis orange (das Weibchen unscheinbarer). Preis: 30–35 DM.

● Der **Vielfarbenfink** *(Passerina versicolor)* kommt aus Mexiko und Mittelamerika, ist um 12 cm groß; Scheitel, Rücken, Schultern und Unterseite beim Männchen sind purpurrot, sonst sind die Vögel lilablau und schwarz. Preis: 30–40 DM.

● Von den *Kardinälen* sind mehrere Arten auf dem Markt. Am häufigsten zu sehen ist der **Rote Kardinal** oder **Rothaubenkardinal** *(Pyrrhuloxia cardinalis),* mit seiner stattlichen Größe bis 22 cm: scharlachrot mit schwarzer Gesichtsmaske und Spitzhaube, das Weibchen mehr ockerbraun. Diese »Virginianachtigall« läßt sich gut halten. Preis 20–30 DM. Das kostet auch der **Mantelkardinal** *(Paroaria capitata)* aus Brasilien, um 16 cm groß – oben schwarz, unten weiß. Der **Grünkardinal** *(Gubernatrix cristata),* Größe um 18 cm, kommt auf 40–50 DM; lebhaft, angenehm, sehr schön: gelbgrün; Haube schwarz, Schulter schwarz gestreift; Wangen und Unterseite goldgelb. Weibchen mattgrau. Kardinäle sind bereits Gemischtköstler, denen man neben Körnern und Grünzeug auch Weichfutter (Beeren, Insekten, Würmer) gibt.

Exotische Weichfresser (gute Sänger)

Schamadrossel ▲✋☼⌂▦

Copsychus malabaricus

Familie: Drosseln *(Turdidae)*
Heimat: Dschungel Indiens, Thailands bis Sundainseln
Größe: 23–26 cm (Schwanz 12–15 cm)
Anschaffungspreis: je nach Herkommen und Gesangsqualität 60–100 DM
Normalkosten im Monat: 4–9 DM

Die beliebte Schamadrossel kommt mit zwanzig Rassen in vielen Teilen Asiens vor.

Dieser prachtvolle Sänger ist immer mal wieder in einem Liebhaberkäfig zu sehen; das Männchen blauschwarz, unten rotbraun, Schwanz schwarz und weiß; das Weibchen oben oliv, unten bräunlich, Bauch weiß; braune Schwingen, Schwanzlänge nur 8–10 cm. Die Gesangsstrophen des auch als Spötter begabten Vogels sind abwechslungsreich – falls es wirklich der im Katalog angepriesene gute Sänger ist; darum schriftliche Gesangsgarantie und Umtauschrecht verlangen! Sehr großer Käfig (wenigstens 80 cm Länge), viel Badewasserverbrauch. Weichfutterfresser sind stets heikel und machen viel Schmutz. Wir geben Insektenfuttergemisch (Drosselfutter), Ameisenpuppen, geschabtes Fleisch, Obst.

● Billiger (15–30 DM, gute Sänger um 40 DM) ist die **Chinesische Nachtigall** *(Leiothrix lutea),* richtiger Name »Sonnenvogel« – aus Südchina und Indonesien, Größe um 15 cm. Oliv bis grüngrau, Schnabel und Brust rot, Kehle goldgelb, Schwanz blauschwarz. Dieser schöne, lebhafte Vogel singt häufig, mit lockendem Flötenruf (wenn auch längst nicht so schmelzend wie unsere Nachtigall). Er wird zahm und freundet sich mit seinem Pfleger an. Das Weibchen, gleich gefärbt, singt weniger oft und leiser (Farbfoto → Seite 43).

● Nicht vergessen sei der großartige **Beo** (Hügelatzel), dessen Spott- und Sprechkünsten ich viele schöne Stunden verdanke. Es gibt zwei Arten: **Großer Beo** *(Gracula religiosa religiosa)* Größe um 30 cm, von Malakka, Borneo, Java, Philippinen, und **Kleiner Beo** *(Gracula religiosa indica),* Größe um 24 cm, aus Indien und Ceylon (er ist schon für etwa 90–100 DM zu haben). Unverkennbar die gelben Hautlappen hinter den Augen bei sonst grünlichschwarzem Gefieder. Im großen Drosselkäfig (Mindestlänge 100 cm) verständnisvoll gehalten und betreut, stets einzeln, wird der Beo zahm und zutraulich. Phantastisch seine Nachahmungskunst und Spottbegabung; er pfeift, er singt, plappert ganze Sätze, ahmt Geräusche täuschend nach. Nahrung: Früchte und Beeren, Körner, rohes Fleisch, Mehlwürmer und Insekten (Drosselfuttergemisch).

Nachwort: Kaufen Sie den Beo, bitte, nicht, sondern bewundern Sie ihn im Tierpark. Durch die häufigen Anforderungen des Zoohandels ist er in seinem Bestand ernstlich bedroht!

Hamster, Maus und Anverwandte:

Kleinsäuger

Hamster, Maus und Anverwandte Kleinsäuger

»Gäste« der Heimtierhaltung: Igel – Eichhörnchen – Raubwild

Bei den Vögeln haben wir den Übergang vom Anschautier zum Anfaßtier erlebt. Aus der Beobachtung kann Berührung und Beziehung werden.

Gerade, weil man sie anfassen und streicheln kann, gehören einige Nagetiere zu den besten Freunden der Kinder. Schon manchem Fünfjährigen können wir ein kleines Nagetier schenken, und noch Zwölfjährige haben daran viel Freude – ältere selbstverständlich auch; aber in dem kindlichen Lebensabschnitt sind die meisten Nagetierfreunde zu finden. Da Haltung und Pflege meist keine besonderen Schwierigkeiten machen, können die Kinder bereits allein verantwortlich – unter Aufsicht – für ihre Lieblinge sorgen.

Vorweg möchte ich jedoch einige Einschränkungen machen. Wer gelegentlich Tierhandlungen besucht, in Versandkatalogen blättert oder in Anleitungsbüchern für Heimtierhalter liest, wundert sich, was da alles an möglichen und unmöglichen Arten angepriesen wird. Zugegeben: Der Kenner und Könner kann selbst schwierige Problemtiere halten. Anfänger sollten sich jedoch auf weniger schwierige Arten beschränken, vor allem dann, wenn sie ein Tier für ihre Kinder anschaffen.

Selbstverständlich werden wir junge Igel über den Winter hinweg füttern (mehr darüber auf S. 165). Oder wir werden ein kleines Eichhörnchen, das wir hilflos oder krank auffinden, durchzubringen versuchen. Notfalls lassen wir uns sachkundig beraten. Aber muß es – abgesehen von Notfällen – unbedingt ein Eichhörnchen für den Heimkäfig sein? Oder ein Marder? Oder ein Äffchen?

Ich verstehe sehr wohl: Eichhörnchen sind possierlich, Marder interessant und Affen haben etwas Menschenähnliches, nicht nur Menschenaffen. Es sind ja auch unsere nächsten Verwandten im Tierreich. Ich begreife auch, daß so eine Handvoll Buschbaby »entzückend« aussieht und ein Kapuzineräffchen reizende Grimassen schneidet. Das macht Spaß.

Aber bedenken Sie, daß gerade diese Tiere neben guter Sach- und Pflegekenntnis besonders viel Einfühlung und persönliche Zuwendung brauchen! Sonst vegetieren sie in der Käfigecke still ihrem vorzeitigen Ende entgegen oder gebärden sich wie toll und werden einfach unausstehlich. Bringen Sie die nötige Geduld auf, haben Sie die Zeit, sich wirklich um diese Tiere zu kümmern? Macht es Ihnen nichts aus, wenn Freund Rhesus durch die Wohnung tobt, was er öfter tun soll, um bei Kraft und Laune zu bleiben, und dabei die Gardinen samt Stange herunterreißt?

Bevor Sie also solche Tiere anschaffen, überlegen Sie genau. Ich denke, Sie kommen zu dem gleichen Ergebnis wie ich: Diese Tiere gehören nicht in Käfige.

Über Freud und Leid mit Nagetieren

Ich will mich in diesem Buch auf die besonders reizvollen und zugleich gut zu haltenden »Standardtiere« der Heimtierhaltung beschränken, vor allem die schönsten Nager. Gerade sie bieten uns viel Abwechslung bei relativ geringem Pflegeaufwand – solange wir nicht Massenhaltung betreiben oder züchten wollen.

Ich will aber auch die Nachteile nicht verschweigen. Die Nager werden im Durchschnitt nicht sehr alt, manche nur 2 bis 3 Jahre – Goldhamster und Mäuse etwa. Wenn das Tier stirbt, kann das auf kleinere Kinder recht nachteilig wirken. Die Eltern müssen darauf vorbereitet sein und ganz natürlich reagieren. Sie müssen ihren Kindern helfen, mit dieser Erfahrung fertigzuwerden. Sie sollten Tod und Krankheit erklären. Und ein neues Tier kaufen – nicht unbedingt von derselben Art. Die Kinder

Rosettenmeerschweinchen mit verschieden gefärbten Jungen.

sollten sich in der Tierhandlung umsehen und selbst ein Tier aussuchen können. Vielleicht nehmen sie von sich aus ein Tier, das etwas mehr Anforderungen an sie stellt. Dann ist der Schmerz rasch vergessen.

Auch der Tiernachwuchs bereitet manchmal Sorgen. Nager produzieren durchweg viele Junge. Wenn wir ein Pärchen halten, ist nicht zu verhindern, daß Nachwuchs kommt. Das schafft Platzprobleme, und die Pflegearbeit nimmt zu.

Manche Nager sind Kannibalen. Sie fressen ihre Jungen auf – vor allem bei zu engen Platzverhältnissen und schlechter Unterbringung, bei Störungen und bei Eiweißmangel. Weibchen sind nämlich in dieser Phase sehr empfindlich; manche Männchen, so bei Goldhamstern, muß man sogar vorübergehend absondern. Ich habe Kinder herzzerreißend weinen sehen, wenn sie diesen »Kannibalismus« miterlebten. Im Grunde genommen ist es eine ganz natürliche »Maßnahme der Arterhaltung«. Gelegentlich frißt die Mutter auch Schwächlinge auf. So oder so: Wir müssen auf diese Dinge gefaßt sein, damit wir den Kindern eine plausible Erklärung geben können. Die natürlichste – und ehrlichste – ist die beste.

Mäuse »duften« recht streng – andere Tiere mehr oder weniger auch. Sauberkeit hilft, den »Duft« auf das erträgliche Maß zu reduzieren. Hygiene ist auch die beste Vorbeugung gegen Erkrankungen, zumal gerade Nagetiere – vor allem Mäuse und Ratten – für vielerlei Parasiten und Krankheiten recht anfällig sind.

Etliche Kleinsäuger sind nachtaktive Tiere. Sie wachen auf, wenn die Kinder schlafen gehen. Auch das müssen Sie beim Kauf bedenken; obwohl die Tiere sich zum Teil umgewöhnen können – so der Goldhamster.

Übrigens hat der Berliner Zoo vor einiger Zeit sein »Nachttierhaus« eröffnet. Falls Sie Berliner sind oder mal wieder in die Stadt an der Spree kommen, versäumen Sie diese Attraktion nicht. Dort können Sie jene Tiere »unter Nachtbedingungen« beobachten, die sonst den Tag verschlafen: Man läßt über den Tierunterkünften tagsüber einen künstlichen Mond scheinen und nachts eine Sonne. Die Nachthausinsassen passen ihre Lebensgewohnheiten diesem Rhythmus an. Da gibt's Eulen, Fledermäuse, Beuteltiere, Igel, Schleichkatzen, Wickelbären, Chinchillas, Mäuse und andere Nachtgeher zu beobachten – also auch einige für die Heimtierhaltung interessante Arten. Die Stuttgarter »Wilhelma« besitzt seit längerer Zeit eine ähnliche, wenn auch kleinere Anlage. Der Nagetierfreund kann in beiden Nachttierhäusern wichtige Erfahrungen sammeln.

Gemeinsamkeiten und Unterschiede

Noch finden wir in dieser Gruppe Anschautiere zum Beobachten und Züchten neben Anfaßtieren zum Streicheln und Liebhaben. Beide müssen gepflegt werden. So kommt zum Versorgen und Umsorgen die echte Tierbeziehung.

Gerade für Stadtkinder, die vielleicht auf Hund und Katze, gewiß aber auf Pferd und Ziege verzichten müssen, sind die kleineren Säuger die richtigen Heimtiere. Man kann sie recht gut eingewöhnen und dann leicht zahm machen. Sie werden sogar zutraulich und anhänglich. Und sie beanspruchen nicht so viel Zeit wie etwa der Hund.

Ältere Kinder lernen biologische Abläufe am lebenden Beispiel kennen – auch Probleme der Paarung, Fortpflanzung, Brutpflege, Vererbungslehre; natürliche Sexualerziehung also.

Mit annähernd 3000 Arten stellen die Nager rund die Hälfte aller Säugetiere – von der nur 6 cm großen Birkenmaus bis zum 1,30 m langen und 50 kg schweren Wasserschwein Südamerikas. Das Zeitalter der Säugetiere begann vor etwa 170 Millionen Jahren in der Trias des Erdmittelalters und

Oben: Asiatisches Streifenhörnchen und Goldhamster. Mitte: Kaninchen mit Jungen (Blaue Wiener).
Unten: Verschiedene Farbschläge bei Mäusen und Englisches Meerschweinchen.

reicht bis ins noch andauernde Zeitalter des Menschen, der ja biologisch auch ein Säugetier ist.

Das Nagetier besitzt oben und unten je ein Paar Schneidezähne, die sich selbst schärfen.

Die Nagetiere haben sich aus den noch älteren Insektenfressern entwickelt, die bis heute – beispielsweise mit Igel, Maulwurf, Spitzmaus – erhalten geblieben sind. Es gibt vielerlei Spezialisten: Wühler, Graber, Springer, Kletterer, Renner, Schwimmer, Flieger. Die einen sind gesellig, die anderen eigenwillige Einzelgänger. Sehr viele Nager sind Gemischtköstler, die Samen, Früchte und Pflanzenstoffe bevorzugen, gelegentlich auch Insekten. Das »Pflanzenfressergebiß« trägt im Ober- und Unterkiefer je ein Paar meißelähnlicher Nagezähne, die eigentlich Schneidezähne sind. Der Schmelz an der Außenseite ist hart, an der Innenseite weicher. Die weiche Seite nutzt sich rascher ab, so daß die Schneide stets scharf bleibt. Bei falscher Ernährung oder fehlender Nagemöglichkeit können die Nagezähne »entarten« und überlang auswachsen.

Kisten – Kasten – Käfige: Das schützende Nest

Selbstverständlich brauchen auch unsere Haus- und Heimnager ihre Wohnung in der Wohnung. Für manche genügt ein Kasten, andere müssen wir im Käfig halten. Für alle gilt: Je mehr Platz und Bewegungsraum sie haben, desto wohler fühlen sie sich. Wir sollten uns nicht unbedingt an den »Stallhasen« ein Beispiel nehmen. Denn sie werden so eng eingepfercht, damit sie schneller fett werden und – bedingt durch das Stillsitzen – weniger Futter verbrauchen. Unsere Heimtiere sind keine Nutztiere. Sie zeigen erst in artgemäßer Bewegung, wie interessant sie wirklich sind.

Zugluft und dadurch hervorgerufene Erkrankungen der Atemwege können gefährlich werden. Darum ist jener Behälter der beste, der eine Frischluftzufuhr hat, in dem aber keine Zugluft herrscht; und der sich leicht reinigen läßt, denn Sauberkeit ist auch bei den Nagetieren sehr wichtig. Gut bewährt hat sich der zugluftfreie Kleinsäugerbehälter: drei Seiten aus lackiertem Hartholz, die Vorderseite aus Glas, der abnehmbare Maschendrahtdeckel im Holz- oder Metallrahmen. Holzkäfige sind gewöhnlich nach drei Jahren so mit Urin durchtränkt, daß sie erneuert werden müssen. Sonst entstehen bei den Tieren Reizungen der Atemschleimhäute, was erhöhte Infektionsgefahr bedeutet.

Starke Nager müssen wir in einen Metallkäfig setzen – verzinkt oder brennlackiert. Kaufen Sie zwei verschiedenfarbige Ton-, Glas- oder Emailschalen für Futter und Wasser – nicht Schalen aus Plastik, die von den Tieren rasch zerbissen werden. Geben Sie einen Sepiaschulp (Tintenfischknochen) hinein. Er läßt sich gut kauen und ist gesund (Kalkaufbaustoffe!).

Das »Nestbedürfnis« der Säugetiere ist, wie wir wissen, sehr groß. Das Nest wärmt und schützt sie. Es ist Versteck, Fluchtburg, Schlafstätte – und Kinderstube bei Bedarf. Wir Säuger sind sämtlich »Höhlentiere«, schon vom Mutterleib her, der uns im verwundbarsten Zustand sicher umhüllte. Diesem Schutzbedürfnis unserer Pfleglinge müssen wir Rechnung tragen.

Je nach Art wird der Schlafkasten größer oder kleiner sein. Der Handel bietet fertige Konstruktionen an. Wir können sie aus festem, glattem Holz, am besten verleimt, selbst herstellen. Grundmuster kann der

Goldhamsterkasten sein. Für unsere Meerschweinchen ist das Gartenhäuschen praktisch.

Als Nistmaterial und Streu geben wir kleine Stoffreste, Zellstoffwatte, unparfümierte Papiertaschentücher, unbedrucktes Papier (keine Zeitungen!) hinein, für größere Tiere auch Heu, Stroh und trockenes Moos. Im Schlafhaus bringt die Säugetiermutter auch ihre Jungen zur Welt. Jetzt ist sie besonders empfindlich. Wir müssen Störungen vermeiden und das auch den Kindern einschärfen. Mal eben das Häuschen hochheben und nachschauen – das ist in der ersten Woche nach dem Werfen verboten, dann freilich angebracht, weil ja ein Junges tot sein kann und entfernt werden muß.

Am besten legen wir ein herausziehbares Bodenblech in den Behälter – mit Sägespänen, kleingeschnittenem Stroh, Papierfetzen oder handelsüblichem »geruchsbindendem« Streumittel bedeckt. Anstelle des Blechs tut's auch eine dicke Zeitung.

● *Grundregel:* Zweimal in der Woche Streu wechseln! Einmal wöchentlich das Einsatzblech herausnehmen, mit Seifenlauge abschrubben und ab und zu schwach desinfizieren mit Sagrotan oder Tierlysol. Für die Reinigungszeit setzen wir die Tiere in einen Ersatzkäfig oder in die Badewanne um.

Behutsam eingewöhnen – nicht einsperren! Der Pfleger als »Ersatzpartner«

Säugetiere gewöhnen wir besonders behutsam und liebevoll ein. Das braucht Zeit. Denn es handelt sich um hochentwickelte Lebewesen mit einem empfindlichen Nervensystem und komplizierten Sinnesorganen. Sie merken sehr wohl, was mit ihnen gemacht wird.

Schaffen Sie sich als Ersttier ein junges, bereits zahmes Tier an! Falls es noch nicht lange von der Mutter entwöhnt war, werden Sie es gut auf sich umgewöhnen können. Ältere Tiere haben unter Umständen bereits schlechte Erfahrungen mit Menschen gemacht und sind deshalb vielleicht mißtrauisch und bissig.

Beste Gewöhnungshilfe ist das Füttern. Anfangs stellen Sie geeignete Leckerbissen hinein in den Käfig – und entfernen sich. Vielleicht wird das Tier erst später oder nachts fressen. Wir nähern uns dem Tier dann – und grundsätzlich – behutsam und vorsichtig, sprechen begütigend – am wirksamsten nur ein Wort in derselben Betonung. Bewährt hat sich auch der »Kratztrick«: Wir kratzen an einer Käfigstange auf und ab. Das bedeutet »Fütterung«. Nach dem Kratzen müssen wir jedes Mal füttern. Das Tier lernt dieses Lockgeräusch schnell kennen.

Jetzt können Sie Leckerbissen mit dem Holzstäbchen reichen, dann mit der Hand. Während das Tier frißt, streicheln Sie es mit einem Finger leicht über den Rücken – nicht gegen den Strich. Sobald es diese Zärtlichkeit duldet und offensichtlich genießt, können Sie es sich auf die Hand setzen – um es danach mit seiner Lieblingsspeise zu belohnen. So macht man sich Freunde. Ihr Tier wird futter- und fingerzahm.

Gerade diese Tiere brauchen weiterhin ständigen Umgang mit ihrer Kontaktperson, wer immer es in der Familie ist. Sonst bleiben sie nicht zahm und fallen zurück in ihr natürliches Mißtrauen. Denken Sie daran: Sie ersetzen dem Tier den arttypischen Partner.

● *Zum Merken:* Wirklich zahm, hand- und hauszahm, werden nur Einzeltiere, die ihren Pfleger als »Ersatzpartner« annehmen. Gesellige Heimtierfamilien haben an sich selbst genug; sie können dennoch sehr interessante Pfleglinge sein.

Winterschlaf und Winterruhe

Manche Kleinsäuger halten in freier Natur Winterschlaf oder wenigstens gelegentlich

unterbrochene Winterruhe. Der Grund ist einleuchtend: Sie können so die kalten, futterarmen Monate besser überstehen. Im Herbst fressen sie sich rund und fett, ehe sie in Tiefschlaf fallen. Die Winterruher, der Hamster zum Beispiel, schleppen Vorräte in den Bau – was bei uns daheim bedeutet, daß sie beim Aufwachen Futter vorfinden müssen!

Streifenhörnchen im Winterschlaf. Seine Körperfunktionen sind stark herabgesetzt.

Im Tiefschlaf sinkt die Körpertemperatur ab, die Herztätigkeit verlangsamt sich, der Stoffwechsel geht zurück. Tiere aus dem Schlaf, aus der Ruhe oder dem Winterschlaf zu reißen, kann sie umbringen. Das muß man wissen, wenn man sich einen Winterschläfer anschafft.

Winterschläfer lassen wir in Räumen mit 3 bis 8° C bei hoher Luftfeuchtigkeit ruhen. Wir geben viel Moos und Laub in den Behälter, damit sie sich einwühlen können. Legen sie einen Apfel hinzu – das »Hamsterfutter« für Wachpausen. Sie können das Aufwachen selbst herbeiführen, wenn Sie das Tier in einen wärmeren Raum bringen.

Winterschläfer, die wach bleiben sollen, füttern wir im Herbst etwas mäßiger, auch wenn sie mehr verlangen, und halten sie bei einer Raumtemperatur von 12 bis 20° C. So verhindern wir, daß der Winterschlaf einsetzt.

Mangelerscheinungen und Krankheiten

Kranke Tiere hocken apathisch in einer Ecke oder wollen das Versteck nicht mehr verlassen. Ihre Bewegungen sind lahm und gehemmt. Der Blick wird trüb, das Fell stumpf. Oft kommt starker Haarausfall hinzu. Oder es stellen sich Lähmungen ein (am häufigsten bei Mäusen).

● Oft ist *Vitaminmangel* die Ursache. Wir können etwas Vitaminpulver oder Vitamintropfen ins Futter geben oder Lebertran hineinmischen. Vitaminlösungen gibt der erfahrene Tierhalter mit der Pipette ein. So kann man übrigens auch Junge mit Milchmixtur aufpäppeln.

So können Sie gegebenenfalls ein kleines Nagetier mit der Pipette ernähren.

● *Durchfall.* Mischen Sie eine zerdrückte Kohletablette ins Futter. Sofortige Futterumstellung auf Trockenfutter und frisches Trinkwasser. Vorübergehend kein Grünfutter geben.

● *Verstopfung.* Mehr Grünfutter geben.

● *Kratzen und Jucken.* Das kommt wahrscheinlich von Ungeziefer. Fragen Sie in der Tierhandlung oder Drogerie nach einem geeigneten Insektenpulver. Falls zum Jucken noch Haarausfall und Fellverkrustungen kommen, handelt es sich meistens um Räude (oder Krätze), eine durch Milben hervorgerufene Krankheit. Verwenden Sie Kontaktinsektizid oder bepinseln Sie die erkrank-

ten Stellen mit einer Suspension von Schwefelblüten und Tetrachlorkohlenstoff.

- *Kleine Verletzungen.* Penicillinsalbe oder Antiseptikum auftragen.
- *Hautinfektionen.* Wenden Sie eine Schwefelsalbe oder ein Schwefelpulver an. Sehr häufig handelt es sich um Pilzbefall, der auch auf den Menschen übertragen werden kann. Zum Tierarzt gehen.

Überhaupt sollten Sie bei Anzeichen ernsterer Erkrankung Ihren Pflegling zum Arzt bringen. Doktern Sie nicht unnötig herum, wenn Sie die wirkliche Krankheitsursache nicht kennen. Auch scheinbar harmlose Mittel können, falsch angewandt, gefährlich sein und mehr schaden als nützen.

Sobald Ihr Schützling die Krankheit überstanden hat, sollten Sie den Käfig desinfizieren.

Hier noch ein Frischfuttertip, den alle verantwortungsbewußten Fachleute für Heimtierernährung geben: Nehmen Sie kein Gras und keine Frischpflanzen von Plätzen nahe den vielbefahrenen Autostraßen. Sie sind durch die Autoabgase mit Blei verseucht. Zwar weiden dort Kühe und wir trinken ihre Milch und essen den daraus gemachten Käse; wir essen auch bleiintensives Gemüse und Salate aus Gärtnereien und Feldern, die neben Autostraßen liegen. Vielleicht macht es uns gesundheitsblinden Großsäugern nichts aus – was ich bezweifle. Unsere kleinen Heimtiere aber werden bestimmt davon vergiftet und krankheitsanfällig. Und wir wären dann daran schuld. Wenigstens unsere Pfleglinge sollten wir schützen.

Darum: Kaufen Sie einen Blumenkasten oder Blumentöpfe für Balkon oder Fensterbrett. Säen Sie Grünes – Petersilie oder Kresse. Auf diese Weise haben Sie immer gesundes Frischfutter für Ihre Tiere.

Goldhamster

Mesocricetus auratus

Farbfoto → Seite 62 und Umschlagrückseite.

Familie: Mäuseartige *(Muridae)*
Heimat (der Wildform): Syrien
Größe: ♀ 16 bis 18 cm; ♂ 15 bis 17 cm (Schwanz gut 1 cm)
Anschaffungspreis: 4–7 DM
Normalkosten im Monat: 3–6 DM

Ohne Schlafkasten und Laufrad ist der Goldhamsterkäfig unvollständig und ungeeignet.

Ohne Frage ist der Goldhamster Spitzenreiter unter den Nagetieren: allein in der Bundesrepublik schätzungsweise 1–1,5 Millionen Tiere. Das hat mehrere Gründe: Schönes seidiges Aussehen, interessante Lebensweise, nicht schwer zu halten (kann auch einige Tage allein gelassen werden) – ein fellwarmes zutrauliches Anfaß- und Streicheltierchen.

Die kurze Kulturgeschichte des Goldhamsters ist eine Geschichte der Domestizierung und Zuchtwahl. 1930 grub ein Zoologe der Jüdischen Universität Jerusalem in der Wüste ein Weibchen mit zwölf Jungen aus dem zweieinhalb Meter tiefen Bau aus. Einige davon kamen nach London, und von ihnen stammen sämtliche Käfiggoldhamster der Welt ab. Zu uns nach Deutschland ist der Goldhamster nach dem Zweiten Weltkrieg 1948 durch die Amerikaner gekommen.

Der Standardgoldhamster ist goldbraun gefärbt mit weißer Unterseite. Mittlerweile sind zahlreiche Spielarten gezüchtet worden: graubraune, graue (W-Hamster), beige, gescheckte, blaue, weiße (als Albinos und als »Russenham-

ster« mit schwarzen oder grauen Ohren), sogar scheußliche Mißgeburten, wie Mopsköpfe.

Von Hause aus sind Goldhamster einzelgängerische nachtlebende Steppentiere. In Gefangenschaft werden sie gelegentlich auch tagsüber aktiv. *Weitere Daten:* Gewicht 130 bis 180 g (Geburtsgewicht 2 g). Augenöffnung: nach 11 bis 13 Tagen. Geschlechtsreif nach 4 bis 6 Wochen. Tragezeit 16 bis 18 Tage. Je Wurf 6 bis 12 Junge, Säugezeit 15 bis 20 Tage. Lebenserwartung: 2 bis 3 Jahre bei Schecken, 3 bis 5 Jahre bei Wildformen.

Mit dem Goldhamster gibt es viel Spaß. Oft stopft er die Backentaschen so mit Vorräten voll, daß er nicht durch die Tür seiner Schlafkiste kommt. Richtig Betrieb macht er erst nachts – dann nämlich, wenn er »daheim« auf Nahrungssuche gehen müßte, über weite Strekken »durch die Wüste«. Dieser Dauertraber braucht im Käfig unbedingt ein Laufrädchen (fertig für Goldhamster zu kaufen oder bereits im Käfig eingebaut). Wenn's nicht gut geölt ist, quietscht's die halbe Nacht durch; das ist anfangs nervtötend.

Unsere Kinder dürfen ihn nur gelegentlich mal am Tag aus dem Käfig holen, um ihn zu streicheln – am besten abends. Sonst zwar sehr gutmütig und gutwillig, könnte er unartig und bissig werden. Falls es ihm gelingt, in die Wohnung zu entwischen, zernagt er so ziemlich alles: Kleider, Schuhe, Zeitungen, Fußleisten, selbst den Putz von der Wand.

Bestes Kaufalter: 3 bis 4 Wochen. Da läßt er sich noch gut erziehen. Kaufen Sie möglichst bei Dunkelheit (im Winter vor Geschäftsschluß), damit Sie sehen, ob das Tier wirklich quicklebendig ist. Wir setzen ihn in einen quergegitterten Metallkäfig (damit er klettern kann): Mindestgröße 40 x 30 cm bei 25 bis 30 cm Höhe. Neben dem Laufrad, der Streu (Torfmull, Sägespäne, abgepackte Hamster- oder Katzenstreu) und dem Beißholz (für die Nagezähne) sollte der Tagschläfer unbedingt ein Häuschen haben, am besten mit 2 Eingängen (10 cm Würfelform ohne Boden, Einschlupf 4 cm breit, 5 cm hoch).

Gleichmäßige Zimmerwärme einhalten, nachts nicht unter 12° abfallend! Achten Sie darauf, daß Goldie nicht aus dem Haus entwischt. Als Wüstentier hat er in unserer Landschaft keine Überlebenschance.

Goldhamster sind Sauberkeitsfanatiker. Die Vier-Tage-Reinigung einhalten! Da auch verderbliche Nahrung im Käfig ist, kann es sonst zu Faul- und Säuerungsprozessen kommen. Dann geht er, der selbst peinlich sauber und geruchlos ist, buchstäblich die Wände hoch vor Abscheu.

Die Ernährung macht keine Sorgen: Neben dem Goldhamsterfertigfutter (oder den Kaninchenkörnern) auch Gemüse, Salat, Obst, altes Brot, Rosinen, mal etwas mageres Fleisch, ein Stück gekochtes Ei, ein paar Mehlwürmer. Bei ausreichend Gemüse und Salat darf die Flüssigkeitszufuhr entfallen, obwohl eine Trinkflasche mit Wasser (Milch ist zu fett!) nichts schaden kann. Wenn Sie verreisen, legen Sie ausreichend Trockenfutter ein, dazu Mohrrüben und (entkeimte!) Kartoffeln. Der Goldhamster kann dann schon mal drei oder vier Tage allein bleiben.

● Neuerdings gewinnt auch der **Chinesische Zwerg-** oder **Streifenhamster** *(Cricetulus griseus)* zunehmend Freunde: 8 bis 13 cm Körperlänge (Schwanz 2 bis 3 cm), im wesentlichen bräunlich gefärbt, Jungtiere mehr grau, mit Streifen. Der Zwerghamster ist besonders gutmütig, zutraulicher als der Goldhamster (wird gut handzahm) und ist auch bei Tag aktiver.

Weiße Maus

Mus musculus

Farbfoto → Seite 62.

Familie: Mäuseartige *(Muridae)*
Heimat (der Hausmaus): Europa, Nordafrika bis Japan (vom Menschen in fast alle bewohnbaren Regionen der Erde verschleppt)
Größe: 14 bis 18 cm (davon Schwanz 8 bis 10 cm), ♂ etwas kleiner
Anschaffungspreis: 1–3 DM
Normalkosten im Monat: 2–5 DM

Die weiße Maus stammt von unserer Hausmaus ab – eine Albino-Zuchtform, die auch als seltene Mutation in freier Natur vorkommt. Dieser Vererbungskünstler zeigt eine Vielfalt von Farbschlägen: silberweiß, gescheckt, zimt-

und silberzimtfarben, schokoladen- und milchkaffeefarben, rehfarben mit roten Augen, schwarz, lila, wildfarben mit gelbem Bauch, hellorange, auch Tiere mit schwarzroten Augen und andere Varianten.

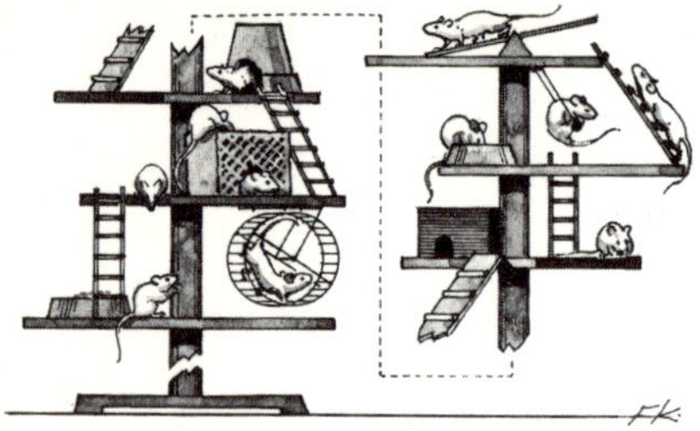

Setzen Sie die rechte Säule über die linke, und Sie haben den lustigen Mäuseturm.

Wahrscheinlich ist unsere altvertraute Hausmaus einst mit Getreideladungen aus dem Iran hierher gekommen. Seit Urgedenken lebt der Mensch mit diesem kleinen Nager (und im Kampf gegen seine Gefräßigkeit) – hat ihn geliebt, gescheut, verabscheut, bewundert, in vielen Sagen und Märchen besungen.

Mäuse besitzen einen ausgezeichneten Geruchs- und Orientierungssinn, sind sehr behende, sie laufen, springen, klettern, graben, schwimmen. Weibchen werden bald zahm, die Männchen, die man Böcke nennt, nie! Sie sind bissig. Die Lernfähigkeit der Maus ist spärlich. Eine persönliche Beziehung zu ihrem Pfleger, den sie nicht unterscheiden lernt, kommt nie zustande, auch wenn sie ihn aus ihren großen samtschwarzen oder roten Augen scheinbar treuherzig anblinzelt.

● *Zusatzinformationen:* Es gibt mehrere Unterarten (darunter auch unsere Ährenmaus). Rudelbildende Nachttiere. Je Wurf 1 bis 16 Junge, durchschnittlich 6 bis 8 je Wurf (ein Weibchen kann im Laufe ihres Lebens 100 bis 135 Junge zur Welt bringen). Vollbehaarung nach 8 bis 10 Tagen. Öffnen der Augen nach 10 bis 14 Tagen. Säugezeit bis 28 Tage. Ausgewachsen nach 5 bis 6 Monaten. Lebenserwartung 1 bis 2 Jahre.

Fürs Nest braucht die Mäusemutter Stoffreste, Papierfetzen, Heu und Gras. Wir können Mäuse in einem ausgedienten Aquarium oder Terrarium, auch in einem durchsichtigen Plastikbehälter unterbringen. Mäuse sind Allesfresser: Körner, Hühnerfutter, Brot, Käse, mal etwas Milch.

Das Mäuseleben zu beobachten, ist interessant bis aufregend (viele Buben wissen das). Mäuse leben in strenger Sozialordnung, vom »Oberbock« oder dem »Ältestenrat«, der aus mehreren starken Männchen besteht, herrisch regiert. Fremde Männchen werden entweder totgebissen oder müssen sich unterwerfen. Mäuse und Ratten leben in »Geruchsverwandtschaft«. Fremder Geruch bedeutet Feindschaft, der eigene strenge »Duft« ist ihnen angenehm und schafft ihren Zusammenhalt. (Mäusebehälter stets gut sauber halten!) Die Mütter sorgen aufopfernd für ihre Kinder.

Wenn Mäuse auch keine intelligenten Tiere sind, so lassen sie sich doch gut dressieren. Sie können Kunststücke erlernen: Tretradlaufen, Stangenklettern, Wippen und manches andere. Das kann man zum kleinen Privatzirkus ausbauen. Besonders schön sieht ein »Mäuseturm« aus: Ein Aufbau aus mehreren Etagen (verschiedenen großen Brettern), durch Leitern und Laufbretter verbunden, mit allerlei Übungsmöglichkeiten besetzt: Rolldosen, Laufrad, Backsteine, Blumentopf mit Einschlupf, festes Nageholz, Schaukel. Man kann auch Unterkunftsmöglichkeiten einbauen und die Tiere ohne Käfig halten, wenn die unterste Etage um eine Mittelsäule, ähnlich einem Fernsehturm, herumgebaut, 100 cm über dem Boden beginnt, damit die Mäuse nicht abspringen. Denn eine Maus einzufangen, ist so gut wie unmöglich. Wer's nicht glaubt, soll es mal probieren!

Leider sind Mäuse die krankheitsanfälligsten Nager. Treten Lähmungen, Abfaulen von Gliedmaßen (Mäusepocken), Mäusetyphus (Salmonellenerkrankung) und ähnliches auf, ist kaum etwas zu machen. Tierarzt fragen!

Wenn Sie eine Maus aus ihrem Behälter herausnehmen, dann fassen Sie am Schwanz an (nicht am dünnen Ende), ziehen Sie das Tier hoch und setzen Sie es auf die Hand, ohne den Schwanz loszulassen. Man kann es auch mit zwei Fingern am Genick nehmen.

Leicht zu halten ist die **Wüstenspringmaus** *(Jaculus jaculus):* bis 15 cm Körperlänge, dazu um 20 cm Schwanz mit Endquaste. Oberseits grau sandfarben, unten weiß; das Männchen etwas dunkler. Man sollte jeweils zwei Springmäuse halten. Sie vollführen Riesensprünge,

was sehr komisch aussieht. Vor Nässe und Kälte schützen! Sie sind genügsame Allesfresser (wie Goldhamster füttern) und geruchlos. Die Nachttiere beobachtet man bei Rotlicht. Lebenserwartung: 10 und mehr Jahre.

● Reizvoll ist die vor allem in den USA gehaltene (bei uns selten angebotene) **Mongolische Rennmaus** *(Meriones unguiculatus).*

● Die **Japanische Tanzmaus** *(Mus musculus wagneri)* hat sich von einer Hausmausrasse herausmutiert: schwarz mit weißem Bauch, manchmal Rückenweiß und Blesse. Ihr Name kommt daher, daß sie – aufgrund krankhafter Vererbung – meist kopfschüttelnd im Kreis läuft. Sie ist taub und kann nicht springen (Preis 10 –15 DM).

Albino- und Farbratte

Rattus norvegicus

Familie: Mäuseartige *(Muridae)*
Heimat (der Wanderratte): wahrscheinlich Mittelasien, längst als Kulturfolger in aller Welt verbreitet
Größe: um 24 cm (dazu 18 bis 22 cm Schwanz), ♂ stärker
Anschaffungspreis: 3–6 DM
Normalkosten im Monat: 3–6 DM

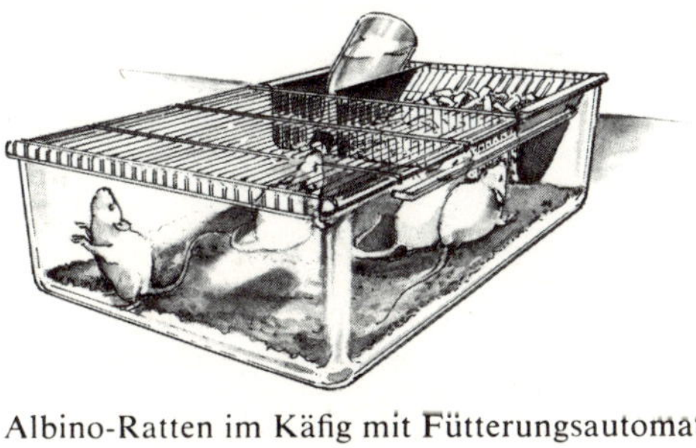

Albino-Ratten im Käfig mit Fütterungsautomat und praktischer Trinkflasche.

Mit der »weißen« Ratte (dem Albino der Wanderratte, auch in Farbschlägen zu haben) ging es als Spiel- und Experimentiertier ähnlich zu wie mit dem Goldhamster. Im Jahre 1822 haben Liebhaber in Bristol, England, weiße Wanderratten eingefangen und gezüchtet. Aus diesem Stamm sind praktisch alle Labor- und Heimratten entstanden.

Die rudelbildenden Nachttiere wiegen bei Geburt 5 bis 6 g, behaaren sich nach 2 bis 3 Tagen, können bereits nach einer Woche schwimmen, obwohl sie erst nach 10 bis 17 Tagen die Augen öffnen. Mit 5 bis 9 Wochen geschlechtsreif, sind sie nach 6 Monaten ausgewachsen. Je Wurf (8 bis 9 im Jahr) 9 bis 12 Junge (höchstens 23). Das Weibchen (eine gute Mutter, die sogar junge Mäuschen adoptiert und manchmal mit anderen Müttern ein Nest benutzt) kann 100 bis 120 Junge aufziehen. Tragzeit 21 bis 24 Tage, Säugedauer 28 Tage. Lebenserwartung: bis 3 Jahre (ausnahmsweise bis 7 Jahre).

Daß die Ratte so selten gehalten wird, ist eigentlich verwunderlich. Sie hat gegenüber der Maus viele Vorzüge. Vor allem hat sie viel mehr »Grips« im Kopf und gilt bei Verhaltensforschern als »Geistesriese«. Zu ihrem Pfleger, den sie bald persönlich kennt, gewinnt sie eine direkte Beziehung und wird fingerzahm.

Meerschweinchen

Cavia aperea porcellus

Farbfoto → Seite 61 und 62.

Familie: Meerschweinchenartige *(Caviidae)*
Heimat: südliches Mittelamerika bis Patagonien
Größe: 23 bis 35 cm, ♂ erheblich stärker; fast schwanzlos
Anschaffungspreis: 6–14 DM (Rosetten-M. 8–12 DM, Angora-M. 10–14 DM)
Normalkosten im Monat: 3–7 DM

Einst hatte das Meerschweinchen vor dem Goldhamster die Spitzenposition unter den Spieltieren inne, ist aber auch heute noch sehr beliebt. Ganz zu Recht!

Was der Name bedeutet? Da rätseln die Gelehrten immer noch. Englisch heißt es guinea pig (frei übersetzt: Groschenschwein). Es ist mit dem Wasserschwein, dem größten Nager, verwandt, also kein Schwein, sondern ein »Hufpfötler«, weil es breite Krallen hat. Holländer brachten es im 16. Jahrhundert übers »Meer«. Daher der Name, so lautet die eine Erklärung. Andere sagen: Weil es gern Karotten frißt, heißt es »Möhrenschweinchen«.

Die praktische Wasserflasche für Kleinsäuger.

Bis heute wird es in Südamerika, so bei den Indios von Peru, gern verspeist. Man zieht es seit langem frei wie die Hausschweine mit Küchenabfällen auf. Die Wildform lebt in Felsspalten und selbstgegrabenen Erdhöhlen des Gebirges, ein Schlupftier im Unterholz.

● *Zusatzinformationen:* Rudelbildendes Tagtier – also besonders geeignet für Kleinkinder schon ab 4 bis 5 Jahren; das ausgesprochene Streichel- und Liebhabetier, gutmütig, wenn auch etwas schreckhaft, fingerzahm. Gewicht des Weibchens: 0,7 bis 1 kg, des Männchens (beide erwachsen, mindestens 8 Monate alt) 1 bis 1,8 kg. Geschlechtsreife: Weibchen mit 30 bis 35 Tagen, Männchen mit 60 Tagen. 3 bis 5 Würfe jährlich (je 1 bis 7 Junge). Tragzeit 58 bis 72 Tage. Säugedauer drei Wochen. Lebenserwartung: 7 Jahre (auch älter).

Meerschweinchen haben den Inkas schon als Opfertiere gedient und sind geeignete Versuchstiere der modernen Wissenschaft. Es kommen zahlreiche Abänderungen vor. Am häufigsten ist das dreifarbige (schwarz-braun-weiße) glatthaarige Meerschweinchen. Weitere Formen: zwei- und dreifarbige Rosetten-Meerschweinchen (rauhhaarig), Angoras (langhaarig), außerdem schwarze, braune, gelbe, beige, weiße (Albinos rotäugig, weiß oder gefleckt).

Insgesamt haben diese Nager manch Staunenswertes an sich. Schon zwei Wochen vor der Geburt öffnen die Jungen im Mutterleib die Augen. Denn als »Nestflüchter« müssen sie in der Lage sein, gleich nach der Geburt neben Muttermilch auch feste Nahrung zu suchen. Meerschweinchen können (anders als Mäuse und Goldhamster etwa) Farben gut unterscheiden, sehen und riechen vorzüglich, hören ausgezeichnet. Sie »reden« auch in mehreren Zungen: Machen gern in der Früh ihr pfeifendes Morgenkonzert, begrüßen ihren Pfleger mit einem Pfiff, sie warnen quiekend, murren, schnurren, gurren und grunzen (daher vielleicht »Schwein«).

Man hat etwas mehr Arbeit mit ihnen, weil man sie sehr sauber halten muß, denn nur bei guter Hygiene riechen sie nicht – ein Gradmesser für Pflegequalität.

● *Kauftip:* Ihr künftiges Heimschweinchen soll klare, nicht verklebte Augen haben; Nase, Lippen und Ohren ohne Krusten, der After sauber. Das Fell muß glänzen (möglichst bei gutem Tageslicht betrachten); kranke und zu alte Tiere haben ein stumpfes Fell. Es soll fröhlich umherlaufen, ohne zu humpeln. Keine abgemagerten Tiere (die vielleicht sogar schleimigen Kotbrei absetzen) kaufen! Wenn das Meerschweinchen beim Atmen pfeift und röchelt, sind die Atemwege erkrankt (häufige Todesursache). Bestes Kaufalter: 2 bis 3 Monate (Gewicht etwa 0,5 kg).

Das Einzeltier können Sie in der Wohnung halten. Da läuft es auch ganz gern mal umher (Vorsicht: Nagt alles an!). Es reicht eine Kiste 60 x 80 cm, Höhe 40 bis 45 cm, mit Schlafhaus und Heuraufe, zugluftfrei aufgestellt bei 14 bis 20° C. Mehr als zwei Tiere sollten Sie im Garten mit Schlupfhaus unterbringen. Das Wohnungsschweinchen lassen Sie von Frühjahr bis Herbst möglichst oft frische Luft tanken (Balkon oder Garten, wo es auch Gras rupfen kann).

Fütterung: Körner, Haferflocken; Salat und Gemüse, Gras, Heu, Karotten, Rüben, Kohlrabi, gekochte Kartoffeln, hartes Brot oder Hundekuchen (zum Zähnewetzen).

Hamster, Maus und Anverwandte Kleinsäuger

Hauskaninchen

(Europäisches Wildkaninchen)

Oryctolagus cuniculus

Farbfoto → Seite 17 und 62.

Familie: Hasen *(Leporidae)*
Heimat: Südwesteuropa, durch den Menschen bis Australien verbreitet (in Amerika das Waldkaninchen)
Größe: bis 50 cm (1 bis 5 kg)
Anschaffungspreis: 12–30 DM
Normalkosten im Monat: 5–10 DM

Beliebte Kaninchenrassen: Angora (links), Widder (Mitte) und Holländer.

Der »Kaninchensport« breitet sich aus – selbst bis in die Wohnung hinein, obwohl es doch Stalltiere sind. Denn sie werden nicht stubenrein, der beißende Urin- und Kotgeruch läßt sich nicht ganz vermeiden – bei aller Sauberkeit (jeden zweiten Tag reinigen!). Ein ausgesprochenes Wohnzimmertier ist es auf keinen Fall.

Aber man begreift die Zuneigung: Das rundliche »Kindergesicht mit Osterhaseneffekt« ruft unser Schutz- und Liebhabebedürfnis wach. Wir kennen zahlreiche »Sportrassen« (die schwereren Fleischrassen kommen kaum in Frage): dreifarbige Japaner, Braune Havanna und bräunliche Marderkaninchen, rotbraune Neuseeländer, blaugraue Feh, struppige Angora und schlappohrige Franzosen, Schwarzloh mit gelber Schnauze, gelben Ohrrändern und gelbem Augenring, weiße Russen: Ohren, Schnauze und Läufe schwarz, große Chinchilla. Dazu manche anderen Rassen.

● Besonders beliebt sind die sogenannten **Zwerghasen** (Preis 20–30 DM), zu denen auch das weiße Hermelin-Kaninchen gehört. Sie sind so wenig Hasen wie das Belgische Hasenkaninchen, das auch nur hasenähnlich aussieht; denn Hasen und Kaninchen lassen sich nicht kreuzen.

Man kann ein einzelnes Kaninchen in einer Kiste halten. Besser ist ein größerer Stall mit mehr Bewegungsfreiheit, vorn mit Maschendraht oder Gitter verschlossen. Kaninchen sind recht verträglich, vor allem das Weibchen (Häsin). Männchen (Rammler, Bock) beißen sich oft untereinander. Es kommen 2 bis 3 Würfe im Jahr vor (je 2 bis 10 Junge). Tragzeit 28 bis 32 Tage. Die Jungen werden nackt, blind und taub geboren (»Nesthocker« im Gegensatz zu den Feldhasen, die sofort weglaufen können).

Wir füttern Heu, Rüben, Kartoffeln, Kleie, Kraftfutter, Brot, Äpfel und Birnen, Kohlblätter, frisches Gemüse (gut waschen und abtrocknen lassen), Gras und Klee. Bei nassem oder welkem Grünzeug kann es zur Trommelsucht (Aufblähung, Tympanie) kommen. Anzeichen: Aufgetriebener Leib, Freßunlust, Atemnot. Sofort Tierarzt aufsuchen.

Japanisches Streifenhörnchen

(Burunduk)

Eutamias sibiricus

Farbfoto → Seite 62.

Familie: Hörnchenartige *(Sciuridae)*
Heimat: von Nordrußland bis Nordjapan
Größe: 11 bis 15 cm (Schwanzlänge 6 bis 14 cm), Gewicht bis 125 g
Anschaffungspreis: 30–45 DM
Normalkosten im Monat: 4–9 DM

Die Hörnchen, zu denen auch unser Eichhörnchen gehört, sind unter die intelligentesten (und vom Verhalten her interessantesten) Nagetiere einzureihen. Es gibt 500 Arten in der Alten und Neuen Welt.

Von den possierlichen Streifenhörnchen kann man neben dem japanischen mehrere andere Arten kaufen, darunter die Burunduks aus den warmen Landstrichen Chinas, Birmas, Thailands, Vietnams und Malaysias, die durchweg etwas kleiner sind (z. B. *Taminops macchellandi* und *Taminops sinhoei*). Grundfärbung: gelbbraun, auf dem Rücken und an den Flanken fünf dunkle Streifen neben helleren; Unterseite je nach Art und Rasse weißlich bis rötlich. Aus Thailand kommt ein streifenloses Hörnchen. Alle Burunduks haben Fellwechsel (Sommer- und Winterfell).

Hörnchen sind keine wirklich zahmen Kinderspieltiere.

Die meisten Streifenhörnchen sind Tagtiere. Sie pfeifen, zischen und tschilpen ähnlich wie Meerschweinchen. Ohne Frage gehören sie zu den reizendsten Hausgenossen, auch wenn sie etwas heikel sind. Sie werden durchaus zahm, aber das ist bekanntlich relativ. Sobald sie ausreißen können, tun sie es. Dann geht die wilde Jagd durch die Wohnung los, und ihre Zahmheit erweist sich als Kulturtünche. Oft bleibt nichts anderes übrig, als sie mit dem Vogelkescher einzufangen. Sie quietschen, kreischen und kratzen dann. Solche Gewaltmethoden wirken sich nicht vorteilhaft aus. Manchmal verlieren sie dann ihre frühere Zutraulichkeit.

Viele Streifenhörnchen entwischen auf Nimmerwiedersehen. Die nördlichen Arten (Japanischer Burunduk) werden sich draußen halten können, zumal sie Winterschläfer sind; die Tiere aus wärmeren Zonen werden wohl eingehen. Verlangen Sie am besten ein Ursprungszeugnis. Es ist besser, wenn Sie ein Hörnchen nehmen, das kein Winterschläfer ist. Die Winterschläfer sind besser im Garten zu halten.

Mit großer Geduld und viel Einfühlungsvermögen werden die Hörnchen futterzahm, vielleicht irgendwann handzahm. Es sind keine Spieltiere für kleinere Kinder. Am besten lassen sich zwei Tiere halten, die weniger zahm werden, aber miteinander ganz fröhlich sind. Hörnchen bleiben geruchfrei.

Käfigmaße: 100 cm Länge – 50 cm Breite – 150 cm Höhe. Für jedes Tier ein Schlafkasten mit Schlupfloch von 3,5 cm Durchmesser. Wichtig ist ein verzweigter Kletterast. Nahrung: Nüsse, Mais, Samenkörner, Obst, gelegentlich Sonnenblumenkerne, auch frische Zweige (zum Benagen), Wasser oder verdünnte Milch.

● Das amerikanische Gegenstück ist das **Chipmunk** oder **Hackee** *(Tamias striatus),* auch als Erd- oder Backenhörnchen bekannt; eine Unterart im Westen Amerikas heißt Felsenhörnchen. Ich habe sie in Kanada und den USA oft zu Dutzenden beobachtet – zutraulich bis frech beim Betteln um Brot. Sie sind im Heimkäfig interessant, aber ebenfalls nichts für kleinere Kinder. Haltung wie Burunduk.

● Wenigstens erwähnen will ich das **Amerikanische Zwerggleithörnchen** oder **Assapan** *(Glaucomys volans).* 13 bis 15 cm, Schwanz 10 cm, aus den wärmeren Wäldern Nordamerikas stammend; meist braun mit großen Ohren, ein menschenfreundliches und geselliges Nachttier. Es läßt sich gut im großen hochgehängten Wandkäfig halten. Wenn es erst einmal mit viel Geduld eingewöhnt und erzogen ist, segelt es abends durch die Wohnung, wobei der buschige Schwanz als Höhen- und Seitensteuer wirkt. Falls es Sie mag, landet es treffsicher auf Ihrem Kopf oder der Schulter. Spaß macht's schon, aber es ist kein Anfängertier. Übliches Hörnchenfutter. Schlafkasten.

Buntes Leben unter Wasser:
Aquarienfische

Buntes Leben unter Wasser Aquarienfische

Aquarienbewohner für Süßwasserbecken

Fische sind ein besonderes Hobby Wer kann sie sich halten?

Das bunte Durcheinander im beleuchteten Becken macht Freude! Es gibt immer was anzuschauen: faszinierende Farben, außergewöhnliche Formen, Bewegungen, Verhaltensweisen. Aquarienfische sind Alleinunterhalter. Sie bringen das hauseigene »Vierte Programm« ins Zimmer, das immer Sendung hat.

Fische betrachten beruhigt! Wer viel Berufssorgen, Hetze und Umhergetriebensein verkraften muß, braucht etwas, das ihn ablenkt und zur Ruhe kommen läßt.

Fische stören nicht. Sie machen weniger Arbeit als manches andere Heimtier. Es ist ihnen gleichgültig, wer sie füttert und pflegt. Denn sie leben in ihrer eigenen Welt. Unsere Umwelt geht sie nichts an. Aber sie zeigen uns alles, was es bei Ihresgleichen zu sehen gibt – und das ist nicht wenig.

Darum sind Aquarienfische sowohl etwas für überbeschäftigte, nervöse Menschen, die einen Ruhepunkt brauchen, als auch für Grübler und stille Beobachter mit Forscherambitionen.

Vor einem Aquarium habe ich das in der Tierwelt geradezu einmalige Familienleben der Maulbrüter-Buntbarsche gefilmt. Ich erinnere mich kaum, daß ich in der freien Wildbahn der Tropen über lange Monate hinweg ähnlich Spannendes erlebt hätte, wie mit diesen nur fingerlangen Aquarienfischen.

Man hat die Aquarienbewohner lange Zeit »Zierfische« genannt. Natürlich ist ein gut angeordnetes und bepflanztes Gesellschaftsaquarium eine Zierde für jede Wohnung. Aber ich vermeide den Ausdruck »Zierfische«, er klingt fatal nach Urlaubsandenken oder Zimmerschmuck.

Er stammt noch aus der Zeit, in der es dem Aquarienbesitzer mehr um das Becken ging, das Glanzstück der Wohnung, als um die Fische, die darin lebten. Damals gab es in manchen Bürgerhäusern wahre Schreckenskammern: Verschnörkelte Gebilde mit Türmchen und Dächern, Messingverzierungen in abenteuerlichen Formen – mit Felsaufbauten, gewaltigen Muschelbänken und Meerjungfrauen.

Das ist gottlob vorbei. Heute zählt der »Inhalt« eines Aquariums; es geht uns um die Fische. Wir bemühen uns, den von uns ausgewählten Fischarten einen Ausschnitt aus der Natur zu schaffen, der ihnen ausreichenden Lebensraum bietet – für uns ein Stück geheimnisvoller Unterwasserwelt.

In richtig gestalteten Aquarien entfalten die Fische all ihre Schönheit und Eleganz. Sie zeigen ungehindert das ihnen angeborene Verhalten. Fische sind – über ihren Nutzen für die menschliche Ernährung hinaus – interessante Lebewesen, nicht zuletzt wegen ihrer Verschiedenartigkeit; vom Einzelgänger und lauernden Raubjäger bis zu den geselligen bunten Schwarmfischen. Wir können Beispiele von hochentwickeltem sozialen Verhalten und hingebender Brutpflege beobachten – aber auch blutige Kämpfe, Kannibalismus und Laichräuberei.

Manche sonst unscheinbaren Männchen färben sich zur Hochzeit leuchtend bunt. Bei anderen Arten tragen beide Geschlechter das ganze Jahr über plakathaft leuchtende Farben.

All das hat schon seit langer Zeit die Menschen interessiert. Die alten Chinesen züchteten aus dem Goldfisch die phantastischen Schleierschwänze heraus. Auch die Römer waren passionierte Aquarianer. Und der Aztekenkaiser Montezuma ließ in seinem Schloßgarten in Mexiko ausgedehnte Fischteiche anlegen. Als im 17. Jahrhundert die ersten bunten Fische aus exotischen Ländern nach Europa kamen, fanden sie in vornehmen Kreisen viele Liebhaber. Heute ist die

Buntes Leben unter Wasser
Aquarienfische

Aquaristik (Vivaristik) Steckenpferd vieler Menschen aus allen Berufsschichten.

Vom Leben der Fische
Körpergestalt und Sinnesorgane – Vermehrung – Feinde – Fähigkeiten

Die meisten Fische *(Pisces)* und praktisch alle Aquarienfische gehören zur Klasse der Knochenfische. Sie brauchen das Wasser als Lebenselement, da sie keine Lungen haben, sondern durch Kiemen atmen. Nur die wenigen Doppelatmer (Lungen- oder Lurchfische) besitzen eine lungenähnliche Luftblase, mit der sie Luft einatmen können.

Die Körpergestalt des Fisches

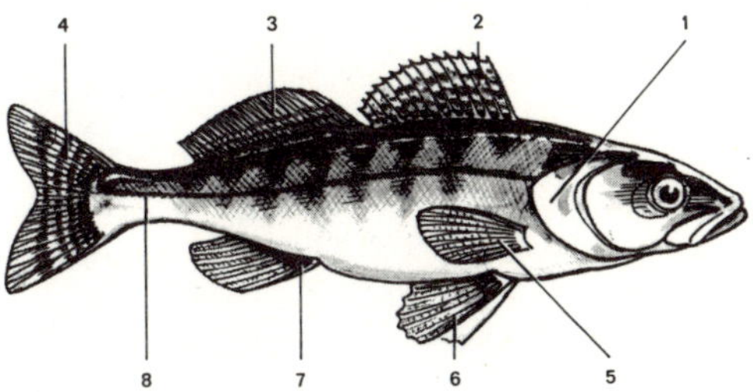

1 Kiemen. 2 Rückenflosse. 3 Zweite Rückenflosse. 4 Schwanzflosse. 5 Brustflosse. 6 Bauchflosse. 7 Afterflosse. 8 Seitenlinie.

Mit den Fischen beginnt der Stamm der Wirbeltiere, der über die Lurche, Kriechtiere und Vögel bis hinauf zu den Säugetieren und Menschen führt.

Die Oberhaut der Fische ist reichlich mit Schleimdrüsen besetzt. Die Rund- oder Kammschuppen der Knochenfische tragen Zuwachsringe, an denen sich das Alter ablesen läßt. Viele Aquarienfische werden nur 2 bis 3 Jahre alt. Dem Hecht schreibt man 50 bis 70 Jahre zu, dem Wels sogar 80 Jahre. Einem vor gut zwanzig Jahren in Kanada gefangenen Stör hat man mit Hilfe der Wachstumsringe an seinen Brustflossen das biblische Alter von 150 Jahren zugestanden.

Die unter der Oberhaut liegende Lederhaut enthält Farbstoffzellen, die das faszinierende Spiel der Buntfärbung, des Farbwechsels und der Veränderungen des Laichkleides bewirken.

Das Fischgehirn ist ziemlich einfach konstruiert. Dennoch bringen Fische Erstaunliches zustande. Daran wirkt nicht zuletzt das Koordinationszentrum ihres Nervensystems mit, das die verschiedenen Leistungen harmonisch zusammenfaßt. Hier ist die Ursache für das vorzügliche Gedächtnis zahlreicher Fische zu finden. Es läßt sie Absichten und Aktionen zweckmäßig aufeinander abstimmen und macht sie lernfähig.

Fische bewegen sich durch die seitlich schlängelnde Bewegung ihrer Schwanzflosse, selten des ganzen Körpers. Die übrigen Flossen unterstützen die Schwimmbewegung, indem sie stabilisieren und steuern helfen. Besonders wichtig ist der Strömungssinn, der dem Fisch Veränderungen der Wasserströmung ebenso anzeigt, wie das Auftauchen von Beutetieren und Hindernissen – selbst im Dunkeln. Der Strömungssinn ist gebunden an die Strömungsorgane, die in einem schleimgefüllten dünnen Schlauch in der Seitenlinie – rechts und links an der Flanke – liegen.

Fische hören mehr oder minder gut, obwohl sie keinen äußeren Gehörgang haben. Das Gehörorgan (Labyrinth) führt dem Fisch nicht nur Schallwellen zu, sondern informiert ihn auch über seine Lage im Raum. Unsere Aquarienfische sehen recht scharf, können Farben gut unterscheiden und besitzen auch einen stark entwickelten Geruchssinn.

Wir unterscheiden eierlegende und lebendgebärende Fische. Die Eier (Rogen), vom Weibchen abgelegt, schweben nach der Befruchtung durch den männlichen Samen (Milch) frei im Wasser, oder sie haften an Pflanzen, an Steinen, auf dem Boden. Manche Fischarten bauen regelrechte Nester und kümmern sich ausdauernd um ihre Brut.

Friedfische verzehren hauptsächlich Pflanzen und Plankton (einzellige Algen, winzige Krebschen und Nesseltierchen, sowie andere Kleinstlebewesen). Raubfische (wie Hecht und Barsch) verzehren Beutetiere, vor allem kleinere Fische.

Eine unübersehbare Schar von Feinden macht den Fischen in ihrem freien Lebensraum zu schaffen: Nesseltiere, Vögel, Säugetiere, Lurche und Kriechtiere, aber auch Insekten, Egel und kleine Parasiten. Schädliche Rückstände, Krankheitserreger und schlechtes Wasser können allen Fischen übel zusetzen. Selbst Pflanzen – so einige Wasserschlaucharten (Utricularia) – machen sich nicht nur über die als Fischfutter begehrten »Wasserflöhe« her, sondern verzehren auch frisch geschlüpfte Fischbrut.

Überlegungen vor dem Einkauf: Welche Fische? Welches Aquarium? Wie teuer?

Wir beschränken uns hier auf Süßwasserfische und können wählen:

- *Fische für Warmwasserbecken* – das sind schöne, bunte Fische aus fernen Ländern – Exoten.
- *Fische für Kaltwasserbecken* – neben den einheimischen Arten (Stichling, Bitterling, Elritze usw.) auch der exotische Goldfisch und manche nordamerikanische Barscharten.

Eine weitere Vorentscheidung, die für Größe und Ausstattung des Aquariums wichtig ist, hängt mit der Absicht zusammen, der unser Hobby gilt:

- Soll es mehr der allgemeinen Freude an Farbe, Schönheit, Bewegung dienen? Dann rate ich zu einem größeren »Schaubecken« als Landschaftsaquarium, das einen naturnahen Ausschnitt aus jener Wasserwelt darstellt, der unsere Fische entstammen. Hierfür eignen sich vor allem Schwarmfische – auch zusammen mit anderen Arten (Gesellschaftsaquarium). Wählen Sie die Fischarten dann so aus, daß alle Höhenschichten bis zum Boden besetzt sind.

Grundsatz: Nicht zu viele Arten. Aber: Je größer der Schwarm, desto schöner der Anblick.

- Wollen Sie in erster Linie das Verhalten der Fische beobachten, dann beschränken Sie sich auf eine bestimmte Art. Das kann ein Schwarmfisch sein oder ein Pärchen von »Einzelschwimmern«.

Das Aquarium
Wo soll es stehen? – Preise – Inhaltsberechnung

Die Zeit des Goldfischglases ist vorbei. Fische brauchen Raum zum Schwimmen. Das Wasser soll eine große Oberfläche haben, damit es sich genügend mit Sauerstoff anreichern kann.

Klären Sie zuerst, wo das Aquarium aufgestellt werden soll. Fische und Pflanzen sind lichthungrig. Aquarien in dunklen Ecken überziehen sich rasch mit lästigen Braunalgen. Wir können – und sollen – es künstlich beleuchten, ohne auf das Tageslicht zu verzichten.

- Die Größe des Beckens hängt von der Wahl des Besatzes ab: Größe der Fische (ausgewachsen) – Zahl der Fische – Lebensweise der Fische – Art und Zahl anderer Aquarienbewohner (Muscheln und Schnecken) – Art und Umfang der Bepflanzung.
- Das *Gestellaquarium* wird aus Einzelscheiben (Fenster-, Spiegel- oder Sekuritglas von durchschnittlich 2 bis 10 mm Stärke) mit Kitt wasserundurchlässig zusammengesetzt und ruht in einem Metallrahmen. Man kann es selbst zusammensetzen; Zoohandlungen und Versandhäuser liefern Material und Zubehör mit Bauanleitung.

Neuerdings werden auch fertige Bausätze angeboten. Manche Handlungen verkaufen das »Aquarium-Set« komplett mit Beleuchtung und Zubehör. Preis für Becken von etwa 60 bis 70 cm Länge zwischen 150,– und 250,– DM.

Hier einige Standardpreise (Preisstand Mitte 1976) für Gestellaquarien mit verzinktem Gestell, Hammerschlaglack und Deckscheibenhalterung:

78 l Inhalt:	70 x 30 x 40 cm	60– 70 DM
96 l Inhalt:	80 x 30 x 40 cm	85–100 DM
158 l Inhalt:	100 x 35 x 45 cm	130–150 DM

Beherzigen Sie den Grundsatz: Je mehr Fische, desto größer das Aquarium; je größer das Aquarium, desto besser für die Fische!

Zwei Berechnungsformeln erleichtern Ihnen den Aquarienkauf:

- Das Aquarium soll mindestens zehnmal so lang sein wie der größte Fisch in ausgewachsenem Zustand. Beispiel für den Spiegelkärpfling »Platy« (ausgewachsen 4 bis 5 cm): 5 x 10 = 50 cm Beckenlänge.
- Jeder Fisch braucht mindestens die seiner größten Länge entsprechende Literzahl Wasser. Beispiel Guppy (2,8 bis 5 cm): Bei 20 Fischen = 100 l Inhalt. Beckengröße also zum Beispiel: 80 x 30 x 40 cm = 96 l.
- Aus Sicherheitsgründen muß das Aquarium auf einer festen Unterlage stehen. Bedenken Sie, daß 1 l Wasser 1 kg wiegt, ein Durchschnittsaquarium also meist mehr als 100 kg. Es genügt ein stabiler Tisch, der nicht wackelt. Der Handel bietet tragfähige Aquarientische für 80,– bis 150,– DM an. Das Becken selbst sollte erschütterungsfrei auf einer dicken Lage Zeitung, einem Filztuch oder einer Styroporplatte stehen.

Durchlüftung und Filter – Beleuchtung und Heizung

Hier geht es um Frischluft, Licht und geregelte Temperatur für Fische und Pflanzen. Damit sind die erforderlichen Lebensbedingungen umrissen. Bedenken Sie:

Fische nehmen den Sauerstoff aus dem Wasser. Die Pflanzen geben Sauerstoff ins Wasser ab. Diesen Kreislauf müssen wir auf engem Raum unterstützen.

- Am besten regelt ein *Durchlüfter* den Sauerstoffhaushalt. Er wälzt das Wasser um und hilft, es sauberzuhalten. Da die Zimmerluft meist verbraucht oder verräuchert ist, empfiehlt es sich, den Ansaugstutzen ins Freie zu leiten.
- Auch ein *Filter* ist erforderlich. Das Wasser verunreinigt allmählich – hauptsächlich durch die Ausscheidungen der Fische und die Futterreste. Der so entstehende »Bodenmulm« muß öfter abgesaugt werden. Dazu kommt regelmäßig der teilweise Wasserwechsel.

Es werden Innen- und Außenfilter angeboten. Innenfilter kosten je nach Leistung (Beckengröße) zwischen 20,– und 100,– DM. Außenfilter sind teurer, aber wirksamer.

Arbeitsweise des Innenfilters:

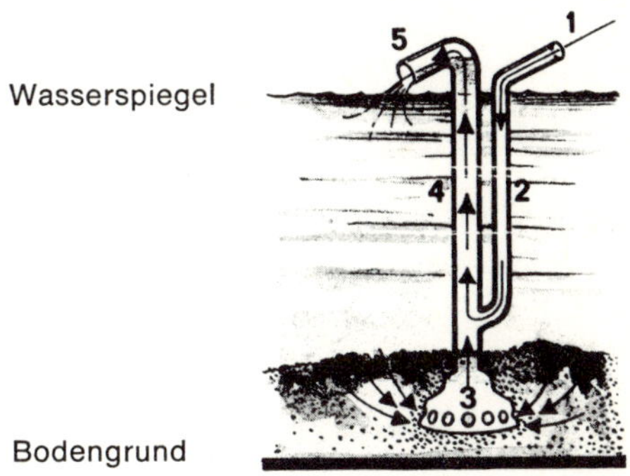

Die Luft strömt bei 1 in das Luftrohr 2 ein. Sie nimmt das im Bodensockel 3 gefilterte Wasser durch das Steigrohr 4 mit nach oben. Durch den Stutzen 5 läuft es ins Becken zurück.

- Über den Lichtbedarf haben wir bereits gesprochen. Sehen Sie eine Aquarienbeleuchtung vor, die von oben einstrahlt, damit das

Ein Schwarm Neonsalmler mit Kirschflecksalmler (oben) und Zwergfadenfisch.

Licht einfällt wie unter natürlichen Lebensbedingungen. Es gibt auch Unterwasserleuchten. Kosten und Stromverbrauch sind vergleichsweise gering. Faustformel: Literzahl des Beckeninhalts geteilt durch zwei = Wattstärke der Beleuchtung (bei 100 l also 50 Watt).

Sinnvoll ist eine sogenannte »Dämmerschaltung«, die je nach Tageslichteinfall die Stärke der Zusatzbeleuchtung automatisch regelt. Nachts wird die Beleuchtung abgeschaltet. Aquarienleuchten kosten zwischen 15,– und 50,– DM.

● Kälte und Wärme = Heizung. Einheimische Kaltwasserfische gedeihen bei 10 bis 18° C; exotische Kaltwasserfische brauchen etwa 15 bis 20° C Wassertemperatur. Warmwasserfische brauchen mindestens 22° C, höchstens 30° C – im Durchschnitt 25° C.

Für das Warmwasserbecken müssen Sie eine Heizung haben; denn Fische sind empfindlich für Temperaturschwankungen. Lassen Sie sich gut beraten! Nehmen Sie keine defekten Geräte! Basteln Sie nicht, es kann tödlich sein!

Das Prüfzeichen (in Deutschland VDE) garantiert Ihnen einwandfreien Betrieb. Nehmen Sie möglichst ein Gerät mit automatischem Regler, Kontrollampe und eingebautem Thermometer (ein Schwimmthermometer tut's freilich auch).

Faustformel zur Berechnung der Heizstärke: 1 Watt heizt 1 l Wasser 10° C über Zimmertemperatur. Wenn Sie mit der Berechnung nicht zurechtkommen, geben Sie dem Händler die Maße Ihres Aquariums an. Sie können Stab- oder Bodenheizer verwenden, die Preise liegen zwischen 5,– und 40,– DM.

So richten Sie das Becken ein:
Bodengrund – Pflanzen – Wasser

Als Bodengrund dient Sand, am besten eine Mischung aus grobem und feinem Flußkies (nicht der feine Meeressand), um die Wasserdurchströmung optimal zu ermöglichen. Waschen Sie den Sand gut in einem Eimer unter fließendem Wasser, damit nicht Schmutz und Schädlinge ins Aquarium gelangen.

Die Bodenschicht soll nicht eben sein, sondern in unterschiedlicher Höhe zwischen 3 bis 8 cm aufgeschüttet werden. Das sieht hübsch aus, und der Mulm treibt an der tiefsten Stelle zusammen – der »Schlammecke«, die außen an einer Schmalseite sein sollte. Der Mulm kann leichter entfernt werden. Es gibt auch einen »Schlammfänger« aus Plastik zu kaufen (Preis unter 3,–DM), den Sie im Bodengrund versenken können.

Einige größere Steine sehen schön aus, sie dürfen nicht scharfkantig und nicht kalkhaltig sein. Die Kalkprobe: Ein Tropfen Salzsäure erzeugt bei kalkhaltigen – also ungeeigneten – Steinen brausendes Aufschäumen. (Vorsicht: Salzsäure ätzt auch Finger!)

Die Pflanzen können Sie direkt in den Sand setzen; sie sind anspruchslos, und wenn Sie gelegentlich etwas Nährlösung ins Becken geben, werden sie bestimmt wachsen. Sie können auch Pflanzenkörbe oder Töpfe mit Nährboden verwenden, die Sie im Sand eingraben. Wenn Sie beim Versandhändler Wasserpflanzen im Torftopf kaufen, denken Sie daran, daß bei Frost oder Frostgefahr keine Pflanzen verschickt werden.

Das Einsetzen der Pflanzen: Rollen Sie die Wurzeln um den Finger oder das Pflanzholz und bohren Sie so das Wurzelloch. Wenn Sie die Pflanze nach dem Einsetzen ein wenig nach oben ziehen, entfalten sich die Wurzeln, ohne zu knicken.

Welche Pflanzen Sie wählen, kommt auf das Becken an. Es sollten jene sein, die der Fisch in seiner natürlichen Umgebung vorfindet. Die größten Pflanzen setzen Sie an die hintere Seite, die kleineren zur Mitte und an der Seite. Denken Sie daran, daß die Schwarmfische Platz zum Schwimmen brauchen, andere wiederum gern ein Versteck haben.

Oben: Gürtelbarben und Segelflosser.
Mitte: Kampffische und Prachtkärpfling.
Unten: Goldkarauschen und Schleierschwänze.

Buntes Leben unter Wasser Aquarienfische

Empfehlenswerte Unterpflanzen für Kaltwasserbecken:

- Pfennigkraut *(Lysimachia nummularia)*
- Kanadische Wasserpest *(Elodea canadensis)*
- Quellmoos *(Fontinalis antipyretica)*

Von links nach rechts: Pfennigkraut – Kanadische Wasserpest – Trugkölbchen – Indischer Wasserfreund.

Empfehlenswerte Unterpflanzen für Warmwasserbecken:

- Sumpffreund *(Limnophila)*
- Grasblättriges Trugkölbchen *(Heteranthera graminea)*
- Haarnixe *(Cabomba aquatica)*
- Indischer Wasserfreund *(Hygrophila polysperma)*
- Wasserähre *(Aponogeton distachys)*

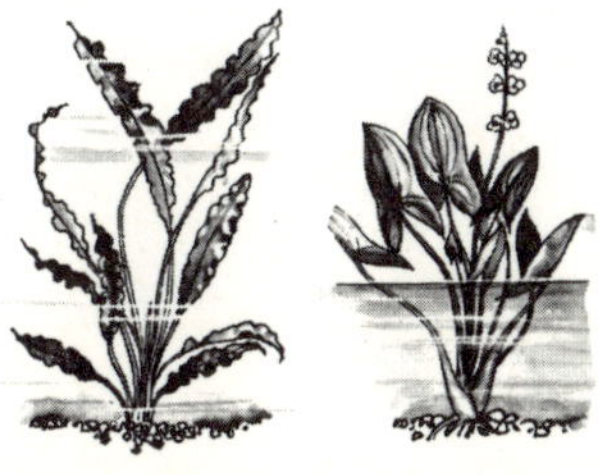

Links: Wasserähre *(Aponogeton)*.
Rechts: Pfeilkraut *(Sagittaria)*.

Empfehlenswerte Unterpflanzen für Warm- und Kaltwasserbecken:

- Pfeilkraut *(Sagittaria sagittifolia)*
- Ludwigia (verschiedene Arten)
- Tausendblatt *(Myriophyllum brasiliense)*

Empfehlenswerte Schwimmpflanzen für lebendgebärende Fische (die der Brut Zuflucht geben, außerdem Mikrotiere und -gewächse für die Fischnahrung enthalten):

- Wasserlebermoos *(Riccia fluitans)*
- Schwimmfarn *(Ceratopteris cornuta)*
- Hornkraut *(Ceratophyllum)*

Die Pflanzen kosten zwischen 0,50 und 3,– DM, im Einzelfall bis 5,– DM.

Zum Füllen des Beckens brauchen Sie möglichst weiches Wasser. Das Leitungswasser enthält Chlor. Quell- oder Brunnenwasser ist unterschiedlich weicher. Sie können mit Hilfe von Spezialtabletten den Härtegrad des Wassers messen.

Beim Eingießen ins Becken gehen Sie sehr vorsichtig zu Werk, damit der Bodengrund nicht aufwirbelt. Legen Sie ein Papier über den Bodengrund, halten Sie eine Hand dicht darüber und gießen Sie das Wasser langsam auf Ihre Hand. Nehmen Sie sich Zeit dazu und seien Sie recht behutsam dabei. Die Fische sollen in klarem Wasser leben, ohne den Mulm aufzuwirbeln und das Wasser einzutrüben.

Für den Aquarien-Alltag: Geräte – Zubehör – Reinigungshelfer: Schnecken

Über die bereits ausführlich besprochenen Zubehörteile – Heizer, Durchlüfter, Filter, Beleuchtung – hinaus gehören auch die folgenden, zum Teil schon erwähnten Hilfsmittel auf den Einkaufszettel:

1 Schwimm- oder Steckthermometer (falls Sie nicht ein eingebautes Thermometer benutzen)	1,50–4,50 DM
1 Scheibenreiniger (um die lästigen Algen abzukratzen)	1,50–8,00 DM

2 Fangglocken oder Fangnetze, möglichst rechteckig	1,20–3,00 DM
1 Mulmsauger (Saugheber oder Schlauch)	1,00–8,00 DM
1 Futterring mit perforiertem Einsatz für Wurmfutter (damit das Futter nicht das Becken verunreinigt)	0,60–1,00 DM
1 Futterautomat (anstelle des Futterringes)	45,00–100,00 DM

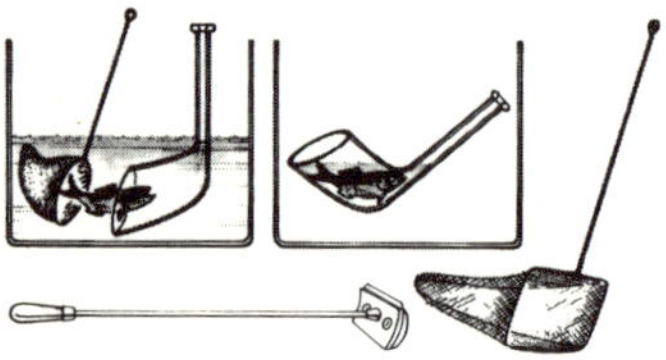

Geräte für den Aquarianer: Fangnetz – Fangglocke – Scheibenreiniger.

Die Reinhaltung Ihres Aquariums können Sie sich wesentlich erleichtern, wenn Sie ein paar Schnecken als lebende Putzhelfer halten, die sich gut mit den meisten Fischarten vertragen. Da ihr Verhalten sehr interessant ist, gewinnt Ihr Aquarium noch einen zusätzlichen Reiz. Die Schnecken helfen, die lästigen Algen zu verzehren und machen sich auch über die Futterreste her.

Die Anzahl richtet sich nach Größe des Beckens und Zahl der Fische. Sie sollte etwa zwischen 3 bis 5 liegen. Die hier abgebildeten Schnecken haben sich am besten bewährt.

Turmdeckelschnecke

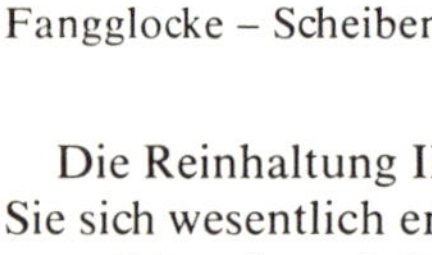

Ziegelrote Posthornschnecke

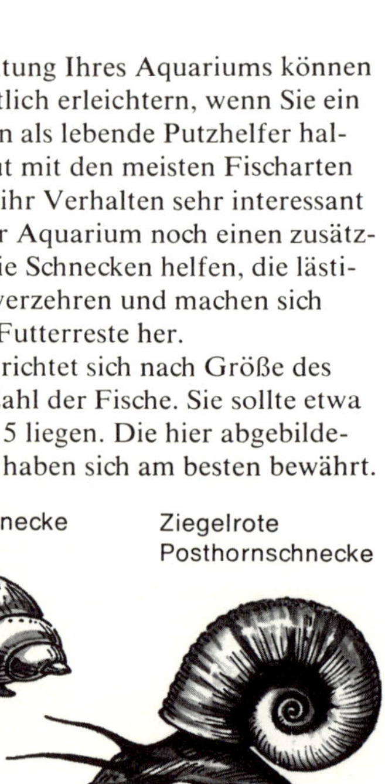

Es gibt auch Fische, die Algen fressen und eine noch wertvollere Hilfe darstellen als Schnecken (die vielleicht nicht jeder mag). Lassen Sie sich von Ihrem Zoohändler beraten, welche »Putzfische« für Ihr Aquarium geeignet sind.

Was Sie übers Fischfutter und Füttern wissen müssen – Lebendfutter und Trockenfutter – Wichtige Futtertiere

Das einzige Fischkrankenhaus der Welt gibt es in der japanischen Muscheltaucherstadt Toba. Die Japaner, voran ihr Kaiser, sind leidenschaftliche Fischliebhaber. Eine der häufigsten »Erkrankungen« der feuchten Patienten ist Übergewicht. Als Medizin geben die japanischen Fischdoktoren neben der FdH-Kur (»Friß die Hälfte!«) Abführmittel. Das hilft.

Damit sind wir beim Thema: Wie, wann und was füttern? Zuerst das Wie und Wann. Füttern Sie nicht zu oft und zu viel. Einmal am Tag genügt – morgens oder abends, höchstens zweimal, dann aber entsprechend weniger. Die Fische gewöhnen sich rasch an die Fütterungszeiten. Geben Sie das Futter in den Futterring und beobachten Sie, wieviel die Tiere mit Appetit fressen. Die Normalfreßdauer beträgt 3 bis 5 Minuten. Es dürfen keine Reste übrigbleiben!

Ein Zeichen für Überfütterung ist ständig getrübtes Wasser. Die Futterreste sinken zu Boden, werden zu Mulm, faulen und vergiften das Wasser. Also: Nicht zu viel füttern und überzähliges Futter, das auch die Schnecken nicht verzehren, sofort entfernen!

Sollten die Fische zu fett werden oder Freßunlust zeigen, lassen Sie eine Mahlzeit ausfallen. Ein Fastentag (wenn Sie auf Wochenendtour sind – oder regelmäßig in der Woche) schadet nichts – im Gegenteil. (Das gilt nur für ausgewachsene Fische, nicht für Jungfische.)

Und was füttern wir? Alle Fische sind mehr oder minder Lebendfutterfresser. Aber man muß aus praktischen Erwägungen auch Trockenfutter geben – abwechselnd mit Lebendfutter. Die Zoohändler verkaufen verschiedene Sorten und Sortimente Trockenfutter.

Wichtige Futtertiere:

- Wasserflöhe *(Daphnien)*: 4 bis 6 mm große Krebschen des Planktons, rötlich bis gelb; ein besonders hochwertiges Fischfutter.
- Hüpferlinge *(Cyclops und Diaptomus)*: Vor allem die Larven sind ein gutes Fischfutter. Im Aquarium sitzen sie an Pflanzen und Scheiben.
- Bachflohkrebse *(Gammarus pulex)*: Bis 15 mm, grau bis bräunlich-grün. Im Sommer häufig in Pfützen zu finden, mit faulendem Fischfleisch zu ködern.
- Mückenlarven: Die Larve der Stechmükke *(Culex pipiens,* sogenannte Schwarze Mückenlarve) hängt unter der Wasseroberfläche; die Rote Mückenlarve der Zuckmücke *(Chironomus plumosus)* ist vor allem in Schlamm, stehenden Gewässern und Abwässern zu finden, sie baut Schlammröhren; die Larve der Büchelmücke ist die Weiße Mükkenlarve *(Carburus crystallinus).*
- Borstenwürmer *(Enchyträen)*: 20 bis 30 mm lange weiße Würmer, häufig in Blumenerde, lassen sich leicht züchten.
- Bach- oder Schlammröhrenwurm *(Tubifex)*: 20 bis 40 mm lang, lebt kolonienweise in stehenden Gewässern oder Faulschlamm.

Füttern Sie stets abwechslungsreich! Es bringt auch die Fische in Schwung, wenn einige Wasserflöhe durchs Aquarium sausen.

Vorsicht Schädlinge!
Fische in Gefahr: Anzeichen – Krankheiten – Behandlung

Falls Sie selbst Futtertiere fangen, besteht die Gefahr, Schädlinge und Krankheitserreger ins Aquarium einzuschleppen. Ein gewisser Schutz besteht darin, daß Sie nur in fischfreien Gewässern – Pfützen etwa – auf Fang gehen.

Krankheiten sind im Aquarium nicht sehr häufig, gute Pflege vorausgesetzt. Aber sie können doch vorkommen. Achten Sie bereits beim Kauf auf Krankheitszeichen. Beginnende Erkrankungen sind bei Fischen schwer zu erkennen. Aber es gibt einige typische Anzeichen dafür, daß mit einem Fisch etwas nicht stimmt:

- Der Fisch steht apathisch, wie abwesend, nahe der Seitenscheibe – er beachtet weder andere Fische, noch Ihr Klopfen an die Scheibe. Die Atmung ist erhöht, die Kiemendeckel sind gespreizt.
- Der Fisch ist abgemagert.
- Trübe Augen oder »Glotzaugen« (Luft hinter den Augäpfeln).
- Zerfressene Flossen (Flossenfäule oder »weiße Flecken« an Schuppen und Flossen.
- Taumelnde Schwimmbewegungen (Gleichgewichtsstörung).

Selbstverständlich kaufen Sie solche Fische nicht. Und wenn Sie bei Ihren Fischen eines dieser Anzeichen bemerken, sondern Sie den kranken Fisch auf jeden Fall erst einmal ab in ein kleines Nebenbecken, vielleicht das ausgediente Plastikaquarium. Ziehen Sie einen Fachmann zu Rate. Es gibt zahlreiche wirksame Medikamente gegen Pilzbefall, Flossenfäule und andere Fischkrankheiten.

Überprüfen Sie Becken und Bestand:

- Haben Sie Schädlinge eingeschleppt?
- Sind zu viele Fische und Pflanzen im Aquarium?
- Ist das Wasser schlecht – zu hart, faulig, lange nicht gewechselt?
- Ist der Raum, in dem das Aquarium steht, zu stark verräuchert oder durch giftige Sprühmittel verunreinigt?

Die Ursachen, die zur Erkrankung der Fische geführt haben, müssen Sie sofort abstellen.

Fische für Warmwasseraquarien

„Millionenfisch“ Guppy

Lebistes reticulatus

Familie: Lebendgebärende Zahnkarpfen *(Cyprinodontidae)*
Heimat: Nördl. Südamerika: Barbados, Trinidad, Venezuela, Guayana, Nordbrasilien
Größe: ♀ bis 6 cm; ♂ um 3,5 cm
Wassertemperatur: 22–25° C
Anschaffungspreis: 1–4 DM
Normalkosten im Monat: 2,50–4,50 DM

In vielfältiger Form und Farbe zeigt sich der reizvolle Guppy.

Es ist ein prachtvoller Exote: 1908 nach Europa eingeführt. Bei Aquarianern ist er sehr beliebt, weil er einfach zu halten ist und viele Zuchtformen zeigt, wie Rundschwanz, Fahnenschwanz, Fächerschwanz, Obenschwert, Untenschwert, Doppelschwert. Das sind interessante Studienobjekte für Wissenschaftler und Laienforscher. Besonders buntschillernd tritt das regenbogenfarbene Männchen auf.

Nur die Standardform ist problemlos; selbst dem Anfänger macht die Jungenaufzucht keine Mühe. Es sind Allesfresser: Lebendfutter, Trokkenfutter, auch Pflanzenteile wichtig. Sie verzehren Algen.

Das Männchen ist leicht vom Weibchen zu unterscheiden, weil sich die Afterflosse frühzeitig zum Begattungsorgan *(Gonopodium)* umbildet. Das »volle« (befruchtete) Weibchen trägt vor der Afteröffnung den sogenannten »Trächtigkeitsfleck«.

Guppys sind besonders nachkommenfreudige Schwarmfische. Tragezeit 22 bis 25 Tage. Nach 7 bis 9 Tagen neue Schwangerschaft. Eine Befruchtung reicht für 2 bis 3 Bruten. Verschiedene Zuchtformen (z. B. auch **Goldguppy, Prachtguppy, Schleierschwanzguppy)** sind auf dem Markt und bieten ein weites Feld für eigene kleine Experimentierzuchten. Die Gesellschaft mit den übrigen Lebendgebärenden Zahnkarpfen ist problemlos.

„Spiegelkärpfling“ Platy

Xiphophorus maculatus

Familie: Lebendgebärende Zahnkarpfen *(Cyprinodontidae)*
Heimat: Mündungs- und Dschungelgebiete im südlichen Mexiko bis Guatemala
Größe: ♀ bis 6 cm; ♂ um 4 cm
Wassertemperatur: 22–25° C
Anschaffungspreis: 1,50–4,50 DM
Normalkosten im Monat: 3–5 DM

Aus dem »wilden« Platy Mittelamerikas wurden bunte Aquarienfische gezüchtet.

Dieser »Rote Platy« ist fast ebenso beliebt (und verbreitet) wie der »Aquarien-Spitzenreiter« Guppy – auch ähnlich anspruchslos. Gestalt: kurz, gedrungen, große Schwanzflosse. Die

Stammform sieht mehr bräunlich aus – die Zuchtform leuchtend rot mit gelblichen, grünlichen und dunklen Flecken.

Der Platy ist ein Allesfresser, der auch von Algen und feinblättrigen Pflanzen abnagt, was er zum Wohlbefinden braucht. Lebensbedingungen wie beim Guppy und den anderen Lebendgebärenden Zahnkarpfen, so daß man mit einigen dieser Arten ein schönes Gesellschaftsaquarium einrichten kann.

Es haben sich wenigstens zehn Rassen und Dutzende von Zuchtformen in allen möglichen Farben bei gleicher Grundform herausgebildet. Dazu gehören:

- der **Schwarze Platy,** grünlich oder gelblich schimmernd, trägt einen breiten Seitengürtel aus dichtgesetzten dunklen Flecken;
- der **Blaue Platy,** Kopf grünlich, Körper hellblau, Bauch weißlich, am Schwanz zwei breite dunkle Querstreifen;
- **Papageienplaty** – orange bis gelblich gefärbt;
- **Goldplaty** – leuchtend bernsteingelb;
- **Wagtail-Platy** – eine schwarzflossige Zuchtform mit gelbem oder rotem Körper.

Breitflossenkärpfling

Poecilia latipinna

Familie: Lebendgebärende Zahnkarpfen *(Cyprinodontidae)*
Heimat: Süß- und Brackwasser der Küstenregionen vom südöstlichen Nordamerika bis Venezuela
Größe: ♀ bis 8 cm; ♂ bis 6 cm
Wassertemperatur: 22–25° C
Anschaffungspreis: 1,50–3 DM
Normalkosten im Monat: 3–5 DM

Ältere Aquarianer kennen die Arten der Gattung *Poecilia* besser unter ihrem früheren Gattungsnamen *Mollienisia*. Der Breitflossenkärpfling trägt segelartig vergrößerte Rückenflossen (vor allem das Männchen). Einzelne Spielarten sind mehr glänzend oliv bis graugrün bei verwaschener dunkler Befleckung. Die Männchen tragen an der Seite 5 längliche dunkle Streifen mit dazwischenliegenden glänzenden Punktreihen.

Black Molly (oben) und Leierschwanzmolly.

Besonders beliebt bei den Aquarianern ist der **Black Molly** – eine pechschwarze Zuchtrasse des Breitflossenkärpflings. Es können auch andersfarbige Nachkommen auftreten. Black Molly ist empfindlicher als die Stammform, insbesondere auch gegen Temperaturschwankungen.

Breitflossenkärpflinge sind friedliche Allesfresser, die auf Pflanzennahrung nicht verzichten können. Es gibt heute Flockenfutter im Handel, das stark pflanzenhaltig ist (mit hohen vegetabilischen Anteilen). Kenner empfehlen möglichst große Becken und einen Zusatz von 5–10 Prozent Seewasser.

Buntes Leben unter Wasser
Aquarienfische

Schwertträger ▼▲▼ ◉ ☼ ⌂ ▦

Xiphophorus helleri

Familie: Lebendgebärende Zahnkarpfen
(Cyprinodontidae)
Heimat: südliches Mexiko
Größe: ♀ bis 12 cm; ♂ bis 8 cm (ohne Schwert)
Wassertemperatur: 22–25° C
Anschaffungspreis: 1,50–3 DM
Normalkosten im Monat: 3–5 DM

Schwertträger (oben ein ♀). Becken dicht bepflanzen als Schutz vor Kannibalismus.

Seit 1909 sind diese prachtvollen Lebendgebärer in europäischen Aquarien sehr beliebt. Denn sie sind besonders elegant gebaut und schön gezeichnet: auf grünlichem Goldgelb zieht sich ein rotgoldener Seitenstreifen über die untere Körperhälfte. Das Schwert des Männchens schimmert grüngelb bis rötlich bei schwarzer Umrandung.

Es können auch andere Farbkombinationen auftreten – ebenso verschiedene Spielarten: etwa der **Simpson-Xiphophorus** (mit schleierförmiger Rückenflosse), der **Schwarzflossige Schwertträger** (Wagtail-Xiphophorus), die sogenannte »Berliner Kreuzung« und der vor wenigen Jahren als große Sensation herausgezüchtete **Doppelschwertträger** (Leierschwanz-Xiphophorus). Alle diese stattlichen bunten Fische sind friedliebend und gesellig – Allesfresser, problemlos.

Immer wieder ist von der geheimnisvollen »Geschlechtsumwandlung« bei Schwertträgern die Rede, die aufmerksame Aquarianer beobachtet haben wollen. Mittlerweile ist das Rätsel gelöst: Es handelt sich um die verspätete Ausbildung des Schwertfortsatzes. Also werden nicht, wie man annahm, aus Weibchen Männchen, sondern einzelne Männchen erhalten im Ausnahmefall erst sehr spät ihr Geschlechtsmerkmal. Auch ohne dieses biologische Wunder ist der Schwertträger im Verhalten ein sehr interessanter Aquarienfisch. Bedingungen wie andere Lebendgebärende Zahnkarpfen.

Paradiesfisch oder Großflosser ▼▲▼ ◉ ☼ ⌂ ▦

Macropodus opercularis

Familie: Labyrinthfische *(Anabantidae)*
Heimat: Hinterindien, Südchina bis Formosa
Größe: ♂ bis 12 cm; ♀ bis 10 cm
Wassertemperatur: 23–25° C
Anschaffungspreis: 2–4 DM
Normalkosten im Monat: 3,50–6 DM

Die Schwanzflosse zu einem bezipfelten Fächer verlängert: Ein Paradiesfisch (♂).

Dieser metallisch schimmernde, prachtvoll bunt gefärbte und grünlich-blau gestreifte Fisch ist ungewöhnlich schön. Die Flossen des Männchens sind besonders lang ausgezogen. Er vertritt mit anderen Arten die interessanten Labyrinth- oder Kletterfische. Sie besitzen neben den Kiemen zusätzliche Atmungsorgane, so daß sie auch direkt aus der Luft Sauerstoff aufnehmen können. Darum springen sie gern über den Wasserspiegel hinaus. Also müssen wir das Becken mit einer Glasscheibe gut abdecken und darunter eine Luftschicht von wenigstens 5 cm Höhe freilassen.

Reichlich Mulm kommt dem Paradiesfisch gelegen. Wir bepflanzen recht dicht, auch mit Schwimmpflanzen (jedoch höchstens ein Drittel der Oberfläche): Schwimmender Wasserfarn, Entengrütze, dazu Unterwasserfarn *(Ceratopteris)*, Wasserkelch *(Cryptocoryna)*, Indischer Wasserfreund *(Hygrophila polysperma)*.

Es ist am schönsten, in ein größeres Becken (Mindestlänge 70 cm) 2 Paare einzusetzen. Im Gesellschaftsaquarium sind die Männchen gelegentlich etwas unverträglich. Die Labyrinther bauen unter den Schwimmpflanzen aus Speichel und Luft schwebende Schwimmnester. Das Männchen bewacht die Brut und beißt auch das Weibchen weg, das sonst den Laich räubern würde.

Es sind Lebendfutterfresser (z. B. Insektenlarven, Regenwürmer), dazu Algen und Trokkenfutter.

Mosaikfadenfisch (Perlgurami)

Trichogaster leeri

Farbfoto → Seite 79.

Familie: Labyrinthfische *(Anabantidae)*
Heimat: Thailand, malaiische Inselwelt, Sumatra und Borneo
Größe: 10 bis 12 cm
Wassertemperatur: 23–27° C
Anschaffungspreis: 1,40–3 DM
Normalkosten im Monat: 3,50–5 DM

Er gehört zu den schönsten Labyrinthfischen und ist im Aquarium sehr gut zu halten. Seine Farbe: ein blauschimmerndes Violett mit milchig hellgrünen Tupfen. Etwa auf der Seitenlinie verläuft bis durchs Auge eine unregelmäßige schwarze Fleckenlinie; vor der Schwanzflosse sitzt ein ausgefranster dunkler Fleck.

Das Männchen ist zur Laichzeit besonders prachtvoll gefärbt: Kehle, Bauch und vordere Afterflosse rötlich glänzend. Ein gutes Kennzeichen aller Fadenfische sind die langen Tastenfäden (Schmeckfäden), in die sich die Bauchflosse umgewandelt hat. Mosaikfadenfische sind gesellige Wesen. Auch bei ihnen versorgt das Männchen die Brut.

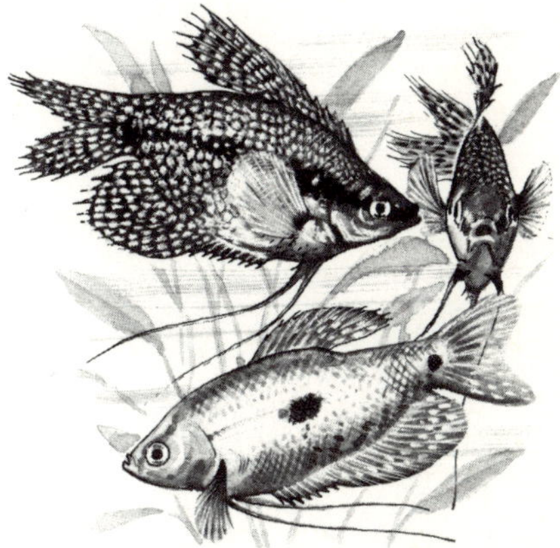

Mosaikfadenfisch oder Mosaik-Gurami (oben) und Blauer Fadenfisch (unten).

Alle Fadenfische sind etwas scheu und ängstlich; also behandelt man sie ruhig und gemessen. Weitere Angehörige der Familie: **Blauer Fadenfisch** *(Trichogaster trichopterus sumatranus)* aus Sumatra: entweder silbrig-hellgrau oder metallisch violett, auf den Flanken dunkle Flecken, Größe bis 13 cm. **Zwergfadenfisch** *(Colisa lalia)* Größe bis 5 cm, aus Vorderindien. Männchen rötlich mit grünblauem Schimmer. **Knurrender Gurami** *(Trichopsis vittatus)*, der hörbar knurrt, und **Küssender Gurami** *(Helostoma ternitzi)*, dessen Kampfspiele uns wie Küsse vorkommen.

Lebendfutter (Wasserflöhe, Enchyträen, Mückenlarven, für größere Arten auch Regenwürmer) und Trockenfutter. Möglichst dichte Bepflanzung und einige Schwimmpflanzen. Das Männchen braucht Pflanzenteile zum Nestbau (interessant zu beobachten!).

Kampffisch

Betta splendens

Farbfoto → Seite 80.

Familie: Labyrinthfische *(Anabantidae)*
Heimat: Thailand, Indochina, malaiische Inselwelt
Größe: bis ca. 6 cm
Wassertemperatur: 25–28° C
Anschaffungspreis: ♀ 1–2 DM; ♂ 3–4 DM
Normalkosten im Monat: 3–6 DM

Das Kampffisch-Männchen baut aus Luftblasen ein Schaumnest für die Eier.

Gegen Ende des vergangenen Jahrhunderts kam aus dem tropischen Südostasien ein kurioses Fischlein nach Paris. Die Kiemendeckel wie ein Kampfschild ausgebreitet, stürmen die feurig leuchtenden Männchen gegeneinander, um sich in leidenschaftliche Kämpfe zu stürzen. Bei den Malaien finden diese Kampffischturniere noch heute als volksfestartiges Wettvergnügen statt. Es kommt zwar zu Flossenschäden, die jedoch rasch heilen; tödlicher Ausgang ist selten, es sei denn, wir würden mehrere Männchen auf engstem Raum halten, was Tierquälerei wäre. Also setzen wir nur ein Männchen ins Becken oder trennen sie durch eine Scheibe ab.

Eine Zuchtform mit wallendem Flossenbehang ist der **Schleierkampffisch:** in mehreren Spielarten leuchtend blau, smaragdgrün, sattrot, gelblich, weiß (Albino), sogar schwarz und goldgelb mit Blauschimmer (Orchideen-Betta).

Diese Labyrinther brauchen besonders große Becken (mindestens 80 cm), Lebendfutter: Insekten- und Mückenlarven, kleinere Regenwürmer, auch mal feines Trockenfutter.

Achten Sie darauf, daß Ihnen der Händler garantiert junge Fische verkauft, damit Sie länger etwas von ihnen haben. Denn bei ihrem großen Temperament und wildbewegten Leben werden die Kampffische nicht alt – höchstens zwei Jahre.

Zebrabärbling

Brachydanio rerio

Unterordnung: Karpfenähnliche *(Cyprinoïdea)*
Heimat: östliches Indien
Größe: bis 5 cm
Wassertemperatur: um 23° C, aber nicht kälteempfindlich (langsame Abkühlung bis 12° C möglich), auch in kühleren Räumen zu halten
Anschaffungspreis: 1–2 DM
Normalkosten im Monat: 2–4 DM

Zebrabärbling (oben) mit Malabarbärbling – zwei interessante Raubfische.

Alle Bärblinge sind recht anspruchslos, fröhlich und friedlich; es sind prächtige Schwarmfische und bei Aquarianern besonders beliebt. Kaum eine andere Art zieht so unermüdlich ihre Kreise durchs Becken. Hält man sie etwas wärmer (um 25° C), dann laichen sie geradezu pausenlos. Da ist Betrieb im Aquarium. Aber als Laichräuber macht der Zebrabärbling auch dem eigenen Nachwuchs viel zu schaffen Die Männchen sind meist etwas stärker, haben größere Flossen und lebhaftere Färbung: indigoblau mit goldglänzenden Längsbinden.

Die Bepflanzung kann spärlich sein. Bärblinge sind genügsame Allesfresser, die auch Pflanzenteile, Algen und Trockenfutter nicht verschmähen.

Wir können dazu einsetzen: **Schillerbärbling** *(Brachydanio albolineatus)* aus Sumatra, Größe bis 6 cm, violett-bläulich mit hellem Bauch. **Tüpfelbärbling** *(Brachydanio nigrofasciatus)* aus Burma bis Hinterindien, Größe bis 4 cm, olivgrün mit hellglänzendem Längsstreifen sowie dunklen Längslinien. **Malabarbärbling** *(Danio malabaricus)* von Ceylon bis Vorderindien, Größe bis 12 cm: silbrig mit zwei blauen Längsbinden, dazu zwei goldgelbe Längsstreifen, Bauch und Afterflosse rötlich. Malabarbärblinge sind besonders schön und lebhaft, wenig scheu und lernen bald, Futter aus der Hand zu nehmen. **Kardinalfisch** *(Tanichthys albonubes)*, ein chinesischer Gebirgsbachbewohner, der auch niedrige Temperaturen bis 15° C verträgt.

Prachtbarbe

Puntius conchonius

Unterordnung: Karpfenähnliche *(Cyprinoïdea)*
Heimat: Indien bis Assam
Größe: um 8 cm
Wassertemperatur: 22–28° C, nicht abkühlungsempfindlich
Anschaffungspreis: 1,50–2,50 DM
Normalkosten im Monat: 2,50–5 DM

Prachtbarbe (links) und goldgetüpfelte Purpurkopfbarbe.

Seit gut 70 Jahren in Europa ein beliebter Aquarienbewohner: lebhaft, widerstandsfähig, anspruchslos und schön – silbrig-grün mit einem schwarzen Kreisfleck vor der Schwanzflosse, die Männchen silbrig-rot leuchtend.

Der Allesfresser ist problemlos. Das Aquarium sollte dicht bepflanzt sein mit Ludwigia, Unterwasserfarn, Wasserkelch, auch Schwimmpflanzen.

Ins Prachtbarbenbecken passen recht gut einige andere Arten aus der näheren Verwandtschaft:

- **Purpurkopfbarbe** *(Puntius nigrofasciatus)* aus Ceylon, Größe bis 6 cm, perlmuttartig leuchtend, Bauch-, After- und Rückenflosse schwarz. Auch sie wirkt im Schwarm am schönsten.
- **Brokatbarbe** *(Puntius schuberti)*, Größe ♀ bis 7 cm, ♂ bis 5 cm, orangegelb bis rot mit bläulicher Längszeichnung auf der Seitenlinie, an der Schwanzflosse dunkler Mondfleck.
- **Keilfleckbarbe** *(Rasbora heteromorpha)* aus der malaiischen Inselwelt und Sumatra, Größe bis 5 cm, silbergrau mit rötlicher Tönung.
- **Gürtelbarben:** Hiervon treten mehrere Arten auf, vor allem die **Teilgürtelbarbe** *(Puntius partipentazona)* und die **Fünfgürtelbarbe** *(Puntius pentazona)*, die zwar besonders schön, aber in der Haltung oft etwas heikler ist als die Prachtbarbe (Farbfoto → Seite 80).
- Reizvoll macht sich in einem Barbenaquarium auch die hübsche **Geli-Zwergbarbe** *(Puntius gelius)*, Größe bis etwa 3 cm. Während alle anderen Barbenarten frei ablaichen, kleben diese Zwerge die Eier an die Blattunterseite der Pflanzen (sie bevorzugen dafür Ludwigia). Nach 24 bis 36 Stunden schon hängen die Jungen wie winzige Stäbchen an den Pflanzen und der Glasscheibe.

Roter von Rio (Roter Tetra)

Hyphessobrycon flammeus)

▼▲▼ 👁 ☼ ⌂ #

Familie: Salmler *(Characidae)*
Heimat: Flußgebiete um Rio de Janeiro (Brasilien)
Größe: bis 4 cm
Wassertemperatur: 22–25° C
Anschaffungspreis: 1–2,50 DM
Normalkosten im Monat: 3–6 DM

Die Roten Tetra (oben) und die geisterhaft schimmernden Glühlichtsalmler.

Dieser Winzling ist fast überall in den Aquarien zu sehen: vorn silbrig-grün mit zwei schwarzen Querbändern, hinten leuchtend rot, das Männchen mit rotem Afterflossensaum. Es entzückt jedermann, wenn der Schwarm wie auf geheimes Kommando umherhuscht. Wenn der Boden des Aquariums dunkel gehalten ist, leuchten sie besonders schön. Möglichst hohe Becken lassen Exemplare mit gut geschwungener Körperform heranwachsen.

Nahrung: Lebendfutter, etwas Trockenfutter, auch feinblättrige Pflanzen. Diese Salmler sind Gesellschaftsfische, die man mühelos mit manchen anderen Arten, insbesondere ihren näheren Verwandten halten kann. Dazu gehören:

- **Glühlichtsalmler** *(Hemigrammus erythrozonis)* aus dem nordöstlichen Südamerika, Größe bis 5 cm, bräunlich mit rotleuchtendem Streifen über der Seitenlinie.
- **Trauermantelsalmler** *(Gymnocorymbus ternetzi)* aus Paraguay und dem La-Plata-Gebiet, Größe bis 7 cm, tiefbäuchig, grünlich-silbern.
- **Laternensalmler** *(Hemigrammus ocellifer)* aus dem Amazonasgebiet und Guyana: gold bis silbrig, dunkler Seitenstreifen, an der Schwanzwurzel dunkler Zackenfleck mit darübersitzendem rotem Fleck. Weibchen werden bis 5 cm, Männchen bis 4 cm groß.

Neonsalmler ▼▲▼ 👁 ☼ ⌂

Hyphessobrycon innesi

Farbfoto → Seite 79.

Familie: Salmler *(Characidae)*
Heimat: Oberlauf des Amazonas (Peru, Kolumbien, Brasilien)
Größe: bis 4 cm
Wassertemperatur: 21–23° C
Anschaffungspreis: 1–2,50 DM
Normalkosten im Monat: 3–6 DM

Ein Schwarm Neonsalmler: Diese leuchtenden Kobolde bezaubern jeden Aquarianer.

Zwar macht der erst seit 40 Jahren bei uns bekannte Neonfisch bei der Aufzucht (weniger bei der Normalhaltung) Schwierigkeiten; aber er ist so schön, daß ich ihn doch empfehlen möchte. In einem ständig auf Dämmerlicht gehaltenen Becken geistern diese Schwarmfische wie Feenwesen umher: heller Bauch, olivgrüner Rücken, auf der Seitenlinie smaragdgrünes Längsband, darunter in der hinteren Körperhälfte rotes Band, Flossen bis auf den Saum durchsichtig. Es sind tatsächlich schwimmende Neonröhren.

Dunkle Steine am Boden erhöhen den Kontrast, dazu moderne Blätter, Algen und feingliedrige Pflanzen (als Nahrung und Versteck). Sie nehmen nicht zu großes Lebendfutter und

Trockenfutterzusatz. Man kann sie praktisch mit jeder anderen Art zusammen halten. Am besten vertragen sie sich mit ihren Verwandten. Dazu zählen:

Roter Neon *(Cheirodon axelrodi)*, gleich groß, ähnlich gefärbt, aber teurer.

- **Schmucksalmler** *(Hyphessobrycon ornatus)* aus Guyana und dem unteren Amazonasgebiet, Größe bis 4 cm, gelblich-oliv, die Rückenflosse des Männchens weit ausgezogen.
- **Spritzsalmler** *(Copeina arnoldi)* aus dem Amazonas, Männchen um 8 cm, Weibchen bis 6 cm; gelbbraun, großschuppig (bei den Männchen mit roten Tupfen), schlank. Es sind gute Springer, die spielend aus dem Aquarium kommen, daher gut abdecken! Der seltsame Name stammt von ihrer Eigenheit: sie bespritzen das nicht vom Wasser berührte Gelege durch Schläge mit der Schwanzflosse, damit es nicht austrocknet.

Zwergbuntbarsch

Apistogramma agassizi

Familie: Buntbarsche *(Cichlidae)*
Heimat: Amazonasgebiet
Größe: ♂ bis 8 cm; ♀ bis 6 cm
Wassertemperatur: 23–27° C
Anschaffungspreis: 2–6 DM
Normalkosten im Monat: 3–5 DM

Der Glänzende Zwergbuntbarsch – eine friedliche Cichlide mit interessanter Brutpflege.

Buntbarsche, die eine weitverzweigte Familie bilden, sind sowohl in Mittel- und Südamerika, als auch in Afrika heimisch. Das besondere ist ihre überaus interessante Brutpflege, wobei sie ihre Eier meist an Steinen, in Steinhöhlen oder in selbstgegrabenen Laichmulden ablegen.

Die Zwergbuntbarsche gehören zu den Lieblingen des (bereits etwas fortgeschrittenen) Aquarianers: gelblich mit grünlichem Einschlag, das Weibchen eher zitronengelb, auf den Kiemendeckeln bläuliche geschwungene Streifen, rötlicher Einschlag, Auge mit rotem Ring. Die Rückenflosse des Männchens ist länger ausgezogen.

Die Bepflanzung des großen Beckens sollte nicht zu dicht erfolgen. Wir bauen einige Verstecke ein: flache Steine, Höhlen (z. B. liegend halb eingegrabene Blumentöpfe mit zackenfrei ausgeschlagenem Boden), Äste, Wurzeln etc. Dann können wir sie getrost mit anderen Arten (selbst aus fremden Familien, wie Salmler) zusammensetzen. Sie verzehren alles mögliche Lebendfutter, auch Wasserinsekten.

Andere Zwergcichliden:

- **Schmetterlingsbuntbarsch** *(Apistogramma ramirezi)* aus Venezuela, ♂ bis 6 cm, ♀ bis 5 cm, besonders schön: blaß purpurrot mit grünen Tupfen. Der Vorderteil der Rückenflosse ist stark hochgezogen. Laichen in Grube, bis 200 Junge. Alter höchstens 2 Jahre.
- **Gelber Zwergbuntbarsch** *(Apistogramma reitzigi)* aus Paraguay, Größe bis 5 cm, Rücken grünlich, Seiten gelblich, auf Kiemendeckeln grüne Flecken. Die Männchen zeigen auffälliges Imponiergehabe. Die wenigen (40 bis 50) Eier sind hellrot oval. Besonders starker Brutinstinkt.

Tüpfelbuntbarsch

Aequidens curviceps

Familie: Buntbarsche *(Cichlidae)*
Heimat: Amazonasgebiet
Größe: bis 8 cm
Wassertemperatur: 22–25° C
Anschaffungspreis: 2–6 DM
Normalkosten im Monat: 3–6 DM

Er ist am Rücken bräunlich gefärbt, nach den Flanken zu heller; die großen, dunkel umrandeten Schuppen schimmern bläulich.

Gewöhnlich fressen die Eltern das erste (oder die ersten beiden) Gelege auf, ehe sie ihre hingebende Brutpflege betreiben. Das Weibchen legt die Eier auf einem vorher sorgfältig gereinigten Stein ab. Eiablage und Brutpflege sind interessant zu beobachten.

Links: Ein Tüpfelbuntbarsch. Rechts: Ein Rotbrust-Buntbarsch.

Verwandte Arten sind:

- **Maroni-Buntbarsch** *(Aequidens maronnii)* aus dem Amazonasgebiet, Größe bis 12 cm, kräftig. Färbung: gelblich mit größeren dunklen Flecken.
- **Blaupunktbarsch** *(Aequidens latifrons)* aus Panama bis Kolumbien, 12–15 cm, hellgrau mit bläulichem Schimmer, dunkel quergebändert, die Rückenflosse rot umrandet, an Kopf und Kiemendeckeln viele hellblaue Zeichnungen. Interessanterweise ist das Weibchen lebhafter gefärbt; beim Männchen sind Rücken- und Afterflosse zu langen Zipfeln ausgezogen. Ein verträglicher Lebendfutterfresser.
- **Rotbrust-Buntbarsch** *(Cichlasoma meeki)* aus Yukatan (Mexiko), Größe 10–12 cm, blaugrau, nach oben dunkler, seitlich heller, Kehle und Bauch leuchtend rot, Lippen blau. 5 dunkle Querbinden gehen von oben bis über die Seitenlinie. Die Flossen laufen spitz aus. Die Männchen raufen gern, aber das geht recht glimpflich ab. Lieblingsspeise: Regenwürmer.

Vielfarbiger Maulbrüter

Haplochromis multicolor

Familie: Buntbarsch *(Cichlidae)*
Heimat: Stromgebiet des Nil bis Ostafrika
Größe: bis 8 cm
Wassertemperatur: 22–26° C
Anschaffungspreis: 3–6 DM
Normalkosten im Monat: 3–5 DM

Spannend zu beobachten: Das Schwarm- und Auffangspiel des Maulbrüterweibchens.

Maulbrüter sind eine Sensation im Tierreich. An der Art *Haplochromis burtoni* (aus den Gewässern um Lagos) habe ich ihre faszinierende Brutpflege gefilmt, die es sonst nicht wieder gibt. Das Weibchen brütet die Eier im Kehlsack aus und behütet die Jungen (bis zu 200) bei Gefahr und nachts in ihrer »Maulwiege«.

Einen Teil des Aquariums bepflanzen wir recht dicht, lassen aber genug Platz für die Laichgrube, die das Männchen später gräbt. Ernährung: Wasserflöhe, Larven, Würmer. (Maulbrüter sind Raubcichliden.) Wir halten diese Art (normalerweise höchstens zwei Pärchen in einem größeren Becken) hauptsächlich wegen ihres interessanten Verhaltens und weil sich das Männchen zur Laichzeit prachtvoll umfärbt.

Mehr ihrer Schönheit wegen setzen viele Aquarianer zwei verwandte Arten ins Gesellschaftsbecken:

- den prachtvollen **Diskusbuntbarsch** *(Symphysodon discus)*, »König der Aquarienfische« genannt: aus dem Amazonasgebiet, bis 15 cm groß, platt scheibenförmig, und
- den **Segelflosser** oder **Skalar** *(Pterophyllum eimekei)* vom Amazonas, ungewöhnlich anzusehen, Höhe bis 25 cm, die Flossen lang ausgezogen – den »ungekrönten« Aquarienkönig. Es gibt auch schwarze, rauchfarbige und gescheckte Abarten. Sie fressen gern Jungfische. Da die Eltern kaum für den zahlreichen Nachwuchs (bis 1000 Eier) sorgen, muß es der Aquarianer tun. Dafür entschädigt ihn dieses Prachtstück reichlich durch seine Schönheit (Farbfoto → Seite 80).

Fische für Kaltwasseraquarien

Goldfisch oder Goldkarausche

Carassius auratus

▼▲▼ ◎ ☼ ⌂ #

Farbfoto → Seite 80.

Unterordnung: Karpfenähnliche *(Cyprinoïdea)*
Heimat: China
Größe: unterschiedlich, bis 20 cm
Wassertemperatur: 14–20° C
Anschaffungspreis: 1–8 DM
Normalkosten im Monat 2,50–5 DM

Goldfische sind fürs Heimaquarium und für den Gartenteich gleich gut geeignet.

Der Goldfisch ist eigentlich unser ältester Aquarienfisch – früher als trauriger Rundschwimmer im Kugelglas gehalten. Daß er bei täglichem vollständigem Wasserwechsel nicht einging, zeugt von seiner Zähigkeit. Aus der Silberkarausche (dem Giebel) züchteten die Chinesen seit ungezählten Jahrhunderten die kuriosesten (manchmal widernatürlich verunstalteten) Formen heraus: den **Kometenschweif** oder **Shubinkin,** der besonders leicht zu halten ist, den **Löwenkopf** (mit Hautwucherungen im Nacken), den **Tigerfisch,** den **Himmelsgucker** und manche andere.

Besonders verrückt sehen die Schleierschwänze aus, bei denen die Schwanzflosse vier Fünftel der Körperlänge erreicht. Es gibt beschuppte und nackte Goldfische: rot, gelb, weiß, gefleckt. Es ist Geschmackssache, ob man solche monströsen Formen schön findet. Auf jeden Fall sind Goldfische sehr robust (auch im Gartenteich lassen sie sich gut halten). Sie wühlen gern im Bodengrund. Darum setzt man die Pflanzen in Körbe oder Töpfe.

Schleierschwänze schweben wie wehende Seide durchs Aquarium. Die zarten Flossen sind leicht verletzlich. Wir müssen darauf achten, daß das Becken frei von scharfkantigen Teilen ist. Goldfische sind Allesfresser: Lebendfutter, Trockenfutter, Pflanzen.

Bitterling ▼▲▼ ◎ ☼ ⌂

Rhodeus sericeus amarus

Unterordnung: Karpfenähnliche *(Cyprinoïdea)*
Heimat: Europa bis zum Schwarzen und Kaspischen Meer
Größe: 8 bis 9 cm
Wassertemperatur: 18–20° C
Anschaffungspreis: 0,50–1,50 DM (kann selbst gefangen werden)
Normalkosten im Monat: 2,50–5 DM

Bitterling (rechts) und Moderlieschen – zwei heimische Fische fürs unbeheizte Becken.

Wir können diesen besonders dankbaren Kaltwasserfisch häufig in stehenden Gewässern beobachten: in Tümpeln, seichten Buchten von Flußunterläufen und stillgelegten Flußarmen. Färbung: am Rücken graugrün, an den Flanken silbrig, die Flossen blaßrot, der Längsstreifen grün. Von April bis Juni trägt das Männchen sein regenbogenfarbenes Hochzeitskleid: blauviolett, am Bauch orange bis rot.

Um Eier abzulegen, braucht das Weibchen im Aquarium einige Malermuscheln *(Unio pictorium)*, notfalls tun es die dünnwandigen Teichmuscheln *(Anodonta mutabilis)*. Das Weibchen schiebt die Eier durch seinen 4 cm vorstehenden Legestachel in die Atemöffnung der Kiemenblätter der Muschel, in der sich die Eier entwickeln. Nach 2 bis 3 Wochen schlüpfen die Jungen aus der Afteröffnung der Muschel.

Wir bepflanzen das Aquarium ziemlich dicht und lassen auch Mulm am Boden. Bitterlinge nehmen Lebend- und Trockenfutter.

● Hierzu paßt gut ein Schwarm der anspruchslosen, aber ähnlich interessanten **Moderlieschen** *(Leucaspius delineatus)*, je nach Gegend auch Mudchen, Molinchen, Moderrapfen, Zwerglaube oder Sonnenfischchen genannt: 7 bis 10 cm lang, die breite bläuliche Seitenlinie nicht vollständig durchgezogen. Der muntere Karpfenfisch ernährt sich von Insekten, Mücken und Kleingetier der Wasseroberfläche. Sein Beutefang ist spannend zu beobachten. (Das Moderlieschen ist auch ein guter Mückenvertilger im Gartenteich). Im Gegensatz zu anderen Weißfischen ist seine Brutpflege sehr intensiv. Das Weibchen legt die Eier in Spiralschnüren an den Wasserpflanzen ab. Das Männchen übernimmt Bewachung und Brutpflege.

Dreistachliger Stichling

Gasterosteus aculeatus

▲ ▼▲▼ ◎ ☼ ⌂ #

Familie: Stichlinge *(Gasterosteidae)*
Heimat: Küstengebiete Europas, Nordasiens und Nordamerikas
Größe: bis 10 cm
Wassertemperatur: 17–20° C
Anschaffungspreis: 2–5 DM
Normalkosten im Monat: 2,50–5 DM

Der Stichling (auch der neunstachlige **Zwergstichling** *Pungitius pungitius)* gehört zu den interessantesten Aquarienbewohnern. Die Zahl der Rückenstacheln ist unterschiedlich; der Stichling ist oben grüngrau gefärbt, an den Seiten und am Bauch hell silbrig, an seinen Flanken verlaufen mehrere gebogene Querstreifen. Die Schwanzwurzel ist besonders schmal und lang. Wir sehen den Stichling in Teichen, Tümpeln, Gräben und Brackwässern ruckartig schwimmen, wobei das hochsitzende Auge auffällt.

Das Stichlingspärchen bei der Eiablage und Besamung mit ihrem Bodennest.

Vor Ende März (Anfang April) bis in den Hochsommer trägt das Männchen sein am Bauch zinnoberrotes Hochzeitskleid mit leuchtendem Grün in den Augen. Jetzt ist der sonst friedliche Fisch arg rauflustig und trägt mit anderen Männchen erregte Rivalenkämpfe aus. Der Verlierer färbt blaß um, der Sieger schwillt hochrot an.

Wir können das alles erleben, wenn wir ein größeres Becken so ausreichend bepflanzen (auch einige Steine einlegen), daß zwei bis drei Männchen und etliche Weibchen Platz haben. Stichlingsmännchen bauen kunstvolle Bodennester, in die das Weibchen seine Eier legt. Brutpflege und Wache übernimmt das Männchen.

● Auch einige andere heimische Kaltwasserfische sind interessante Aquarienbewohner, so der **Ukelei** *(Alburnus alburnus)*, Größe bis 15 cm, ein leidenschaftlicher Insektenvertilger, oder der **Gründling** *(Gobio gobio)*, ein 10 bis 15 cm langer, am Boden »gründelnder« Schwarmfisch. Er sieht braungrau aus mit tiefgrünen Tupfen. Eine Anzahl Gründlinge paßt gut ins Gesellschaftsbecken bei 15–18° C, da sie als »Gesundheitspolizei« die bodenlebenden Würmer, Larven usw. verzehren. Man sollte bei diesen Wühlern größere Steine ins Becken legen.

Interessant zu beobachten:

Terrarientiere

Oben: Sumpfschildkröte.
Unten: Laubfrosch.

Interessant zu beobachten Terrarientiere

Lurche und Kriechtiere – Amphibien und Reptilien

Sind Sie zum Terrarientierhalter geeignet?

Manche Leute können mit Schildkröten, Fröschen, Eidechsen und Schlangen nichts Rechtes anfangen. Stundenlang hocken diese Tiere da, heißt es – tun nichts, sagen nichts, glotzen nur. Und wenn sie sich dann wirklich mal langsam durchs Terrarium bewegen, überläuft den geschäftigen Mitteleuropäer vor Ungeduld das Kribbeln. Viele Frauen und Mädchen verabscheuen diese Tiere. Verständnisvolle Ehemänner und Väter verzichten dann auf die Haltung von Amphibien und Reptilien.

Gerade die Terrarientiere jedoch bieten viele interessante Beobachtungsmöglichkeiten. Wer Kinder früh an sie gewöhnt, kann lebenslange Freundschaften stiften. Freilich: Wer keine Geduld hat, wird kein guter Terrarianer. Wer Heimtiere nur zur Unterhaltung und Gesellschaft braucht, sollte sich etwas anderes halten, auf keinen Fall Lurche oder Kriechtiere.

Zugegeben: Es dauert schon eine Weile, bis wir unsere Terrarientiere näher kennen- und verstehen lernen. Aber wir merken schon bald, daß sie gar nicht so stumpf sind, wie wir vielleicht angenommen haben. Ganz im Gegenteil! Bedenken wir noch, daß gerade diese beiden Tierklassen besonders formenreiche und farbenfrohe Arten hervorgebracht haben, dann mehren sich die Gründe, die für ihre Haltung sprechen.

Aber: Jedes Terrarium braucht Pflege. Auch die Pflanzen verlangen etwas gärtnerisches Geschick. Vor allem ist Sauberkeit wichtig, sonst wimmelt es bald von Ungeziefer und Krankheitskeimen. Der Behälter muß regelmäßig von Kot und Urin gereinigt werden, damit sich die Tiere nicht an den von ihnen selbst ausgeschiedenen Parasiten infizieren. Aber auch bei peinlicher Sauberkeit können unvermutet krankhafte Veränderungen auftreten, die uns zwingen, die Tiere abzusondern und zu behandeln.

Es ist praktisch – und billiger –, Lebendfutter (Fliegen und Maden etwa) selbst zu züchten, obwohl wir sie auch im Zoogeschäft oder über den Versandhandel kaufen können. Die meisten Terrarientiere brauchen Lebendfutter, sie sind in der Ernährung manchmal heikel. Insektenzucht jedoch ist nicht jedermanns Sache. Auch das notwendige Füttern mit der Pinzette stellt sich nicht jeder reizvoll vor – obwohl es wichtig ist, denn dabei erfahren wir, welches und wieviel Futter unsere Pfleglinge nehmen.

Wer das gern tut und sich obendrein noch auf viele ausgefüllte Stunden freut, die der Umgang mit solchen Geschöpfen bringt, wird gewiß ein guter Terrarientierhalter.

Amphibien- und Reptilienkunde: Wo sie herkommen – wie sie leben – was sie zeigen

In der Tierklasse der Amphibien (Lurche) unterscheiden wir zwei für uns wichtige Ordnungen: Die Schwanzlurche (Molche, Salamander und Olme) und die Froschlurche (Unken, Kröten und Frösche).

Als erste von allen Lebewesen bewegten sich die Vorfahren der heutigen Lurche vom Wasser ans Land, um dort heimisch zu werden. Das geschah vor etwa 300 Millionen Jahren. Und noch heute können wir diesen Übergang vom Kiemenatmer zum Lungenatmer im Aquaterrarium (Uferterrarium) miterleben. Denn zur Eiablage kehren viele Amphibienarten ins Wasser zurück. Ihre Jungen kommen als Larven (Kaulquappen) zur Welt und leben anfangs wie Fische. Sie haben keine Beine, aber Kiemen und Ruderschwänze. Dann beginnt eine seltsame Verwandlung (Metamorphose):

Oben: Häutende Ringelnatter und Wechselkröte. Mitte: Blindschleiche und Zauneidechse.
Unten: Feuersalamander und Bergmolch.

Es wachsen ihnen Gliedmaßen – bei den Schwanzlurchen zuerst die Vorderbeine, bei den Froschlurchen die Hinterbeine. Allmählich bilden sich die Kiemen zurück, und die heranwachsenden Tiere lernen, durch die Lungen zu atmen. Sie erhalten ein anderes Blutsystem, das dem der Landlebewesen entspricht. Bei den Froschlurchen verschwindet schließlich der Schwanz. Sie sind jetzt ans Landleben angepaßt, obwohl die meisten von ihnen feuchte Schlupfwinkel brauchen. Denn die mit vielen Schleimdrüsen durchsetzte nackte Haut, durch die Amphibien zusätzlich atmen und »trinken«, dörrt in zu trockener Umgebung rasch aus.

Als wechselwarme Tiere – Tiere also, deren Körpertemperatur von der Temperatur ihrer Umgebung abhängig ist – verlangen sie jedoch auch ausreichend Sonne und Wärme. Deshalb treffen wir die meisten Lurche in eher feuchtwarmen Landschaften an, bei uns in Europa im Südwesten und Süden. Bei zu großer Kälte oder zu viel Hitze machen sie eine Art Starrezustand durch. Ein weiterer Schutz gegen Austrocknung: Die meisten Lurche sind nachtaktiv.

Lurche sind Jäger: Von der Schnecke und dem Wurm, dem Krebs und dem Tausendfüßler bis zum fliegenden Insekt nehmen sie so ziemlich alles, was ihnen vor die Zunge kommt.

Erst 100 Millionen Jahre nach den Amphibien erschienen die ersten Kriechtiere (Reptilien). Der Fachmann unterscheidet in dieser Tierklasse im wesentlichen Schildkröten (Land- und Wasserschildkröten) sowie Krokodile und Schuppen-Kriechtiere (Echsen und Schlangen).

Einst haben phantastisch geformte Flug- und Riesensaurier die Erde beherrscht. Unsere heutigen Reptilien sind die Nachfolger dieser ungeheuren Geschöpfe – Angehörige eines alten, urtümlichen Tiergeschlechts also. Wie die einstigen Saurier sind sie beschuppt oder mit Hornschilden besetzt.

Reptilien sind ebenfalls wechselwarme Tiere, das heißt, ihre Körperwärme, und damit ihr Leben, hängt von der Außenwärme ab. Sie pflanzen sich durch Eier fort. Nur wenige Arten (einige Krokodile und Schlangen) betreiben Brutpflege. Die meisten Tierkinder hingegen sind nach dem Schlüpfen fertig ausgebildet und lebenstüchtig.

Vom Wesen der Terrarientiere: Instinkthandlungen – Reflexe – Beobachtungen

Jedes Geschöpf paßt zu der ihm bestimmten Umwelt. In ihr ist es zu Hause. Hier findet es Nahrung, Wasser, Wärme und Unterschlupf. Hier setzt es sich mit Artgenossen und Feinden auseinander. Hier bringt es seine Nachkommen zur Welt. Hier kennt es sich aus und vermag zu überleben.

Für dieses Überleben ist es von der Natur mit geeigneten Sinnesorganen, bestimmten geistigen und körperlichen Fähigkeiten und angeborenen Verhaltensweisen (Instinkt) ausgestattet. Aber je nach Art und Höhe ihrer Entwicklung können Tiere auch hinzulernen – mehr oder weniger viel.

Praktisch sind alle unsere Terrarientiere Einzelgänger, auch wenn sie friedlich miteinander – genauer: nebeneinander – leben. Sie haben eine Art von »sozialer Ordnung«, die zumindest bei der Vermehrung sichtbar wird.

Das Männchen (zum Beispiel bei den Echsen) verteidigt sein Revier, seinen Nahrungs- und Fortpflanzungsplatz gegen männliche Rivalen. Dabei kommt es zu Kämpfen. Meist siegt der Revierbesitzer, der sich zudem besonders stark aufplustert, also ein besonders ausgeprägtes »Imponiergehabe« zeigt. Die Kämpfe verlaufen fast immer unblutig. Der Unterlegene zieht sich in »Demutshaltung« zurück – er macht sich ganz klein dabei. Es sei denn, das Terrarium ist zu eng und er kann sich infolgedessen nicht

zurückziehen; er hat weder Raum zur Flucht noch ein sicheres Versteck. Wenn der Fluchtreflex sich also nicht in Flucht umsetzen kann, kommt es zu blutigen, manchmal sogar tödlichen Kämpfen.

Eine Schlange wird uns nicht angreifen, solange sie fliehen kann. Aber wenn wir zufällig drauftreten oder sie plötzlich berühren, schnappt sie zu, um sich zu verteidigen. Ich habe das oft erlebt – auch mit der giftigsten Schlange der Welt, der Königskobra, die ich im feuchten Dschungelwald von Thailand gefilmt habe, und ebenso mit dem Netzpython, der größten (ungiftigen) Riesenschlange.

Schlangen gelten trotzdem als heimtükkisch; sie sind es jedoch keineswegs. Man kann ihr Verhalten, das ja ihrer natürlichen Lebensweise entspricht, kennen- und verstehen lernen. Dabei wird man erfahren, daß sie nicht weniger berechenbar – und friedlich – sind als andere Tiere auch.

Wahl des Terrariums: Land- oder Uferterrarium, heimisches oder tropisches Terrarium?

Es gibt viele Möglichkeiten für jeden Geschmack und Geldbeutel. Wer ein geschickter Bastler ist, kann sich selbst (auch aus Holz) ein Terrarium anfertigen. Die meisten Terrarienfreunde werden sich lieber einen fertigen Behälter kaufen wollen. Dazu sollten sie einiges wissen.

Wir unterscheiden zwischen dem Uferterrarium, auch Aquaterrarium oder Paludarium genannt (zum Beispiel für Salamander, Frösche und Sumpfschildkröten), und dem Landterrarium. Lesen Sie, ehe Sie das Terrarium kaufen und einrichten, auf den Seiten 105 bis 115 nach, was dort über Herkommen und Lebensbedingungen der Tiere gesagt ist, die Sie halten wollen.

Am schönsten ist selbstverständlich ein sogenanntes Landschaftsterrarium, das einen kleinen Ausschnitt aus der natürlichen Umgebung der uns anvertrauten Tiere darstellt. Diese »Naturnähe« hat freilich zwei Seiten; jeder Zoodirektor weiß davon ein Lied zu singen. Denn je »natürlicher« – das heißt ursprünglicher, wilder – wir das Terrarium mit Pflanzen, Baumstrünken, Verstecken, Bächlein und Aufbauten ausstatten, desto schwieriger ist es sauberzuhalten. So ein »Dschungelparadies« wird bald zu stinken anfangen, weil wir die verborgenen Kotplätze nicht finden, weil überall die Jauche versickert, Futterreste säuern und Parasiten sich einnisten.

Richten Sie also das Terrarium so ein, daß Sie – und Ihre größeren Kinder – es leicht sauberhalten können. Die Gesundheit Ihrer Pfleglinge ist wichtiger als eine »paradiesische« Umgebung. Es bleibt auch bei einem praktisch eingerichteten Terrarium immer noch genügend Spielraum für Ihre Phantasie.

Das gilt auch für das Aquaterrarium. Hier eignen sich nur besonders große und stabil gebaute Behälter. Auf jeden Fall sollten Sie den Wasserteil vom Landteil durch eine Glasscheibe abtrennen. Der Wasserteil (Blechwanne oder Tonschale) ist leichter sauberzuhalten, wenn er einen Abfluß hat. Das Wasser muß oft gewechselt werden, da es sich rasch mit Urin anreichert. Eine kleine Insel aus Stein oder ein Baumstrunk im Wasser gibt den Bewohnern die Möglichkeit, sich zu sonnen oder sich zu verstecken.

Zur Bepflanzung – am besten in Töpfen – eignen sich besonders gut: Sumpfveilchen *(Viola palustris)*, Pfennigkraut *(Lysimachia nummularia)*, Moosbeere *(Vaccinium oxycoccos)* und Sumpfdrachenwurz *(Calla palustris)*. Die Pflanzen sollten nicht zu dicht stehen und so gesetzt werden, daß genügend Bewegungsraum für die Tiere und Beobachtungsmöglichkeit für Sie bleiben.

Wenn Sie ein geschickter Bastler sind, können Sie sich ein einfaches Holzterrarium selbst anfertigen. Die Vorderseite besteht aus Glas. An einer Längsseite oder hinten ist

eine Tür angebracht. Wenigstens an einer Seite sorgt ein Drahtgazestreifen (Fliegendraht) für Entlüftung. Der Behälter wird oben mit einem Drahtgazerahmen abgeschlossen. Achten Sie darauf, daß sich der Deckel gut sichern läßt. Manche Terrarienbewohner sind Meister im Ausbrechen. Mindestmaße eines normalen Holzterrariums: Länge 100 cm, Breite 45 bis 50 cm, Höhe 60 cm. Für ein kleineres Einzeltier reicht auch ein Behälter mit geringeren Abmessungen.

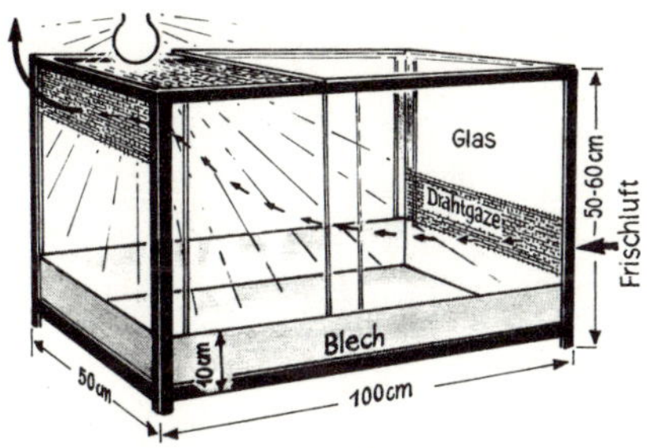

Modell eines Heimterrariums aus Glas und Metall mit Heizlampe.

Drei Voraussetzungen müssen Sie bei allen Terrarien unbedingt erfüllen:

- Schaffen Sie Ihren Pfleglingen ausreichenden Raum – dazu auch Verstecke, Schattenplätze und Klettermöglichkeiten.
- Bedenken Sie, daß praktisch alle Terrarienbewohner wärmebedürftig sind. Sorgen Sie deshalb für ausreichende Licht- und Wärmequellen.
- Richten Sie das Terrarium so ein, daß die Tiere in der ihrer Art angemessenen Umgebung gesund bleiben können.

Ihre besondere Aufmerksamkeit erfordern Heizung und Beleuchtung. Zwar tut jedem Terrarienbewohner die Sonnenbestrahlung – in Maßen – gut, aber selbst kältefeste einheimische Arten kommen nicht ohne künstliche Beleuchtung aus. Legen Sie Wert auf eine Heizmöglichkeit, die den Behälter möglichst gleichmäßig erwärmt, ohne die Pflanzen zu versengen. Es dürfen auch keine Kältezonen entstehen. Eingebaute Heizungen müssen gut umkleidet sein, damit sich die Tiere nicht verbrennen.

Als Beleuchtung kann eine Glühbirne ausreichen. Der Handel hat Terrasol-Lampen vorrätig, die sowohl heizen als auch beleuchten. Auch eine eingebaute Leuchtstoffröhre ist möglich. Dem Ultraviolett-Bedarf der Tiere können Sie mit Hilfe einer Höhensonne gerecht werden – Mindestabstand 70 cm. Die Bestrahlungsdauer: Beginnen Sie mit 1 Minute und steigern Sie allmählich auf höchstens 15 Minuten.

Viele Tiere mögen es feucht-warm. Sie können diese feuchte Wärme schaffen, indem Sie das Terrarium vor allem im Sommer einmal am Tag überbrausen. Schon eine Kindergießkanne kann hier helfen, besser aber ist ein Zerstäuber – zum Beispiel ein ausgedienter Parfümzerstäuber.

So richten Sie das Terrarium ein: Boden – Rückwand – Verstecke – Kletterbaum – Pflanzen

Den Boden des Terrariums decken wir mit einer nicht zu dünnen, wasserdichten Kunststoffolie ab. Als Belag verwenden wir entweder mittelgroben Sand für das Wüsten- oder Sandterrarium oder lockere, gesiebte Walderde für das Feuchtwaldterrarium (heimisch oder tropisch).

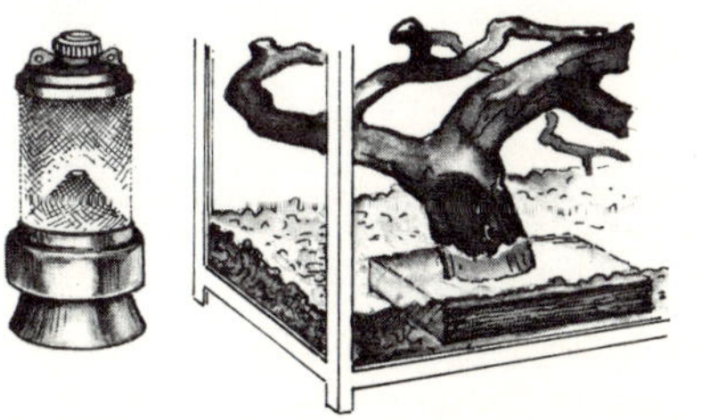

Für das Terrarium: Links eine Fliegenfalle, handelsüblich, rechts ein Kletterbaum.

Interessant zu beobachten Terrarientiere

So gut wie alle Terrarienbewohner brauchen passende Verstecke: Eine Pflanzengruppe, einen Baumstrunk oder künstliche Höhlen. Wenn wir Klettertiere (Frösche, Echsen, manche Schlangen) einsetzen, müssen wir ihnen Übungsmöglichkeiten schaffen. Felskletterer in Sand- und Wüstenterrarien versorgen wir mit Steinaufbauten aus Schieferbrocken oder Lava und einer Rückwand aus aufgemauerten Steinbrocken. Baumkletterer brauchen ein paar Kletteräste; die haltbarste Möglichkeit ist, einen Kletterbaum stabil in einen Zementblock einzulassen (Zeichnung Seite 101). Sonst genügt auch ein Brett, das wir mit Steinen beschweren. Als Rückseite nehmen wir Rindenstücke von gestürzten Waldbäumen oder Korkeichenrinde aus dem Zoohandel. Wir nageln oder leimen die Rinde auf einem Lattenrost fest und zwar so, daß ausreichend Durchstiege und Verstecke vorhanden sind.

Terrariengestaltung: Links mit Rindenrückwand. Rechts mit Steinterrassen-Aufbau.

Nach Möglichkeit setzen wir einige Pflanzen ein. Das wird sich danach richten, welche Landschaft wir gewählt haben: Heide, Steppe, Wald, Dschungel zum Beispiel.

Pflanzen für unbeheizte Feuchtterrarien

- Brunnenlebermoos *(Marchantia polymorpha)*
- Pfeilwurz *(Calathea lietzeii)*
- Rippenfarn *(Blechnum spicant)*
- Sumpfdrachenwurz *(Calla palustris)*
- Tüpfelfarn *(Polypodium vulgare)*
- Waldimmergrün *(Vinca minor)*

Lebermoos

Pfeilwurz

Rippenfarn

Pflanzen für beheizte Sandterrarien

- Agaven (kleinere Arten, wie *Agavae verschaffeltii)*
- Aloe *(Aloe brevifolia)*
- Brombeere *(Rubus fructicosus)*
- Dickblatt *(Crassula argentea)*
- Kreuzkraut *(Senecio)*
- Scheibenopuntie *(Opuntia robusta)*
- Säulenkaktus *(Cereus,* aus Amerika)

Agavae verschaffeltii

Dickblatt

Interessant zu beobachten Terrarientiere

Scheibenopuntie — *Aloe brevifolia*

Pflanzen für beheizte Feuchtterrarien (Tropenwald)

- Baumwurzler (*Epiphyten,* darunter auch der Blattkaktus *Phyllocactus ackermannii,* oder einige Orchideenarten, wie *Odontoglossum rossii,* die man in einen vermulmten Ast einsetzt)
- Begonien (wie die bodenkriechende *Begonia imperialis*)
- Dolchfarn *(Aspidium lonchitis)*
- Gemeiner Efeu *(Hedera helix)*
- Kletterrasen (*Pothos,* der auch Holzrückwände überwuchert)
- Philodendron (kleinere Arten wie *Philodendron melanochrysum*)

Philodendron

Terrarien und Zubehör:
Maße und Preise

Terrarien (Ganzglas oder Glas/Holz):

50 x 45 x 45 cm	100–130 DM
70 x 45 x 45 cm	120–250 DM
100 x 50 x 50 cm	200–350 DM

Plastik-Terrarien

35 x 20 x 30 cm	30–40 DM
45 x 25 x 30 cm	35–45 DM
55 x 28 x 35 cm	55–70 DM

Heizkabel (10–120 Watt, 3–15 m Länge): 25–55 DM
Parabollampen (60–100 Watt): 7–12 DM
Infrarotstrahler (60–100 Watt): 15–20 DM
Tagesleuchten (für Leuchtstofflampen, 15–40 Watt): 30–45 DM
Leuchtstofflampen (50–120 cm): 55–150 DM
Temperaturregler (16–34° C): ca. 100 DM

Aus dem Terrarien-Alltag
Transport – Behandlung – Futter und Füttern – Krankheiten

Oft ist zu beobachten, daß man beim Transport von Terrarientieren wenig Sorgfalt anwendet. Aber gerade diese Tiere sind besonders empfindlich für Temperaturschwankungen, Feuchtigkeitsverlust und Umweltveränderungen.

Am besten holen Sie Ihre Tiere selbst ab. Wenn das nicht möglich ist, dann ziehen Sie den Versand per Bahnexpreß (nach vorheriger telefonischer Verständigung, damit Sie Ihre Tiere sofort nach Ankunft abholen können) anderen Versandarten vor. Die Aufschrift »Lebende Tiere« verpflichtet zu ra-

scher und schonungsvoller Behandlung. Tiere vor dem Verschicken zu füttern, ist nicht ratsam. Wir polstern den Transportbehälter, der ausreichend Luftzufuhr braucht, mit Moos aus, das feucht hält. Diese Information nur, falls Sie mal ein Tier verschicken. In der Regel sind die vom Zoohandel verschickten Tiere fachmännisch verpackt.

Man kann die Winterschläfer in warmen Räumen während der kalten Jahreszeit wach halten. Es ist freilich nicht zu empfehlen. Ihr Stoffwechsel ist in Winterstarre erheblich vermindert, was für sie gesünder ist und ihre Lebenserwartung verlängert.

Sobald die Tiere im Spätherbst unruhig werden, bereiten wir eine gut schließende Holzkiste vor, die wir mit einer nicht zu dünnen Lage grober Erde, Torfbrocken und Moos einrichten. Tonziegel sorgen für mehr Feuchtigkeit. Als Deckel verwenden wir ein gut schließendes Gestell aus Fliegendraht, damit Ratten und Mäuse die Tiere im Winterschlaf nicht stören können.

Winterschläfer zeigen selbst an, ob sie bereit sind – sobald sie sich einzuwühlen beginnen, sorgen wir dafür, daß die Tiere gut entleert in den Keller kommen: Wir stellen also rechtzeitig, etwa eine Woche, bevor wir die Tiere endgültig ihrem Winterschlaf überlassen, die Ernährung ein. Schildkröten baden wir lauwarm, damit sie noch einmal Kot abgeben.

Futter und Fütterung: Terrarientiere sind durchweg Jäger und Fänger. Wenn wir sie stets nur mit guten Bissen stopfen, werden sie behäbig und jagdfaul, zudem fettsüchtig, was nicht nur häßlich, sondern auch lebenverkürzend ist. Unsere Pfleglinge sollen so oft wie möglich im Terrarium auf die Jagd gehen können.

Für uns bedeutet es mehr Leben im Terrarium – allerdings auch mehr Arbeit.

Wir können die natürliche Art des Tieres, Beute zu machen, dadurch ersetzen, daß wir Futter mit der Pinzette oder dem Futterstab reichen: Wir schwenken den nahrhaften Brocken so lange vor dem Tier hin und her, bis es zuschnappt. Medikamente, wie Kalk-Vitamin-Präparate gegen Mangelschäden (vor allem im Winter), werden in etwas Fleisch oder Hackfleisch versteckt verabreicht. Das Angebot an Lebendfutter richtet sich nach der Jahreszeit. Wir können Maden, Obst- und Taufliegen, Eintagsfliegen, Heuschrecken und auch Würmer mühelos selbst züchten. Lassen Sie sich, falls Sie es tun wollen, vom Zoohändler beraten.

Hier eine Auswahl besonders geeigneter Futtertiere für das Terrarium:

- Falter und Schmetterlinge sind besonders nahrhaft und für das Beuteverhalten unserer Pfleglinge sehr wertvoll. Wir fangen sie mit dem Netz, Nachtfalter bei Licht. Auch Raupen nehmen Terrarientiere gern.
- Fliegen fangen wir am besten mit einer im Zoohandel erhältlichen Fliegenfalle (Abbildung S. 101), die wir auch an der Unterseite des Terrariums so einbauen können, daß die Fliegen direkt im Terrarium landen. Wir ködern Fliegen mit Käse, Fleisch, Zukker und Bier.
- Heuschrecken und Grillen können wir entweder im Zoogeschäft kaufen oder selbst fangen (in einer Futterdose heimbringen).
- Mehlwürmer sind im Zoohandel erhältlich. Nicht zu häufig damit füttern, da sie zu fettreich sind.
- Regenwürmer gibt man möglichst frisch gesammelt (nach dem Regen auflesen).
- Schnecken: Nacktschnecken (nicht aus Gärten und Gärtnereien, in denen mit Schneckenvernichtungsmitteln gearbeitet wird) und Gehäuseschnecken, die als »Kalkfutter« für Echsen besonders geeignet sind.
- »Wiesenplankton« (Kleininsekten oder Larven, die im Gras leben) streifen wir mit einem Netz ab; es ist sehr nahrhaft.

Die meisten Ernährungsschwierigkeiten entstehen durch einseitige Fütterung. Wer häufiger Lebendfutter gibt, wird Mangelschäden vermeiden können. Neben der Zugabe von Vitaminen (Vigantol o. a.) können wir

mit der UV-Bestrahlung (Höhensonne), die vor allem das in der Nahrung enthaltene Vitamin D aktiviert, Knochen- und Panzererweichungen, Rachitis (Vitamin-D-Mangelkrankheit) und anderen Mangelschäden vorbeugen.

Gerade bei Terrarienbewohnern können gelegentlich Krankheiten auftreten. Selbstverständlich müssen wir das kranke Tier sofort absondern. Die Behandlung ist schwierig, oft aussichtslos. Notfalls muß der Tierarzt zu Rate gezogen werden.

Anzeichen für beginnende oder fortgeschrittene Erkrankungen sind:

- anhaltende Verweigerung der Nahrungsaufnahme und rasche Abmagerung
- Nachlassen der Bewegungsfreude, Verharren auf einer Stelle bei dauernd geöffnetem Maul
- auffällig unnatürliche (schlaffe) Neigehaltung
- schleimig-wäßrige oder schaumartige Bläschen in den Mund- und Nasenöffnungen.

Tier- und Naturschutz

Von den nachfolgend aufgeführten Tieren sind fast alle heimischen Arten geschützt und dürfen nicht gefangen werden. Insbesondere sind geschützt: die Sumpfschildkröte *(Emys orbicularis)*; alle heimischen Eidechsen, auch die Blindschleiche *(Anguis fragilis)*; alle heimischen Schlangen mit Ausnahme der Kreuzotter *(Vipera berus)*; alle heimischen Molche, Kröten und Unken; der Feuersalamander *(Salamandra salamandra)* und der Alpensalamander *(Salamandra atra)*; alle heimischen Froscharten (auch der Laubfrosch *Hyla arborea*), nicht jedoch der Wasser- oder Teichfrosch *(Rana esculenta)* und der Gras- oder Taufrosch *(Rana temporaria)*.

Ich habe bereits an anderer Stelle darauf hingewiesen, daß es sich für den Tierfreund von selbst versteht, Tiere nicht aus freier Natur wegzufangen – von den rechtlichen Vorschriften und der Angst vor Strafe ganz abgesehen. Ich wiederhole hier meine Bitte, sich Heimtiere nicht widerrechtlich zu beschaffen. Wenden Sie sich an amtlich zugelassene und vertrauenswürdige Händler oder Züchter. Unterstützen Sie nicht die Profitgier zwielichtiger Geschäftemacher. Bestimmte Arten dürfen aus dem Ausland eingeführt werden, obwohl auch hierfür zum Glück die Vorschriften jetzt viel schärfer gefaßt worden sind. Bedenken Sie, daß nicht nur der Handel, sondern auch der Besitz geschützter Tiere strafbar ist. Das wurde notwendig, um den letzten Ausverkauf unserer Tier- und Pflanzenwelt zu verhindern. Jeder Heimtierfreund sollte auch so etwas wie ein Wächter der Natur sein – und sie nicht mit ausplündern helfen.

Schwanzlurche (Molche und Salamander)

Schwanzlurche sind vor allem auf der nördlichen Erdhalbkugel verbreitet. Wassermolche tragen einen seitlich zusammengedrückten Schwanz mit Flossenbesatz, landlebende Arten einen mehr runden Schwanz. Die meisten Molche, darunter auch unsere mitteleuropäischen Arten, kehren zur Laichzeit ins Wasser zurück. Vorübergehend nehmen sie auch den Flossensaum wieder an.

Wir setzen diese Tiere entweder in ein Uferterrarium, in ein unbeheiztes Feuchtterrarium oder (je nach Art) gleich ins Aquarium. Gewöhnliche Erde oder Kiesboden ist ausreichend. Alle Schwanzlurche lieben feuchte Verstecke: Rinde, Moos oder bemooste Steine. Es sind Nachttiere. Wir können sie gut bei Rotlicht beobachten.

Besonders interessant sind die Hochzeitstänze der Männchen, wobei sich ihr Rückenkamm lebhaft färbt. Das Weibchen setzt die Eier an verzweigten Wasserpflanzen (Wasserpest und Ludwigien) ab. Molche sind

Laichräuber. Wenn wir Nachwuchs haben wollen, müssen wir die Elterntiere vorübergehend absondern.

Die Larven füttern wir, nachdem ihr Dottersack verbraucht ist, mit Wimperntierchen (Infusorien) und kleinen Hüpferlingen. Vorerst leben sie wie Fische, so daß wir dann auch Wasserflöhe, Tubifex und Enchyträen füttern können. Später kriechen sie selbst an Land, falls der Übergang vom Wasser- zum Landteil nicht zu steil ist oder wir eine Rindenbrücke gebaut haben.

Da Molche gern an Scheiben hochklettern, müssen wir den Behälter gut verschlossen halten. Molche und Salamander lieben hohe Luftfeuchtigkeit. Daher müssen wir täglich Wasser zerstäuben, ohne daß der Behälter zu naß wird.

Wichtigstes Futter sind kleinere Würmer – auch Regenwürmer –, unbehaarte Raupen, Nacktschnecken und Schlammröhrenwürmer (Tubifex).

Bei Molchen treten manchmal Hauterkrankungen – offene Stellen und Geschwüre – auf. Auch kommt es vor, daß die Gliedmaßen oder der Schwanz abzusterben beginnen. Wir sondern das befallene Tier sofort ab und versuchen, ihm oft Frischwasser zu geben. Viel mehr ist kaum zu machen.

Salamander zeigen (wie Schlangen) gelegentlich Häutungsprobleme. Die Tiere mühen sich vergeblich, die alte Haut abzustreifen. Es gelingt ihnen am besten zwischen dichter Bepflanzung und bei häufig gewechseltem Wasser.

Teich- oder Streifenmolch ▲

Triturus vulgaris

Familie: Echte Molche und Salamander *(Salamandridae)*
Heimat: mittleres und nördliches Europa bis Sibirien
Größe: ♂ bis 11 cm; ♀ bis 10 cm
Anschaffungspreis: 3–6 DM
Normalkosten im Monat: 3–6 DM

Nur im Frühjahr braucht der Kammolch den Wasserteil des Aquaterrariums.

Dieser zierliche Wassermolch ist bei uns am weitesten verbreitet: oberseits braun mit dunklen Flecken, an den Seiten weißlich, unten weiß bis orangerot. Zur Laichzeit ist der wellige Kamm des Männchens besonders hoch gezogen, der Schwanz mit einem gelben Saum versehen. Manchmal geht er schon Mitte Februar ins Wasser zurück; im Freien genügen ihm auch kleinere Tümpel, Gräben und Wasserlachen. Er laicht von April bis Juni. Achtung: geschützt!

- Etwas kleiner ist der **Bergmolch** *(Triturus alpestris)*, der die Mittel- und Hochgebirge (von den Pyrenäen bis nach Griechenland) bewohnt – er wird bis 10 cm groß und ist sehr schön gezeichnet: oberseits graublau marmoriert, an der Unterseite orangerot (beim Weibchen gelb), an den Seiten blau gebändert. Man hält ihn gut im Aquarium (Farbfoto → Seite 98).
- Dem Teichmolch sehr ähnlich ist der **Spanische Wassermolch** *(Triturus boscai)*, bis 9 cm groß. Bei ihm sind die Liebesspiele besonders interessant. Er ist ebenfalls gut im Aquarium zu halten.
- Größter heimischer Molch ist der **Kammolch** *(Triturus cristatus)*, bis 15 cm groß, dunkelbraun bis schwarz, die Haut grobkörniger und deutlich gefleckt. Zur Laichzeit steht der Kamm des Männchens besonders groß empor. Achtung: geschützt! (Abb. → oben)
- Der **Feuerbauchmolch** *(Cynops pyrrhogaster)* aus Japan, bis 13 cm groß – oben schwarz, unten leuchtend rot, dunkel gefleckt. Er kann ganzjährig im Aquarium bleiben; ein sehr lebhafter und anspruchsloser Pflegling für Anfänger in der Terrarienkunde.

Feuersalamander ▲ 👁 ◐ ⌂ ▦

Salamandra salamandra

Farbfoto → Seite 98 und Umschlagrückseite.

Familie: Echte Molche und Salamander *(Salamandridae)*
Heimat: von Nordwestafrika über Süd- und Mitteleuropa bis Kleinasien
Größe: bis 20 cm
Anschaffungspreis: 3–8 DM
Normalkosten im Monat: 3–6 DM

Der amerikanische Marmorsalamander (gebänderter oder marmorierter Salamander)

Dieser Salamander hat – wie alle nahen Verwandten – einen breiteren Kopf als die Molche, wirkt etwas plumper, der Schwanz ist kegelförmig. Die glatte samtschwarze Haut (an den Seiten eine Längsreihe großer Warzen) ist gold- bis schwefelgelb gefleckt, hat unten dunkle Flecken. Seine Hautdrüsen auf dem Rücken sondern einen ätzenden Saft ab, der kleinere Tiere töten kann. Achtung: geschützt!

● Gut läßt sich der **Marmorsalamander** *(Ambystoma opacum)* aus dem Osten der USA halten. Ich empfehle ihn anstelle des leider selten gewordenen heimischen Feuersalamanders: bis 12 cm groß, schwarz mit weißen Zeichnungen. Er braucht kein Wasserbecken. Wer einen größeren Nordamerikaner halten möchte, wird an dem **Tigersalamander** *(Ambystoma tigrinum)* Freude haben: bis 25 cm groß, schwarz mit gelben Flecken und Streifen, sehr wasserliebend.

● Ein anderer Nordamerikaner, der **Braune Bachsalamander** *(Desmognatus fuscus)*, ist der »Betriebmacher« im Aquaterrarium – an Land und im Wasser gleich behende und eifrig. Seine Färbung: unauffällig graubraun mit dunkler Zeichnung. Wenn wir Tausendfüßler, Spinnen, Nacktschnecken und Würmer einsetzen und ihn zur Dunkelheit bei Rotlicht beobachten, zeigt er all seine Künste als Schleichjäger. Das Terrarium gut verschlossen halten; er reißt gern aus.

Froschlurche (Frösche und Kröten)

Wir erkennen sie nicht nur an dem dicken Kopf und an den »Glotzaugen«, sondern auch an den langen Sprungbeinen. Fast alle haben 4 Finger und 5 mit Schwimmhäuten versehene Zehen. Die nackte Haut ist mit Schleim- und Giftdrüsen gut bestückt.

Frösche und Kröten sind fast sämtlich geschickte Läufer, Springer und Kletterer. Wir brauchen ein hoch gebautes Terrarium; für kurzbeinige bodenlebende Kröten reicht ein niedrigerer Behälter.

Frösche und Kröten sind lebhafter als Schwanzlurche und lernen in der Regel nach gewisser Zeit auch ihren Pfleger kennen. Manche haben eine ausgesprochen schöne Stimme; sie hören und sehen gut, sind schlau und vorsichtig.

Lebendfutter mögen sie alle gern, voran der Laubfrosch (verschiedene Insekten). Nur die größeren Arten fressen auch Heuschrekken. Schnecken, Falter und Fliegen sorgen für Abwechslung im Terrarium.

Wer Zeit genug hat, sollte Larven aufziehen. Diese wunderbare Verwandlung gibt uns staunenswerte Einblicke in das Wirken der Natur. Im Interesse gesunder Tierhaltung setzen wir nicht zu viele Exemplare ein. Die Gefahr der Ansteckung wäre dann besonders groß. Außerdem kommt es leichter zu Unverträglichkeiten. Froschlurche sind »Schnappjäger«, die alles packen, was sich bewegt – selbst kleinere Tiere der eigenen Art. Also halten wir möglichst nur etwa gleichgroße Tiere.

Auch die Unken (Scheibenzüngler) sind geschützt. Wir halten sie nicht im Terrarium, weil sie als Schädlingsvertilger in freier Natur nützlicher sind. Dazu gehören vor allem die Rotbauch- oder Tieflandunke *(Bombina bombina)* und die Gelbbauch- oder Berglandunke *(Bombina variegata)*.

Kletterfrösche (wozu die Laubfrösche gehören) brauchen »Aufstiegsmöglichkeiten«.

Das alte Laubfroschglas mit Leiter ist Tierquälerei und passé. Wir bauen Kletterbäume, aufrankende Pflanzen und eine Rindenrückwand zum Klettern.

Laubfrosch ▲ ◉ ☼ ⌂ ▦

Hyla arborea

Farbfoto → Seite 97.

Ordnung: Froschlurche *(Anura* oder *Salientia)*
Heimat: alle Erdteile (mehr als 100 Arten)
Größe: 4 bis 5 cm
Anschaffungspreis: 3–6 DM
Normalkosten im Monat: 1–3 DM

Noch immer bei jung und alt beliebt:
Der interessante Laubfrosch.

Je nach Gegend und Rasse leuchten die Laubfrösche sattgrün, vorderseits dunkler – wie etwa unser Europäischer Laubfrosch.

Sie haben einen oft oben weiß gesäumten Längsstreif, unten sind sie heller. Der Frosch kann je nach Temperatur bis hellgelb oder dunkelbraun umfärben. Unverwechselbar ist die Schallblase an der Kehle, dazu das »freundliche« Gesicht, die übergroßen Augen, die wohlgeformten Greifhände. Rufe: »Kä-kä-käkäh«.

Daß Laubfrösche als Wetterpropheten gelten, hängt mit ihrer Wetterfühligkeit zusammen: Bei steigendem Luftdruck setzt das Gequake am Laichplatz früher ein, bei fallendem Luftdruck läßt es nach. Alle Froschlurche »fühlen« Wetterwechsel und Temperaturstürze voraus.

Laubfrösche sind Baum- oder Strauchbewohner, also gute Kletterer und Springer. Wir müssen ihnen Bewegung ermöglichen, sonst werden sie schlaff und krank. Lebenserwartung: 22 Jahre.

Da der heimische (Europäische) Laubfrosch sehr selten geworden und geschützt ist, dürfen wir ihn nicht fangen. Wir kaufen andere Arten:

- **Grüner Laubfrosch** *(Hyla cinerea)* aus Nordamerika, mit weißlichen Streifen an den Flanken –
- **Pazifik- oder Königslaubfrosch** *(Hyla regilla),* oberseits braun bis grün, in seiner Heimat Kalifornien bis auf 3000 m Höhe zu finden –
- **Beutelfrosch** *(Gastrotheca marsupiata)* aus Südamerika, 6 bis 7 cm groß: kein Laubfrosch, aber als Baumfrosch ähnlich gut zu halten – möglichst warm, zwischen Orchideen und Epiphyten. Er ist ein interessanter Bewohner des Tropenterrariums.

Gras- oder Taufrosch ▲ ◉ ☼ ⌂ ▦

Rana temporaria

Ordnung: Froschlurche *(Anura* oder *Salientia)*
Heimat: Europa
Größe: bis 10 cm
Anschaffungspreis 2–5 DM
Normalkosten im Monat: 1–3 DM

Auch der schöne Grasfrosch hält sich nur zur Laichzeit im Wasser auf.

Der Grasfrosch gehört zu den landlebenden »Braunfröschen«, er bevorzugt Wiesen und lichte Wälder. Färbung: braun, sogar grau, bis rötlich mit schwarzen Flecken, in der Ohrgegend schwarzer Streif. Ruhig und anspruchslos. Wir

ziehen ihn dem **Wasser- oder Teichfrosch** *(Rana esculenta)* vor, den man überall das große »Konzert am Tümpel« veranstalten hört. Er ist schöner und interessanter, braucht aber auch mehr Pflege, da er sehr unruhig ist und ständig etwas anstellt. Wenn überhaupt, nehmen wir nur junge Tiere. Frösche brauchen mehrere Jahre, bis sie erwachsen sind.

Interessant ist der **Springfrosch** *(Rana dalmatina)*, in Teilen Deutschlands (hauptsächlich Süddeutschland, aber auch z. B. im Rheinland und um Hamburg) sowie in den Mittelmeerländern verbreitet. Er braucht ein sehr hohes Terrarium, da er gewaltige Sätze vollführt und sonst gegen die Abdeckung stößt. Ein lustiger, allzeit betriebsamer Bursche.

Kreuzkröte ▲ ◉ ◐ ⌂ ▦

Bufo calamita

Ordnung: Froschlurche *(Anura* oder *Salientia)*
Heimat: Europa (bis Westrußland, vorwiegend West- und Südwesteuropa)
Größe: 7 bis 8 cm
Anschaffungspreis: 3–7 DM
Normalkosten im Monat: 1–3 DM

Eine Kröte als Terrarientier ist eine besondere Liebhaberei für aufmerksame Beobachter.

Sie ist von allen Echten Kröten die lustigste und angenehmste. Färbung: oben olivgrün bis braun, dunkel gefleckt, auf dem Rücken gelblicher Mittelstreif. Sie braucht Gelegenheit, sich einzugraben. Kreuzkröten sind vorwiegend nachts aktiv. Sie können 30 bis 40 Jahre alt werden. Achtung: geschützt!

Schöner gezeichnet ist die **Wechselkröte** oder **Grüne Kröte** *(Bufo viridis)*, bis 10 cm groß: grau-oliv mit grünen Flecken und rötlichen Warzen, auch am Tage häufiger munter (liebt mehr Wasser). Das Männchen trillert sehr lebhaft. Achtung: Geschützt! (Farbfoto → Seite 98.)

Andere interessante und gut zu haltende Krötenarten:

- **Berberkröte** *(Bufo mauritanicus)*, Marokko bis Algier, um 12 cm groß: hellbraun mit rötlicher oder dunkler Fleckung –
- **Prärie-** oder **Texaskröte** *(Bufo cognatus)*, vom südlichen Kanada bis Mexiko heimisch, bis 8 cm groß: grau, grün oder bräunlich mit lebhaften Flecken, sehr lustig anzusehen.

Schildkröten (Land- und Wasserschildkröten)

Als erstes muß ich der irrigen Meinung entgegentreten, Schildkröten seien stupide und dumm. Das ist eine falsche Einschätzung dieser Tiere. Schildkröten sind sicher keine Intelligenzbestien. Sie benehmen sich ruhig, gemessen, ja schwerfällig, sind friedfertig und angenehm, auch wenn sie, gereizt oder überrascht, schmerzhaft zubeißen können. Sie beobachten gut, ihr Geruchsvermögen ist differenziert; sie nehmen Bewegungen sofort wahr – vor allem auch Lichtwechsel und Schatten, die auf die Annäherung von Lebewesen deuten.

Schildkröten sind »lebende Fossilien« – herübergerettet aus grauer Vorzeit. In gleicher Gestalt liefen ihre Vorfahren bereits vor 200 Millionen Jahren umher. Ihre »Klumpfüße« machen sie zu Langsamtretern. Sie sind nicht wehrhaft, aber ihr zu einer knöchernen Hülle zusammengefügter Bauch- und Rückenpanzer schützt sie recht gut.

Die Landschildkröten sind vorwiegend Vegetarier, die wasserlebenden Arten verzehren mehr tierische Nahrung. Brutpflege betreiben sie nicht, sondern überlassen die Eier ihrem

Schicksal. Junge Schildkröten sind sofort nach dem Schlüpfen lebenstüchtig – in Freiheit wohlgemerkt. Die fünfmarkstückgroßen Babys, die der Handel manchmal anbietet, sind zum Tod verurteilt, wenn sie nicht der Fachmann aufzieht. Also: Niemals Schildkrötenbabys kaufen!

Vor allem die Landschildkröten unter den Heimtieren sind für Kinder »in«. Der große Hit für kleine Leute. Der Grund: Man hält sie für unproblematisch und glaubt, sie seien billig zu halten. Sie lassen sich wohl alles gefallen, weil sie stumm und wehrlos sind. Die Meinungen darüber, ob Schildkröten ihren Pfleger erkennen, gehen auseinander. Ich neige dazu, es anzunehmen, und dafür gibt es genug Beobachtungsmaterial – um das Wort »Beweise« zu vermeiden.

Glücklicherweise dürften wenigstens die Zeiten endgültig vorbei sein, als man ein Loch durch den Panzer des Kriechtieres bohrte, um es an die Kette zu legen, damit es nicht weglief. Aber als Kinderspielzeug sollten wir die wehrlosen Reptile auch heute nicht mißbrauchen.

Panzerung der Schildkröte

Bauchpanzer Rückenpanzer

Bauchpanzer *(Plastron):* 1 Kehlschilde *(Gularia).* 2 Armschilde *(Humeralia).* 3 Brustschilde *(Pectoralia).* 4 Bauchschilde *(Abdominalia).* 5 Schenkelschilde *(Femoralia).* 6 Afterschilde *(Analia).*

Rückenpanzer *(Carapax):* 1 Nackenschild *(Nuchale).* 2 Schwanzschild *(Supracaudale).* 3–13 Randschilde *(Marginalia).* 14–18 Wirbelschilde *(Vertebralia).* 19–22 Seiten- oder Rippenschilde *(Costalia).*

Daß die vielen »heimlichen Tragödien in deutschen Wohnungen« neben anderen Heimtieren nicht zuletzt die Landschildkröte betrifft, war schon lange zu vermuten. Eine erste fundierte Untersuchung von Professor Paul Müller, Universität Saarbrücken, hat diese Vermutung zur traurigen Gewißheit werden lassen:

Vor allem Acht- bis Neunjährige halten Landschildkröten. Die Freude am Kriechtier jedoch läßt rasch nach. Das Tier bekommt's zu spüren. Von 100 Schildkröten laufen 31 weg und 41 sterben. Aber der Schildkrötentod beginnt schon, bevor sie wirklich sterben.

Jedes Jahr kommen Hunderttausende der allmählich von der Ausrottung bedrohten Landschildkröten aus Südeuropa in die Bundesrepublik, weitere Hunderttausende in andere Länder Mittel- und Nordeuropas. Schildkröten sind eine beliebte Handelsware: Auf Lastwagen geschaufelt, werden sie tagelang so gut wie unversorgt umhergekarrt. Am Ziel muß der Importeur erst einmal die toten Tiere auslesen lassen. Von den noch lebenden sind viele geschwächt oder infiziert. Sie haben nur bei sachgemäßer Behandlung eine Chance zu überleben.

Die Umfrage von Prof. Müller ergibt außerdem: Es sterben im ersten Jahr der Heimhaltung 51 von 100, im zweiten 24 von 100, im dritten 11 von 100 Tieren. Und von denen, die weglaufen, kommen so gut wie alle um, denn in unserer Landschaft haben sie keine Überlebenschance.

Daß so viele Schildkröten sterben, hat mehrere Gründe. Der Hauptgrund: Unkenntnis und Fehleinschätzung. Schildkröten sind gar nicht so problemlos und auch nicht ganz so billig zu halten, wie man meist annimmt. Man muß sie vitamin- und nährstoffreich bei viel Abwechslung füttern, wenn es nicht zu schweren Mangelschäden kommen soll. Gegen Mangelschäden helfen Detarit, Calzipot, Kalk-Vigantol oder ähnliche Präparate. Man gibt ein- bis zweimal wöchentlich etwa $^1/_4$ Tablette im Futter zerdrückt.

Schildkröten brauchen Auslauf. Ein Schuhkarton oder ein kleines Terrarium genügt nicht. Aber Schildkröten, die in der Wohnung herumkriechen, erkälten sich leicht. Das kann für sie tödlich sein. Außerdem ist Wohnungsluft zu trocken. Und Schildkröten sind Sonnenanbeter (ersatzweise Kunstlicht und Höhensonne).

Sehr viele Schildkröten wachen aus dem Winterschlaf nicht mehr auf, weil sie falsch »eingekellert« werden. Wir machen es so: Die letzten acht Tage nicht mehr füttern, dann lauwarm baden, damit sie entleeren. In eine mit Fliegendraht verschließbare Kiste mit einem Sand-Torf-Gemisch und viel Laub setzen. Nicht in der warmen Wohnung, sondern im unbeheizten, aber frostfreien Keller halten – bei etwa 8° C.

Besser als in der Wohnung gedeihen Schildkröten im Garten. Wir teilen eine Auslauffläche von etwa 4 x 4 m ab, die wir mit kräftigen Pflanzen besetzen. Das Gitter soll 20 bis 30 cm tief in die Erde reichen. Besser ist ein Stein- oder Betonfundament, da Draht mit der Zeit durchrostet. Denn Schildkröten graben tief. Wenn wir ihnen eine Schutzhütte mauern oder eine günstige Versteckmöglichkeit bei einem Baumstumpf bauen, graben sie sich auch selbst für den Winter ein. Siehe auch Gartenteil S. 158.

Dies alles zeigt: Schildkröten sind keineswegs problemlos – und billig zu halten sind sie auch nicht. Ich muß mich der Meinung von Professor Lorenz anschließen: »Irreführenderweise werden meist solche Tiere als haltbar bezeichnet, die lange Zeit zum Sterben brauchen. Das klassische Beispiel für ein haltbares, tatsächlich aber nur zählebiges und durchaus nicht anspruchsloses Tier ist die Griechische Landschildkröte. Unter den üblichen Lebensbedingungen, die nicht sachverständige Pfleger bieten, fängt sie vom ersten Tag der Haltung an zu sterben.«

Ich habe es selbst erleben müssen.

Landschildkröten

Griechische Landschildkröte

Testudo hermanni

▲ ☼ ⌂ #

Ordnung: Schildkröten *(Testudines)*
Heimat: Südeuropa
Größe: bis 28 cm
Anschaffungspreis: 4–10 DM
Normalkosten im Monat: 2–5 DM

Die Griechische Landschildkröte liebt Wärme und auch mal ein handwarmes Bad.

Diese wärmeliebende Landschildkröte sieht man bei uns am häufigsten; ihr Panzer ist gelblich-oliv mit schwärzlichen Schildflecken. Der Schwanzschild des Rückenpanzers (Oberschwanzschild) wird von einer dünnen senkrechten Linie geteilt. Außerdem läuft der Randschild in einem Hornnagel aus. Das sind zwei gute Unterscheidungsmerkmale. Wir sollten sie häufig selbst füttern. Dann gewöhnen sie sich an uns und werden, soweit das bei ihnen möglich ist, recht anhänglich (»futtertreu«).

Wir füttern so abwechslungsreich wie möglich (nicht direkt aus dem Kühlschrank!), vorwiegend pflanzlich: weiche frische Salate (nicht naß!), Tomatenstückchen, gekochte (zerdrückte) Rübchen, andere zarte Gemüse, auch mal Gras (das sie im Garten selbst rupfen). Dazu überreifes Obst: Weintrauben, Erdbeeren, Himbeeren, Bananen, Süßkirschen, Birnen und Äpfel (nur geschabt). Auch Reis-, Grieß-, Haferbrei, in Milch eingeweichtes Weißbrot, gehacktes Rind- oder Geflügelfleisch, Herz und Leber. Sehr gesund: Regenwürmer, Nacktschnecken, Mehlwürmer. Stets klares Trinkwasser hinstellen. 1 bis 2 Fasttage wöchentlich. Jede Woche 1 handwarmes Bad, in dem der Panzer ganz eintauchen kann, ca. 30° C.

● Ähnlich sieht die **Maurische Landschildkröte** *(Testudo graeca)* aus: der Oberschwanzschild ungeteilt, ohne Hornnagel. Sie ist von Südosteuropa über Nordafrika bis Persien verbreitet – meist etwas empfindlicher und wärmebedürftiger als die Griechische Landschildkröte.

● Die **Breitrandschildkröte** *(Testudo marginata)* aus Griechenland und Sardinien sieht in der Jugend den anderen sehr ähnlich. Erwachsene Tiere tragen einen glockenförmigen Panzer: eine Art »Stahlhelm mit Beinen«.

Sumpfschildkröten

Falsche Landkarten- oder Höckerschildkröte ▲👁☼⌂▦

Graptemys pseudogeographica

Ordnung: Schildkröten *(Testudines)*
Größe: 12 bis 22 cm
Wassertemperatur: 23–25°C (nachts mind. 18° C)
Anschaffungspreis: 6–80 DM
Normalkosten im Monat: 4–10 DM

Die Höckerschildkröte braucht, wie alle Sumpfschildkröten, ein Aquaterrarium.

Die Falsche Landkarten- oder Höckerschildkröte gehört zu den amerikanischen »Schmuckschildkröten« (Zierschildkröten): der Rückenpanzer schwarzbraun mit schwacher Zeichnung – ein Mittelkiel, später verflachend (wie Indische Dachschildkröte). Der Höcker schiebt sich wie Dachziegel übereinander. Der Bauchpanzer ist gelblich gefärbt. Die »Kokardenaugen« schimmern gelblich; auch über Kopf und Hals verteilen sich gelbe Striche.

Das wärmebedürftige Tier braucht viel Sonne, ersatzweise Kunstlicht und Höhensonne. Die hauptsächlich tierische Kost muß sehr abwechslungsreich sein; vor allem in der Jugend auch Wasserflöhe, Rote und Weiße Mückenlarven; später können wir auch mehr Pflanzliches geben.

Sumpfschildkröten brauchen ein nicht zu kleines Aquaterrarium (im Sommer leben sie gut im Freigehege mit Wasserteil). Die Anlage ständig säubern, da sie den Kot im Wasser absetzen! (Farbfoto → Seite 97.)

● Ähnlich zu halten ist die **Florida-Schmuckschildkröte** *(Pseudemys floridana),* die noch am ehesten Pflanzenkost nimmt, sowie die **Rotwangenschildkröte** *(Pseudemys scripta)* aus Nord- und Mittelamerika. Sie ist besonders schön gezeichnet: im Jugendalter Rückenpanzer und Augen grün; Kopf, Hals und Beine bestreift mit rotem Stirnfleck, Bauchpanzer gelb.

Eidechsen

Manche Leute halten diese Reptilien für Schlangen. Aber Eidechsen haben im Gegensatz zu Schlangen vier Beine, auch wenn sie nicht immer sichtbar (oder verkümmert) sind. Wir können Eidechsen gut erkennen an ihren Augenlidern, die den Schlangen fehlen.

Ihre Haut ist mit einer Hornschicht bedeckt, die sie in trockenheißen Landschaften vorm Austrocknen schützt. Sonne ist ihr Element. In freier Natur finden wir diese schönen, flinken Tiere oft sonnenbadend an warmen Südplätzen auf Steinen und Baumstümpfen.

Manche Eidechsen können große Sprünge machen. Vorzügliche Kletterer sind sie so ziemlich alle, voran die Geckos, die an Fingern und Zehen Haftbällchen haben, so daß sie sogar glatte Glaswände spielend ersteigen. Das Terrarium muß also gut abgedeckt werden. Selbst kopfunter an Zimmerdecken sieht man in südlichen Zonen Eidechsen laufen.

Wir brauchen nicht zu erschrecken, wenn sich plötzlich der Schwanz einer Eidechse löst. Das ist ein Täuschungsmanöver: Abwehrverhalten gegen Feinde. Der vom Kör-

per getrennte Schwanz kann sich sogar noch eine Weile umherschlängeln, um den Angreifer abzulenken – wahrlich ein raffinierter Trick. Denn der Schwanz wächst mühelos wieder nach.

Auch Eidechsen können »futtertreu« werden und ihren Pfleger – als »Ernährer« – erkennen, ihm in gewisser Weise sogar anhänglich sein. Denn er bringt Fressen; und was damit zusammenhängt, prägt sich dem Tier ein.

Da sich die Echsen gern viel bewegen, sollte das Terrarium recht groß sein. Die Durchschnittstemperatur muß 30 bis 35° C betragen, bei den heimischen Arten 5° C darunter. Eine Wärmelampe ist unbedingt erforderlich; es muß auch Gelegenheit zum Verstekken gegeben sein.

In trockener Zimmerluft gehen viele Eidechsen ein – also im Raum Luftbefeuchter verwenden und das Terrarium behutsam überbrausen. Besonders gute Entlüftung ist unerläßlich.

Haupternährung sind Insekten: Fliegen, Würmer, Käfer, Grillen, gelegentlich Mehlwürmer. Dazu Wasser, auch wenn Eidechsen gern die Tautropfen an den Blättern ablekken.

Eidechsen leiden manchmal an Lähmungen der Gliedmaßen. Falls nicht Pflanzenschutzmittel die Schuld daran tragen, kann es sich um eine Mangelkrankheit handeln, die wir mit mehr Lebendfutter und Vitamingaben vielleicht bessern können. Es kommt vor, daß bei einer Eidechse die Schwanzspitze oder die Zehen absterben. Dagegen ist kaum etwas zu machen.

Achtung: Alle heimischen Eidechsen sind geschützt!

Zauneidechse ▲◉☼※▦

Lacerta agilis

Farbfoto → Seite 98.

Familie: Echte Eidechsen *(Lacertidae)*
Heimat: nördliches Europa von West bis Ost
Größe: bis 20 cm
Anschaffungspreis: um 10 DM
Normalkosten im Monat: 2–6 DM

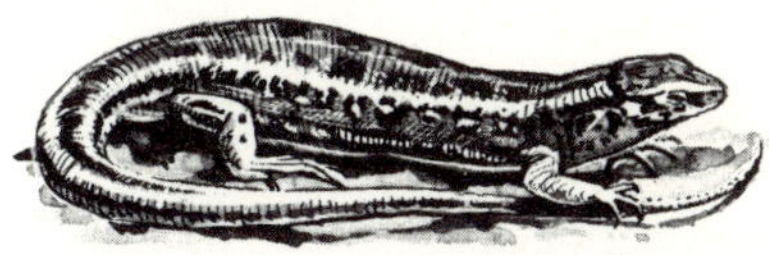

Eidechsen (wie diese Zauneidechse) sollte man unbedingt im Freilandterrarium halten.

Die Zauneidechse ist unsere bekannteste heimische Eidechse: braun bis grau mit Flecken, das Männchen an den Flanken grünlich, zur Laichzeit besonders auffallend gefärbt. Ihr Name täuscht. Sie klettert weniger gern als andere Arten, und braucht im Terrarium einen ruhigen Platz zum Sonnen (am Südfenster oder unter der Kunstlampe). Hübsch macht sich ein »Wegrandterrarium« mit entsprechender Bepflanzung (Efeu und andere Rankenpflanzen), dazu ein kleines Ruinengemäuer. Diese lufthungrige Eidechse gehört eigentlich ins Gartengehege.

● Größte heimische Eidechse ist die **Smaragdeidechse** *(Lacerta viridis),* im Handel für 20–25 Mark zu haben: sehr langschwänzig, in der südlichen Form bis 40 cm groß, noch in der asiatischen Türkei verbreitet. Sie erscheint leuchtend grün mit schwarzen Punkten (das Weibchen mehr gestreift). Die Smaragdeidechse braucht ein sehr großes Terrarium, kräftige Pflanzen, Sand und Steine. Sie nimmt nur Lebendfutter und ist deshalb nicht einfach zu halten.

● Kleinste heimische Art ist die **Berg- oder Waldeidechse** *(Lacerta vivipara),* Preis 7–9 DM, Größe bis 15 cm: braun mit Punkten; Unterseite des Männchens rötlich, des Weibchens weißlich. Diese Art braucht mehr Feuchtigkeit (lebt in Wald und Moor). Nahrung: Insekten, Spinnen, Regenwürmer.

● Reizvoll ist auch die **Mauereidechse** *(Lacerta muralis)*, etwa gleicher Preis, aber leichter zu halten: bis 20 cm groß, braun (bei der italienischen Unterart oliv) mit netzartigen Flecken. Das Weibchen trägt seitlich ein dunkles Längsband. Alle Mauereidechsen kommen aus den Mittelmeerländern.

Mauergecko

Tarentola mauritanica

Familie: Haftzeher *(Gekkonidae)*
Heimat: westliche Mittelmeerländer
Größe: bis 16 cm
Anschaffungspreis: 8–12 DM
Normalkosten im Monat: 3–7 DM

Alle Geckos (hier ein Mauergecko) sind eifrige Jäger.
Sie brauchen viel Lebendfutter.

Mauergeckos sind menschenscheue Nacht- und Dämmerungstiere, auch wenn sie gelegentlich bei Tag herumjagen. Nachts bei Rotlicht zeigen sie vollends ihr interessantes Verhalten. Es sieht schon seltsam aus, wenn sie ihre Augen belecken, um sie blank zu machen, weil ihnen das echsenübliche Augenlid fehlt (Nachtgeckos haben die »Spaltpupille«, Taggeckos die Rundpupille). Sie jagen mit großem Eifer Fliegen, Spinnen, Heuschrecken und andere Futtertiere. Wir überbrausen das Terrarium, solange die Tiere noch im Versteck hocken. Legen Sie die Verstecke so an, daß sie zum Reinigen leicht zugänglich sind.

● Erheblich größer (bis 35 cm) wird der **Tokee** *(Gecko gecko)*, Preis 15–25 DM: hellgrau, bläuliche bis rötliche Flecken, Augen gelb. Dieser asiatische »Urgecko« ist ein behendes und streitsüchtiges Tier, das aber seinem Pfleger durchaus Sympathie entgegenbringen kann. Nahrung: außer Honig und süßem Obst vor allem Insekten, Spinnen, Heuschrecken, Schmetterlinge, sogar kleine Mäuse. Vorsicht: Falls Sie kleinere Eidechsenarten einsetzen, verspeist er auch sie!

● Reizvoll (und teuer, 60–150 DM) sind die Phelsumen oder Madagaskar-Taggeckos, darunter vor allem der **Grüne Taggecko** *(Phelsuma madagascariensis)*, bis 18 cm groß und der **Streifengecko** *(Phelsuma lineata)*: bis 12 cm groß, leuchtend grün mit roten Flecken.

Blindschleiche

Anguis fragilis

Farbfoto → Seite 98.

Familie: Schleichen *(Anguidae)*
Heimat: Europa bis Kleinasien und Iran
Größe: bis 50 cm
Anschaffungspreis: 10–20 DM
Normalkosten im Monat: 3–5 DM

Blindschleichen schlängeln sich wie Schlangen fort, gehören aber zu den Eidechsen.

Diese angenehme, hübsche und harmlose Bodeneidechse, grau bis bräunlich geschuppt, steht zu Unrecht in dem Ruf, eine »böse Schlange« zu sein, nur weil ihre Gliedmaßen verkümmert sind und sie sich schlangengleich durchs Gras bewegt. Im Terrarium ist dieses weniger sonnenhungrige Waldtier recht gut zu halten. Hauptnahrung: Nacktschnecken und Regenwürmer. Blindschleichen bringen lebende Junge zur Welt, die man mit Kleinstfutter, wie Enchyträen, gut aufziehen kann – eine sehr lehrreiche Beschäftigung.

● Gut hält sich ein **Rotkehlanolis** *(Anolis carolinensi)* aus den USA, dem wir einen recht dichten Pflanzenwald – auch mit kräftigen Schling- und Rankenpflanzen – errichten, da er dort

oben kopfab zu schlafen pflegt. Dieses »amerikanische Chamäleon« verändert rasch seine Farbe, die es der jeweiligen Umgebung anpaßt: leuchtend smaragdgrün bis braun. Wenn der Anolis droht, glüht sein Kehlsack rot (daher sein Name). Nahrung: Fliegen, Falter, Heuschrecken etc.

Schlangen

Seit Adam und Eva haben Schlangen einen schlechten Leumund: Verwunschen, falsch, mit dem »bösen Blick« behaftet (». . . erstarrt wie das Kaninchen vor der Schlange . . .«), Feuer speiend, giftige Dünste ausströmend, verführerisch (als verzauberte Prinzessin).

Gerade die Schlangen jedoch stellen manchen besonders interessanten und hübschen Terrarienbewohner. Der »magische Blick« (um ein Vorurteil auszuräumen) kommt einfach daher, daß Schlangen schrecklich kurzsichtig sind und verkümmerte Augenlider haben. Da sie auch noch schlecht hören, müssen sie ihre Nahrung »erzüngeln«.

Schlangen schlucken ihre Beutetiere unzerkaut. Sie liegen deshalb so lange faul umher, weil sie diese Beutetiere »mit Haut und Haar« verdauen müssen. Das dauert seine Zeit.

Diese Schuppenkriechtiere sind scheue, vorsichtige Wesen. Wenn wir uns vor ihnen ruhig und gemessen bewegen, sie zudem mit viel Einfühlungsvermögen behandeln, werden sie uns akzeptieren. Es entsteht vielleicht sogar ein angenehmes Verhältnis. Ein Bekannter, der Giftschlangen hält, behauptet es. Er ist noch nie gebissen worden. »Sonst wäre ich selbst dran schuld«, meint er.

Vor allem, wenn es zur Häutung kommt, brauchen die Tiere Ruhe. Wärme, Badegelegenheit und Durchschlupfe im Astgewirr der Pflanzen helfen bei der Häutung.

Gute Pflege ist erforderlich. Vor allem sollte der Kot sofort entfernt werden, auch aus dem Wasser. Die sogenannte »Mundfäule«, eine gefährliche Schlangenkrankheit, geht hauptsächlich auf mangelnde Hygiene zurück. Falls sie oder Milbenbefall auftritt, den Tierarzt befragen!

In aller Regel brauchen Schlangen Lebendfutter, hauptsächlich Wirbeltiere. Nur der wirkliche Liebhaber, der außerdem über genügend Zeit und Ausdauer verfügt, sollte Schlangen halten. Achtung: Alle heimischen Schlangen (mit Ausnahme der Kreuzotter) stehen unter Naturschutz!

Ringelnatter ▲▼▲▼ ◉ ☼ ⌂ ▦

Natrix natrix

Farbfoto → Seite 98.

Familie: Nattern *(Colubridae)*
Heimat: Europa, Nordafrika, Asien bis zur Mongolei
Größe: bis 130 cm
Anschaffungspreis: 15–25 DM
Normalkosten im Monat: 4–8 DM

Vor allem die Nattern sind terrariengeeignet. Die Ringelnatter ist die häufigste heimische Art, an den beiden hellgelben (manchmal verblaßten) Halbmondstreifen hinterm Kopf von anderen Schlangen zu unterscheiden. Ausreichend großer Wasserteil ist für diese Meisterschwimmer unerläßlich, die ihre Nahrung gern im Wasser jagen: hauptsächlich Braunfrösche, aber auch Kröten, Molche, Fische, Kaulquappen. Noch etwas größer wird die in den Alpen verbreitete **Barrenringelnatter** *(Natrix natrix helvetica)*.

● Häufig im Angebot des Zoohandels ist die **Vipernatter** *(Natrix maura)*, 12–15 DM, die noch in Südwesteuropa (auch in der südwestlichen Schweiz) auftritt. Sie lebt von Fröschen, Fischen, Wassermäusen und Regenwürmern.

Unser schnurrender Heimtiger:

Die Katze

Unser schnurrender Heimtiger
Die Katze

Der Katzen-Eignungstest

»Katzen sind das ideale Heimtier«, sagen die einen. »Es kommt mir keine Katze ins Haus«, meinen die anderen. Aber es gibt gut 3 Millionen Katzen in deutschen Haushaltungen.

Bevor Sie sich für eine Katze entscheiden, machen Sie diesen Eignungstest:

☐ A – *Sind Sie ein »Familientyp«:* Laden Sie öfter Besuch zu sich ein – sind Sie ein »Patriarch« mit kleinem Hang zum Herrschen oder die geborene »Hausmutter«? Fühlen Sie sich am wohlsten, wenn die Familie, die Freunde, gesellig unter Ihrem Dach vereint sind? Lieben Sie Ihre Ordnung und schließen Sie abends pünktlich die Haustür ab?

☐ B – *Sind Sie ein Einzelgänger* – ob verheiratet oder unverheiratet: Unabhängig, nachdenklich, etwas kontaktscheu? Haben Sie es lieber still als laut – sind Sie musikliebend – ohne den ganzen Tag Radio zu hören? Sind Sie eher etwas lässig als überordentlich? Müssen Sie Ihr Tier öfter mal sich selbst überlassen?

☐ C – *Suchen Sie ein Tier, das sich Ihnen anschließt?* Das Sie als Herrn – »Herrchen« oder »Frauchen« – anerkennt und Ihnen aufs Wort folgt? Wollen Sie Ihr Tier zu einem Familienmitglied erziehen oder abrichten? Möchten Sie, daß es immer um Sie herum ist?

Hauptfrage: Suchen Sie – für sich, die Familie, die Kinder – ein Tier zum Liebhaben und Streicheln?

☐ D – *Suchen Sie ein Tier, das liebebedürftig und selbstbewußt, ein Einzelgänger und doch anpassungsfähig ist?* Das auf seine Freiheit pocht und dennoch Ihren Umgang sucht? Das Ihnen nicht gehört, auch wenn Sie es besitzen, und das doch in die Familie – die Wohnung – paßt?

Hauptfrage: Suchen Sie – für sich, die Familie, die Kinder – ein Tier zum Liebgewinnen und Verstehen?

Ergebnis: Falls Sie A und C ankreuzen, halten Sie besser einen Hund. Wenn Sie B und D angekreuzt haben, kommt für Sie eher eine Katze in Frage.

Das Raubtier Katze: Anpassungsfähig oder nicht? – Aus der großen Katzenverwandtschaft – Über den »Schleich- und Sprungapparat« Katze

Katzen sind eigenwillige Persönlichkeiten, die den Menschen gegenüber keine Konzessionen machen. Hauskatzen bleiben auch als Spielkätzchen in der Wohnung Raubtiere – Löwen im Kleinformat.

Beobachten Sie mal eine Katze, wenn sie durch den Garten pirscht, über die Straße springt, auf »Sammetpfoten« durch die Wohnung schleicht, auf dem Dach oder vor einem Mauseloch lauert.

Unsere Hauskatzen haben sich seit langer Zeit dem Menschen angepaßt, aber ohne etwas von ihrem Wesen aufzugeben. Sie leben auch weiter in »Artgemeinschaft« mit den Katzen ihrer Nachbarschaft und Umgebung, im Gegensatz zum Hund, der sein Hunderudel für das »Menschenrudel« aufgeben kann.

Die alten Ägypter haben sie einst zur Gottheit erhoben – als Tempelkatze gefeiert, angebetet, wohl auch verabscheut. Sie galt im Laufe der Geschichte als Glücksbotin und Unglücksbringerin – noch heute sprechen wir von der »schwarzen Katze«. Glaube und Aberglaube haben sich ihrer bemächtigt. Sie machte sich als Ratten- und Mäusevertilgerin nützlich und verdiente so ihre Schale Milch. Sie blieb stets ein unabhängiges Wesen, das sich nicht einem »Herrn« anschließt – aber im Umkreis des Menschen lebt. Sie kommt nur, wenn sie Hunger hat – also nur, wenn sie es will und nicht, wenn sie gerufen wird. Sie ist nicht unterwürfig, nicht kriecherisch; sie bleibt selbstsicher und ist nur mit Zwang einzuordnen. Sie lebt keineswegs »asozial«, sondern hat nach wie vor ihre soziale Beziehung zum Katzenreich.

Skelett der Hauskatze

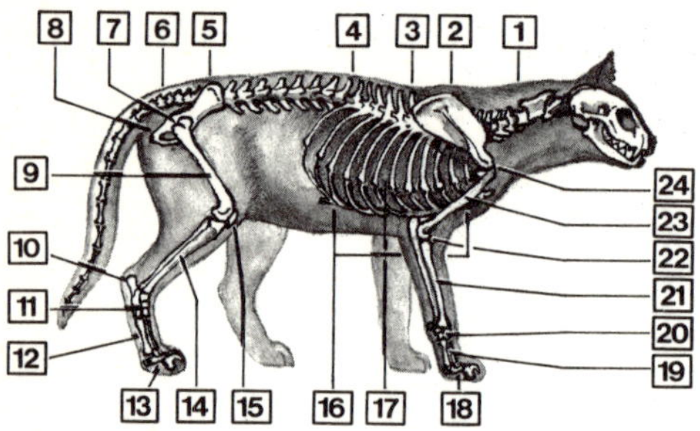

1 Halswirbel. 2 Schulterblatt. 3 Brustwirbel. 4 Lendenwirbel. 5 Kreuzbein. 6 Schwanzwirbel. 7 Hüftgelenk. 8 Becken. 9 Oberschenkelknochen. 10 Fersenbein. 11 Fußwurzelknochen. 12 Mittelfußknochen. 13 Zehen. 14 Unterschenkelknochen – vorn Schienbein, hinten Wadenbein. 15 Kniescheibe. 16 Brustbein. 17 Brustkorb. 18 Zehen. 19 Mittelfußknochen. 20 Handwurzelknochen/Handgelenk. 21 Unterarmknochen – vorn Speiche, hinten Elle. 22 Ellenbogengelenk. 23 Oberarmknochen. 24 Schultergelenk.

Äußerlich betrachtet gehört die Katze zum Vollendetsten, was die Natur geschaffen hat. Ihre harmonischen Bewegungen, ihre nahezu aristokratische Erscheinung, auch das »Liebe« und Reizende des runden, kindlichen Kopfes mit Stupsnase bei Katzenkindern – das sind die Dinge, die sie unverwechselbar machen.

Haben Sie schon mal darüber nachgedacht, wer alles zur Katzenverwandtschaft gehört? Gepard und Serval. Luchs und Manul. Rohrkatze, Waldwildkatze, Falbkatze, von der die Hauskatze abstammt und nicht von unserer heimischen Wildkatze; und die anderen Katzenartigen: Wüstenkatzen, Leopard (auch Panther genannt), Jaguar, Löwe, Tiger, Puma und manche andere.

Katzen sind sehr geschmeidig. Man hat den Eindruck, daß sie immer auf Beutegang sind, um plötzlich, unerwartet auf ihre Beute zuzuspringen. Ihr Körper ist ein vollendeter Mechanismus aus Knochen, Hebeln, Sprungfedern, Muskeln und Sehnen. Die Krallen sind einziehbar. Das Raubtiergebiß mit den spitzen Fangzähnen packt die Beute, die messerartigen Vorbackenzähne zerreißen sie in Stücke – sekundenschnell. Aber die Katze frißt langsam, sie schlingt nie.

Katzen sind Nachttiere. Ihre Pupillen verraten es. Sie haben sich jedoch unserem Tagleben angepaßt; sie liegen im weichen Polstersessel faul beim Ofen oder schläfrig in der Sonne – wie alle Feliden, Katzenartigen, sind sie wärmeliebend. Sie schnurren und räkeln sich, lassen sich für ihr Leben gern streicheln, sie suchen das Zärtliche und Sanfte, lassen sich bemuttern und füttern.

Katzenpupillen sind bei Dunkelheit geöffnet, bei Helligkeit zu schmalen Schlitzen verengt.

Wenn die Katze Sie mag, dann ist sie – in ihrer Weise – genauso anhänglich wie ein Hund. Sie hört gern Musik – auch Gesang, sofern er nicht laut ist. Sie möchte wohl auch selbst gern singen, aber ihrem Wesen gemäß, bringt sie nicht mehr als »Katzenmusik« zustande.

Junge Katzen sind ein guter Umgang auch für kleinere Kinder. Manchmal kratzen oder beißen sie zwar, wenn ihnen etwas »gegen

den Strich« geht – das ist nicht böse gemeint. Aber Vorsicht: Sie könnten in die Augen kratzen!

Vor allem kleinere Katzen brauchen Unterhaltung und Spielzeug. Sie können sich aber auch stundenlang allein beschäftigen, wenn sie etwas zum Fangenspielen haben. Es ist Beutespiel, Vorbereitung auf ihr Leben.

Im Durchschnitt können Katzen etwa 15 bis 18 Jahre alt werden – auch ein paar Jahre älter. Im Frühjahr und Herbst haaren sie, wenn sie ihr Fell erneuern.

Vom Wesen und Verhalten der Katze

Wir haben allen Grund, die schon lange bestehenden Vorurteile über die Hauskatze zu revidieren. Erst in neuester Zeit – vor allem durch die Untersuchungen von Professor Paul Leyhausen – haben wir das Verhalten der Katzen, ihr Wesen und Wollen, besser kennengelernt.

Die Katze fühlt sich an ihr Revier gebunden – Wohnung, Haus, Umgebung. Auf Reisen kann man sie mitnehmen, wenn man ihr ein Halsband umlegt und sie an die Leine nimmt. Bei richtiger Fütterung wird sie »leinenführig«. Wenn Sie Ihre Katze nicht mehr füttern, verliert sie die Beziehung zu Ihnen. Und ob sie viel Platz bei Ihnen hat oder nicht, ist ihr nicht weiter wichtig. Nachts wird sie, falls sie die Möglichkeit – und Lust – dazu hat, ohnehin am liebsten verschwinden.

Denn nachts erwacht sie zum eigentlichen Katzenleben – nicht nur in der Ranzzeit. Dann streift sie umher. Manchmal legt sie nachts viele Kilometer zurück – weit im Umkreis von Wohnung oder Haus. Sie haben keine Ahnung, was Ihre Hauskatze da alles erlebt; natürlich gibt es auch »phlegmatische« Katzen mit wenig Erlebnissen, auch unkastrierte und nichtsterilisierte, vor allem unter den Edelkatzen.

In der Katzen-Hierarchie hat jede Katze einen festen Rang je nach ihrer Persönlichkeit und ihrem Durchsetzungsvermögen.

Unsere Hauskatzen verteidigen ihr Revier gegenüber Vorüberkommenden, Eindringlingen und Neulingen. Bei der Begegnung werden immer bestimmte Verhaltensweisen angewendet: Belauern, Beschnuppern, Beriechen – bis schließlich mit erhobenem Schwanz der »Analtest« gemacht wird: der Duft des Anderen wird aufgenommen. Die unterlegene Katze verjagt man, Gleichrangige trennen sich friedlich.

Falls Sie mehrere Katzen halten, können Sie die Rangordnung genau beobachten: Die ranghöchste Katze darf zuerst fressen und auch die besten Ruheplätze belegen. Bereits Katzenkinder machen untereinander die Rangordnung aus, die so lange gilt, wie sie zusammen sind. Gegenüber älteren Katzen haben sie jedoch Vorrechte; sie dürfen frech sein, der Altkater läßt sie gewähren. Sind sie erst erwachsen, dann machen die männlichen Tiere durch Rivalenkämpfe unter sich die endgültige Rangordnung aus.

Diese Rivalenkämpfe sind notwendig, um die Rangordnung festzulegen; im allgemeinen verkehren Katzen durchaus freundschaftlich miteinander. Wir hören sie gelegentlich – meist nach Einbruch der Dunkelheit bis gegen Mitternacht – Katzenmusik machen. Sie treffen sich auf neutralem Boden an ihrem Versammlungsort, der zu keinem Katzenrevier gehört. Auch »Frauen« haben hier Zutritt und Mitspracherecht – das ist Katzendemokratie.

Besonders laut erschallt das Katzengeschrei im zeitigen Frühjahr zur Ranzzeit. Dann treiben es die Kater besonders wild, denn jeder gute Kater will sich paaren.

Wir merken recht gut, wenn diese Zeit gekommen ist. Dann streichen die Tiere unruhig durch die Wohnung. Der Kater setzt seine Duftmarken ab. Am besten lassen Sie ihn in dieser Zeit häufig hinaus – sonst stinkt's bald wirklich erbärmlich in der Wohnung. Hauptleidtragende sind dann freilich die Besitzer unsterilisierter Kätzchen, denn

in ihrer Umgebung häufen sich die männlichen Duftmarken. Wenn Sie Ihren Kater kastrieren lassen, entgehen Sie diesen Unbequemlichkeiten.

Die Kätzinnen sind in der Paarungszeit besonders liebebedürftig. Laut miauend singen sie ihre Lockstrophen hinaus. Die Antwort kommt prompt – und laut – von fremden Katern, die ums Haus streichen. Unsterilisierte Kätzinnen vor der Schwangerschaft zu bewahren, ist so gut wie unmöglich. Wenn Sie keinen Katzennachwuchs haben wollen, bleibt nur der Weg zum Tierarzt.

Über Katzenbedürfnisse und Katzenhaltung
Auswahl und Kauf: Normal- oder Edelkatze?
Zubehör und Pflege

Viele Leute meinen, daß man Katzen überhaupt nicht zu pflegen braucht. Das stimmt nur zum Teil. Zwar halten sie sich besser sauber als der Hund, aber einiges müssen wir doch tun. Sonst riecht es in der Wohnung bald nach Katze – und das ist ebenso unangenehm wie unnötig.

Von unserer Pflegebereitschaft – also der Zeit und der Ausdauer, die wir aufbringen können – hängt auch die Wahl unserer Katze ab. Eine normale Hauskatze ist meist nicht weniger interessant, häufig sogar eigenwilliger und neugieriger als die Edelkatze. Ich ziehe die stammbaumlose Dorfkatze der Edelkatze vor.

Noch etwas ist vor dem Kauf von Edelkatzen zu bedenken: Sie müssen sehr sorgfältig gepflegt werden. Die irgendwie gefärbte, gefleckte, getigerte, gestromte Kurzhaarkatze ohne Adelszeugnis werden wir meist kostenlos oder gegen ein paar Mark haben können; eine Edelkatze mit Stammbaum kann im Sonderfall in die Tausende gehen. (→ Kapitel »Katzenrassen und Edelkatzen« Seite 127).

Am besten nehmen Sie eine Katze, die gerade eben völlig entwöhnt ist – im Alter von acht bis zehn Wochen etwa. Wo und wie Sie Ihre Hauskatze unterbringen, hängt vom Platz ab und davon, ob es eine Spiel- oder Zuchtkatze sein soll, eine Wohnungs-, Garten- oder Mäusekatze.

Falls Sie bereits einen Hund haben, braucht Sie das nicht vom Katzenkauf abzuhalten. Sie müssen die Tiere nur sehr vorsichtig aneinander gewöhnen und das Kätzchen anfangs vor dem Hund in Schutz nehmen – also auf den Arm zum Beispiel. Läuft es einmal vor dem Hund davon, wird er es künftig immer als Jagdobjekt betrachten und immer wieder verfolgen. Ist Ihnen die Gewöhnung ohne diesen »Schock« für die Katze geglückt, dann wird sie sich immer sehr wohl ihrer Haut zu wehren wissen. Dann können beide Freunde werden.

Sie müssen jedoch bedenken, daß eine solche Freundschaft bei alten Tieren häufig nicht zustande kommt. Bringen Sie aber eine junge Katze heim, dann dürfte der Freundschaft wenig im Wege stehen. Der ältere Hund wird das junge Kätzchen sogar beschützen und nicht unbedingt eifersüchtig sein. Ohne Mühe können Sie einen jungen Hund und eine kleine Katze aneinander gewöhnen, wenn Sie beide zur gleichen Zeit anschaffen.

Die übliche Haus- und Stubenkatze braucht einen Schlafkorb. Eine Kiste tut's auch. Hauptsache: Es ist warm und zugluftfrei und ohne allzu große Temperaturschwankungen. Als Unterlage genügt ein Kissen. Sonst sucht sich die Katze einen ihr besser passenden Platz: im Sessel, auf der Ofenbank, in einem Bett. Manche Leute mögen das. Für Kinder ist es nicht unbedingt anzuraten.

Was Kater und Katze unbedingt brauchen, ist ein Katzenklo. Sonst werden sie nicht stubenrein. Nehmen Sie eine nicht zu leichte Schüssel – am besten aus festerem Plastikmaterial – mit niedrigem Rand oder eine flache Kiste. Legen Sie Zeitungsschnitzel, Sägespäne – kein Sägemehl –, Torf oder geruchsbindende Katzenstreu hinein. Da alle

Unser schnurrender Heimtiger
Die Katze

Katzen sehr nasenempfindlich sind, verwenden Sie am besten gleich zwei Katzenklos nebeneinander – an einem Ort, an dem sie nicht stören – aber so, daß die Katze jederzeit ungehindert Zugang hat. Denn besonders heikle Katzen benutzen ihr Klo nicht zweimal hintereinander. Wenn Ihre Katze nicht stubenrein wird, kann es daran liegen, daß sie zwei Klos braucht – dem müssen Sie Rechnung tragen.

Da Katzen Beschäftigungstiere sind, sollte man jeden Tag mit ihnen spielen. Außerdem brauchen sie Spielzeug. Normales Kinderspielzeug – Bälle zum Beispiel – ist da geeignet, sofern es nicht so klein ist, daß es die Katze verschlucken kann; auch ein alter Schlappen, Papier- oder Wollknäuel, eine Garnrolle ohne Garn – der Phantasie sind keine Grenzen gesetzt.

Was Ihre Katze unbedingt braucht, damit Ihre Möbel und Teppiche nicht ruiniert werden, ist ein Kratzbrett oder Kratzpfosten. Der Zoohändler verkauft so etwas für ein paar Mark. Sie können es auch selbst machen:

- Kratzpfosten. Besenstiel in ein Standbrett schrauben oder stecken und mit Teppichresten oder festem Stoff umwickeln.
- Kratzbrett. Ein Stück Teppich oder eine Fußmatte auf ein Brett nageln und mit einer Schrägstütze versehen.

Wenn Sie Ihre Möbel schonen wollen: Kratzpfosten oder -brett zum Krallenschärfen.

Die Katze wird rasch – notfalls mit sanfter Nachhilfe – den Sinn dieser Einrichtung begreifen. Denn hier kann sie ihre Krallen wetzen, was notwendig ist und ihr Spaß macht – und Sie sparen Geld und Ärger.

Langhaarige Katzen brauchen tägliche Fellpflege mit dem Kamm. Kurzhaarkatzen bürsten Sie einmal in der Woche einige Minuten mit einer weichen Bürste. Zwar leckt sich die Katze selber sauber, aber sie ist ein Fellwechsler und verliert ständig Haare. Wenn Sie die ausgefallenen Kurzhaare nicht ausbürsten, wird die Katze sie ablecken und verschlucken. Sie will die Haare, die sich im Magen zusammenballen, durch Erbrechen wieder loswerden, dazu muß sie Gras fressen; die Garten- oder Streunkatze hat es da leicht – wenn Ihre Katze aber keine Möglichkeit hat, Gras zu finden, dann säen Sie Gras in einen Blumentopf und geben der Katze gelegentlich etwas davon. Wenn Sie jede Woche das Fell bürsten oder kämmen, wird's vielleicht nicht so oft nötig sein.

Das Wichtigste über Katzenernährung
Was die Katze für ihre Gesundheit braucht:
Eiweiß – Fett – Kohlenhydrate – Vitamine

So sieht in vielen Fällen die Katzenfutterpraxis aus:

- Alle Abfälle und Reste unserer Menschenmahlzeit – Soße, Kartoffeln, Gemüse, Fettstücke, Wurst, gut gesalzen und gewürzt – in den Futternapf = Erster Fehler;
- was übrigbleibt, kommt in den Kühlschrank und dann direkt, ohne auf Zimmertemperatur angewärmt zu sein, in den Katzenmagen = Zweiter Fehler;
- zwischendurch am Tag, nach Lust und Laune, gibt man der Mieze Kekse, Pralinen, Torte, Salzheringe, Pudding, Knabbernahrung = Dritter Fehler.

Die Katze ist weder ein Resteverwerter noch ein Mastschwein. Für sie – wie für alle Lebewesen – gelten zwei Ernährungsgrundsätze:

Oben: Siamkatze gestromt und
Europäisch Kurzhaar (Tabby-Muster).
Mitte: Blauperser und Weißer Perser
mit orangefarbenen Augen.
Unten: Birmakatze und
Abessinier (normal farbig).

- Wer viel ißt, wird fett!
- Wer falsch ißt, wird krank!

Die naturvernünftige Nahrung hat die richtige Zusammensetzung von Eiweiß (Protein), Fett, Kohlenhydraten, Vitaminen und Nährstoffen.

Wertvolles *Eiweiß* ist enthalten in: Fisch, Milch, Eiern, Muskelfleisch, Innereien. Eiweißreich ernährte Katzen sind fröhlich und quicklebendig. Eiweißmangel macht sie lustlos und faul.

Ein gewisser Futteranteil von *Kohlenhydraten* (den sogenannten »Baustoffen des Lebens«: vorgekochte Stärke und Traubenzucker) ist nötig – auch in Form unverdaulicher Rohfasern; denn sie regen die Darmtätigkeit an. Kohlenhydrate kommen aus pflanzlichen Produkten.

Ohne *Fett* (in Maßen) geht es nicht. Denn die sogenannten »essentiellen Fettsäuren« (die lebensnotwendigen nämlich) braucht jede Katze für den Vitaminstoffwechsel und die Energieaufladung des Körpers. Sie enthalten außerdem die wichtigsten Vitamine A, D und E.

Das alles soll ausgewogen sein – auch die *Vitamingaben*. Wichtige Vitamine sind in Leber (vom Rind, Kalb, Schwein, Geflügel) und Lebertran enthalten. Zu viel Leber ist nicht gesund (führt zu Durchfall).

Falls Sie der Katze Knochen geben, dann bitte nur vom Kalb und von rohen Hühnerköpfen. Alle anderen Knochen splittern zu spitzen Nadeln und können die Katze töten!

Selbstverständlich ist Fisch besonders nahrhaft (stets Gräten auslösen!). Mit Fisch könnten Sie Ihre Mieze ein Leben lang gut ernähren, vor allem mit Seefisch. Dann freilich riecht sie mit der Zeit nicht mehr nach Katze. Denken Sie daran, den Fisch zu kochen – aus zwei Gründen: Roher Seefisch kann Bandwürmer und Schmarotzer enthalten, und im rohen Flußfisch befinden sich vitaminzerstörende Bestandteile (Enzyme). Fischköpfe mag die Katze sehr, auch Trokkenfisch und Schalentiere.

Was noch zur Gesunderhaltung gehört

- Am besten füttern Sie Ihre erwachsene Katze morgens und abends – stets zur gleichen Zeit. Die Katze gewöhnt sich daran und kommt pünktlich heim. Sie können Sie dann abends auch leichter im Haus halten.
- Probieren Sie aus, wieviel Ihre Katze braucht. Die meisten Heimtiere werden überfüttert. Die angegebenen Mengen sind Durchschnittsmengen. Wenn zum zweitenmal etwas übrigbleibt, müssen die Portionen verringert werden.
- Sie können über die Menütabelle hinaus folgende Durchschnittswerte notieren: Eine Katze braucht bei 4 kg Gewicht 340 Kalorien, bei 5 kg 400 Kalorien, bei 6 kg 450 Kalorien. Sie können das leicht auf die Menüvorschläge anwenden und die Mengen entsprechend erhöhen.
- Es gibt, auch was das Essen betrifft, heikle Katzen. Falls Ihre Mieze nicht fressen will, versuchen Sie es mal mit etwas anderem; geben Sie statt Fisch mal Fleisch, auch bei Fertignahrung. Durchfall oder Verstopfung deuten stets auf falsche Ernährung hin.
- Eine trächtige Katze hat mehr Hunger (größeren Kalorienbedarf), vor allem aber Eiweißhunger. Geben Sie zu Menü F oder G (V) leicht verdauliche Zuspeisen: Ei, Fisch, Fleisch, Quark oder Dosen-Hauptnahrung. Verteilen Sie die tägliche Gesamtmenge auf 3 bis 5 Mahlzeiten. Eine säugende Kätzin braucht (ansteigend bis zur 6. Woche – das 2- bis 3fache der normalen Futtermenge ihrer Gewichtsklasse (→ Tabelle Seite 125) zuzüglich Lebertran, Kalkpräparat, reichlich Milch und Wasser. Der Nahrungsbedarf hängt von der Anzahl der Jungen ab. Erhöhen Sie bis zur 6. Woche die Futtermenge (→ Tabelle Seite 125) jede Woche um etwa $^1/_4$ bis $^1/_5$. Füttern Sie die säugende Katze sechsmal am Tag.

Oben: Junge Perserkatzen.
Unten: Zwergesel mit Tibet-Spaniel.

Unser schnurrender Heimtiger
Die Katze

Kalorienbedarf und Menüvorschläge

Alter	Mahlzeiten am Tag	Gewicht kg	Nahrungs-menge g	Kalorien-Bedarf tägl.	Menü-abwechs.	Zusatz- oder Mehrfütterg.
bis 6. Woche	Kätzchen wird noch durch seine Mutter gestillt					I
6. bis 8. Woche	6	0,5	150	150/170	A, B, C, D	II
9. bis 12. Woche	5	0,9	200	200	A, B, C, D	
13. bis 16. Woche	4	1,1	230	230	A B, C, D	III
5. Monat	3	1,5	260	260	E, F	
6. Monat	3 bis 2	2,0	250	290	E, F	IV
7. Monat	2	2,3	320	310	F, G	V
ab 8. Monat	1 bis 2	2,5–3,0	300	300	F, G	V

A 50 g Gemüse, 1/2 Scheibe Knäckebrot, 50 g Dosenvollnahrung (etwas zerkleinert) mit 1 Teelöffel Pflanzenöl vermischen, etwas Milch zusetzen (170 Kalorien).

B 1 Ei, 15 g gekochten Reis oder Haferflocken vermischen mit 1 Eßlöffel Dosen-Hauptnahrung Fleisch oder Fisch (160 Kalorien).

C 50 g Milch, 2 bis 3 Eßlöffel Haferflocken, 50 g Gemüsebrei vermischen mit 2 Eßlöffeln Dosen-Vollnahrung Fisch (175 Kalorien).

D 50 g Milch, 50 g Hackfleisch (vom Rind), 1 rohes Ei, 1/2 Brötchen mit etwas Gemüse (185 Kalorien).

E 100 g Katzen-Hauptnahrung (Dose) in unterschiedlicher Auswahl (z. B. Leber, Muskelfleisch, verschiedene Fischsorten, Wildragout).

F 100 g Katzen-Vollnahrung (Dose) in unterschiedlicher Auswahl (Huhn, Fleisch, Leber, Seefisch etc.).

G 60 g Katzen-Vollnahrung (Trockennahrung). Reichlich Wasser beistellen, da das dem Paketfutter entzogene Wasser ersetzt werden muß.

I Von der 4. Woche an Zufütterung von: a) Haferschleimbrei mit Büchsenmilch oder b) Kindermilchnahrung mit etwas magerem Rinderhack oder Katzen-Hauptnahrung (Dose). Außerdem: wöchentlich 1 gekochtes Ei.

II In der 6. Woche: gedünsteter Spinat (fein), gedünstete Möhren (gerieben), gedünsteter Blumenkohl (musförmig). Säugling in der 7. Woche der Mutter wegnehmen und nach Plan füttern.

III Menge der Nahrung um etwa die Hälfte erhöhen.

IV Menge der Nahrung um etwa ein Viertel erhöhen.

V Menge der Nahrung um etwa ein Drittel erhöhen.

Unser schnurrender Heimtiger
Die Katze

Die ausgewachsene Katze (im 9. bis 10. Lebensmonat) können Sie abwechselnd mit Menü E und F (V) weiterfüttern – und erhalten sie damit jahrelang bei bester Gesundheit. Das bedeutet je nach Gewicht der Katze (siehe Kalorienzuschlag Tabelle S. 125): täglich 140 bis 220 g Dosen-Hauptnahrung oder 80 bis 120 g Trocken-Vollnahrung aus dem Paket.

Sie können davon ausgehen, daß eine erwachsene Katze am Tag im Durchschnitt – je nach Eigengewicht – 125 bis 250 g hochwertige Nahrung braucht. Davon darf durchaus einiges aus dem Familienessen kommen, sofern es weitgehend ungesalzen und höchstens schwach gewürzt ist.

Anstelle der Menüs F und G können Sie selbstverständlich auch andere Zusammensetzungen wählen, zum Beispiel: Morgens rohes Fleisch oder gekochten Fisch mit etwas Gries, Reis, Haferflocken oder Maismehl vermischt und abends eine Milchmahlzeit: Milchbrei mit gekochtem Gemüse – keine Hülsenfrüchte.

Anstelle von Reis und Haferflocken können Sie auch gekochte Kartoffeln beigeben. Dazu gelegentlich etwas Rührei oder Eigelb, auch Quark mit einem Löffel Honig. Bieten Sie Ihrer Katze mal geriebenen Apfel oder zerdrückte Banane an. Vielleicht mag sie es. Oder Beerenobst. Vergessen Sie nicht, jede Woche einen Löffel Lebertran und gelegentlich eine Kalktablette ins Futter zu mischen.

Krankheiten der Katze

Katzen sind zäh. Bei gesunder Haltung und vernünftiger Ernährung werden sie im Normalfall viele Jahre so gut wie beschwerdefrei überstehen. Dennoch sollten Sie Kätzchen nach der Geburt – etwa im Alter von 6 Wochen – erst mal zum Tierarzt bringen. Er sagt Ihnen, ob das Tier gesund ist und was Sie eventuell unternehmen sollen.

Lassen Sie Ihr Tier im Alter von 2 bis 3 Monaten gegen *Katzenseuche* impfen. (Es ist eine meist tödliche Darminfektion mit hohem Fieber, Erbrechen und Durchfall. Nach Genesung alles, was die Katze benutzt hat, desinfizieren – am besten verbrennen.)
Auch gegen die *Rachenseuche* (ein gefährlicher, ansteckender Schnupfen) ist heute Impfung möglich.

- *Katzenräude.* Eine auch Menschen infizierende Hauterkrankung. Behandlung durch den Tierarzt und Desinfektion.
- *Ohrenräude.* Die Katze kratzt sich häufig am Kopf; es sieht so aus, als wolle sie etwas »abschütteln«. Dunkelbraune Ohrabsonderung. Vom Tierarzt behandeln lassen! Zur allgemeinen Vorbeugung Ohren der Katze alle 2 bis 3 Wochen mit Baumwollappen oder Wattebausch (milde Seife oder Vaseline auftragen) reinigen.
- *Katzenstaupe.* Infektiöse Lungenentzündung. Anzeichen: Husten und Schnupfen. Katze gut warm und trocken halten! Bei höherem Fieber (Normaltemperatur der Katze: 38 bis 38,5° C) mit dem Tierarzt sprechen.
- *Tollwut.* Auch die Katze kann davon befallen werden und uns durch Bisse oder Kratzen gefährden. In Tollwutsperrgebieten Katze nicht frei laufen lassen!
- *Durchfall.* Keine Milch geben, dafür gebratene Leber, rohes Rindfleisch (auch Herz und Nieren).
- *Verstopfung.* Rohe Leber, gekochtes Obst, Ölsardinen (mit Öl), flüssiges Knochenmark.
- *Unkontrolliertes Wasserlassen.* Ältere Katzen leiden manchmal unter Blasenerkrankung, oft durch Blasensteine verursacht. Schmerzhaft. Bei einfacher Blasenerkältung Katze gut warm halten (viel Trinkwasser geben). In schweren Fällen Tierarzt verständigen, da Harnvergiftung droht.
- *Würmer.* Wenn die Katze abmagert bei stumpfem Fell (ohne erkennbar andere Ursachen), besteht Wurmverdacht. Nach Anweisung des Tierarztes eine Wurmkur machen.

- *Flöhe*. Können auch bei häuslicher Sauberkeit auftreten; Katze kratzt und beißt sich dauernd. Besorgen Sie ein garantiert unschädliches Bekämpfungsmittel (die Katze leckt das Pulver ab). Alter Haustrick: Nach dem Einsprühen die Katze bis zum Hals in einen kleinen Sack stecken, zubinden und 30 Minuten drinlassen.
- *Hautekzem*. Anzeichen: Haarausfall. Es liegt ein Ernährungsmangel vor. Den Futterplan überprüfen. Vitamingabe und etwas Hefe ins Futter geben.

Katzenrassen und Edelkatzen

Hauskatzen sind aus Wildkatzen entstandene Zuchtformen (Rassen) und Typen. Beispiele: der Falbkatzentyp (Schlanktyp), der seiner Stammform am meisten nahekommt, oder der Wildkatzentyp (Plumptyp). Der Züchter unterscheidet Langhaar- und Kurzhaarkatzen, obwohl die Kurzhaar fast langhaarig (und umgekehrt) sein kann – je nach Rasse.

Links: Plumptyp. Rechts: Schlanktyp.

Edelkatzen sind Rassekatzen, die der Mensch nach bestimmten Gesichtspunkten und Merkmalen (gemäß dem Rasse-Standard) gezüchtet hat. Gegenwärtig sind von der FIFE (Fédération Internationale Féline d'Europe), also der Internationalen Katzenvereinigung von Europa, mehr als 30 Hauptrassen (dazu gut 20 Unterrassen) anerkannt. Hinzu kommen etliche bisher nicht anerkannte Edelkatzenrassen. Und die Entwicklung geht nicht nur in der Natur, sondern auch in Züchterkreisen weiter, obwohl wir bei Katzen nicht die erstaunliche Vielfalt wie bei Hunderassen haben.

Wer eine Rassekatze sucht oder gar züchten will, sollte sich an einen der Verbände oder örtlichen Klubs wenden. Grundsätzlich gelten für Edelkatzen die gleichen Haltungs- und Ernährungsvorschriften wie für weniger vornehme Tiere. Aber Edelkatzen stellen je nach Rasse, Typ und Persönlichkeit mehr Ansprüche – vor allem an die Pflege. Am einfachsten hat es der Mensch mit einer Dorfkatze. Bei ihr ist es egal, wie sie aussieht und aus was ihre Erzeuger sie zusammengesetzt haben. Anhänglich ist sie nicht weniger – vielleicht rüder, urtümlicher. Mir gefällt das.

Ich möchte Ihnen – weil es interessant ist, zum Grundwissen jedes Katzenhalters gehört und Sie vielleicht doch mal Geschmack an einer Edelkatze gewinnen könnten – die wichtigsten Rassen und Typen in Wort und Bild vorstellen, dazu die Abweichungen in Charakter, Anspruch und Pflege – soweit überhaupt möglich. Denn Katzen bleiben unverwechselbare Persönlichkeiten. »Eines schickt sich nicht für alle« (sagt Goethe). Gewisse Gemeinsamkeiten lassen sich dennoch erkennen und beschreiben.

Die Siamkatze ist die beliebteste kurzhaarige Zuchtkatze der Welt. Ihre Abstammungsgeschichte liegt im Dunkeln. Vieles spricht für die Annahme von Prof. Leyhausen, daß sie von der Bengalkatze *(Prionailurus bengalensis)* herkommt.

Aussehen: langgestreckt, elegant, geschmeidig, aber muskulös; der Kopf schmal, die Beine lang und dünn, der Schwanz lang und spitz auslaufend. Unverwechselbares Erkennungsmerkmal: die Dunkelfärbung von Ohren-, Nasen- und Schwanzspitze sowie Füßen (Spitzenfärbung). Augen leuchtend blau. Junge werden weiß geboren. Grundfarbe: schwarzbraun (seal-point) bei rehfarbenem Rücken und elfenbeinerner Brust.

Der (schäbige) Färbetrick: Man reißt einige Haare aus und unterkühlt diese Stelle. Die Haare wachsen schwarz nach. Auch im Winter, wenn Siamesen bei uns frei herumlaufen, färben sie sich dunkler.

Weitere Abzeichenfarben: blau, schokoladenbraun, lila (lilac-point), rot, Schildpatt (tortiepoint), gestreift (tabby-point).

Die Siamkatze ist besonders munter und lebhaft – um nicht zu sagen: unbändig bis unleidlich. Sie läßt sich nicht gern streicheln und schon gar nicht zähmen – sie ist also kein ausgesprochenes Liebhabetier. Wenn man sich viel und liebevoll mit ihr beschäftigt, zeigt sie sich menschenfreundlich. In der Ranzzeit stößt sie grelle Brunstschreie aus. Das kann in einer Mietwohnung Ärger machen.

● Die **Havanakatze** sieht wie eine kastanienbraune Siam mit grünen Augen aus (hat Siamblut). Sie miaut weniger laut und gibt sich auch etwas ruhiger. Die **Burmakatze** aus den USA gleicht einer Havana mit goldgelben Augen. Es gibt neuerdings auch andere Fellfarben (creme, blau-creme, champagner, blau-silbrig). Sie läßt sich gern streicheln.

● Von der **Russisch-Blau-Katze** (Bleu Russe) geht die Sage, sie sei vor 100 Jahren von Seeleuten oder Pelzhändlern aus der russischen Stadt Archangelsk nach Europa gebracht und hier rasserein weitergezüchtet worden. Das feine und dichte »Plüschfell« ist graublau mit silbrigem Schimmer. Körperbau: mittelgroß, schlank bis etwas gedrungen, aber stets graziös wirkend. Die Augen leuchten grün. Es werden auch Siamesen eingekreuzt. Die Russisch-Blaue ist eigenwillig, bei großem Schlafbedürfnis keine eigentliche Spielkatze. Für Kinder ab 11 Jahre geeignet.

● Die elegante und schlanke **Abessinierkatze** ist als Typ in den altägyptischen Katzenskulpturen zu finden, kommt aber aus englischer Zucht. Farbe: wildhasenfarbig »normal« (Aguti) oder rot. Sie besitzt das sogenannte »Ticking«: Die Haare sind bei dunklen Spitzen gebändert (grob gesprochen: abwechselnd schwarz und rot). Die Abessinierin gibt sich meist recht zurückhaltend bis abweisend. Keine Spielkatze. Für Kinder ab 11 Jahre (Farbfoto → Seite 123).

Langhaarkatzen

Perserkatze ▲▲▼ ◇ ⌂ ⊔

Farbfoto → Seite 123 und 124.

Heimat: vielleicht Kleinasien oder unabhängige Mutationen an verschiedenen Orten (Zucht hauptsächlich in England)

Merkmale: massiv bis stämmig bei großem Kopf und viel Fell

Anschaffungspreis: 200–700 DM (und viel mehr)

Normalkosten im Monat: 50–80 DM

Perser gibt es in unterschiedlichsten Fell- und Augenfarben je nach Zucht.

Gewöhnlich sagt man zu jeder Langhaarkatze Perser oder Angora. Das ist nicht mehr korrekt oder gilt doch nur für die anerkannten Langhaarkatzen (der Ausdruck Angora- oder Ankarakatze ist abgeschafft).

Perser sind stämmig bis massig, ihre Beine sind kurz und kräftig. Der Kopf ist groß und rund, die Nase kurz bis platt. Die Augen wirken groß (man spricht vom »Stiefmütterchengesicht«). Das Fell wallt lang und locker, das Gesicht ist von einer wehenden Halskrause eingerahmt.

Die Perserkatze hat sich äußerlich am weitesten von der Stammform entfernt. Ich finde, sie wirkt etwas »gewollt«, aber das ist freilich Ansichtssache. Das Perserzuchthobby kann ich gut verstehen.

Meist wird man sie als freundlich, ruhig und unaufdringlich erleben, eher etwas phlegmatisch. Man kann kaum mit ihr spielen, sie ist nicht anschmiegsam. Man könnte sie als eine Art »Sofazierde« bezeichnen. Vorteil: Sie ist recht leise und darum gut für den gepflegten Stadthaushalt geeignet. Nachteil: Man kann sie kaum frei laufen lassen, da das Fell rasch verschmutzt und verkommt. Sie müssen sie täglich kämmen und auch tunlich das Hinterteil säubern, wenn sie auf dem Katzenklo war.

Die Züchter haben folgende Farbschläge herausgebracht:

- **Einfarbige Perser:** schwarz, weiß, blau, rot und creme. Die **Schwarze Perser** hat kupferleuchtende Augen. Ihre Jungen kommen oft mit grauer bis bräunlicher Färbung zur Welt, die erst später nachdunkelt. Der Standard verlangt von der **Weißen Perser** blaue oder kupferfarbene Augen (blauäugige können taub sein). Manche Abkömmlinge haben ein blaues und ein gelbes Auge (es sind meist wertvolle Zuchttiere). Die **Blaue Perser** gibt's seit Jahrhunderten: Augen dunkelorange, Fellfarbe pastellblau. Bei der **Roten Perser** treten einfarbig rote und rotgestromte Katzen auf. Die **Creme-Perser** zeigt meist ein ausgelaugtes Rot (oft mit einer Blauperser gekreuzt). Weitere Spielarten: die in Amerika vorkommende **Rauchperser** (Silbermoor), **Chinchilla, Tabby** (silbergestromt, braungestromt, rotgestromt).
- **Mehrfarbige Perser** sind zwei- bis vierfarbig gescheckt – bei der **Zweifarbigen Perser** zum Beispiel schwarz-weiß, blau-weiß oder orangeweiß ohne Zeichnung und Streifen (Augen bernstein- bis kupferfarben). Die dreifarbige **Schildpatt-Perser** tritt schwarz, rot und cremefarben auf. Eine Gesichtsblesse ist willkommen. Die **Vierfarbig gescheckte Perser** besteht aus Schildpatt mit weiß (bei orange- bis kupferroter Augenfarbe).

Birmakatze ▲▲▼ ◇ ⌂ ∪

Farbfoto → Seite 123.

Heimat: Wahrscheinlich in Frankreich aus Kreuzungen zwischen Siam- und Perserkatze herausgezüchtet
Merkmale: weniger reich behaart, helle Körperfarbe mit dunklen Abzeichen – weiße Pfoten
Anschaffungspreis: 150–600 DM
Normalkosten im Monat: 40–60 DM

Besondere Kennzeichen einer Birmakatze: Halskrause und weiße Pfötchen.

Die Birmakatze – es gibt sie erst gut 50 Jahre – wird manchmal mit der Burmakatze verwechselt. Zwar zählt sie zu den Langhaarkatzen, ist aber weniger stattlich behängt, so daß sie insgesamt schlanker wirkt; auch ist die Halskrause nicht so breit und dicht. Die Grundfarbe liegt bei creme- bis sandfarben, oft mit Goldschimmer. Die Augen sind porzellanblau.

- Die **Colourpoint-Langhaar** hieß früher Khmerkatze. Sie hat – wie die Siamkatze – helle Körperfarbe mit dunkleren Abzeichen. Folgende Färbungen kommen u. a. vor: sandfarben mit schwarzbraunen Abzeichen (sealpoint), eisblau mit dunkelblauen Abzeichen, elfenbein mit milchschokoladenfarbenen Abzeichen (chocolate-point), weiß mit lila (lilac-point).

Die Khmerkatze wurde in den dreißiger Jahren unseres Jahrhunderts in Frankreich und Deutschland gezüchtet. Sie kann einer Birmakatze zum Verwechseln ähnlich sehen – jedoch ohne die »weißen Schuhe«.

Beide Rassen sind mehr oder minder schläfrige Streicheltiere, die man recht gut halten kann – wenig spielfreudig und unternehmungslustig. Aber schön sehen sie schon aus.

Dein guter Freund:

Der Hund

Unser Hund: Dichtung und Wahrheit
Voraussetzungen für ein gutes Zusammenleben

Allein in der Bundesrepublik Deutschland gibt es etwa drei Millionen Hundehalter. Einer davon nahm sich, so las ich, an der Stelle das Leben, an der seine Schäferhündin getötet wurde, weil sie ein Stromkabel durchbiß. Der Mann ließ einen Zettel zurück: »Hier starb mein Hund. Er war das Liebste, was ich hatte!« – Der verzweifelte Selbstmörder war 22 Jahre alt.

Für Hundeliebhaber ist der Vierbeiner meist der beste Freund, ein prima Kumpel, der gute Kamerad, ein liebes Viech und braver Helfer. Hunde tun Dienst als Haus-, Spiel- und Schoßhunde. Ketten- Wach- und Spürhunde. Zirkus-, Jagd- und Schäferhunde. Lawinensuchhunde, Blindenführhunde. Sie haben schon als Sanitäts-, Minen- und Meldehunde gearbeitet, waren Lebensretter, Feuermelder, Museumswärter – Mädchen für alles. Schlagzeilen wie diese stehen fast jeden Tag in der Zeitung:

Hund rettet Touristen – Dackel schlägt Feueralarm – Schäferhund rettet Katze vorm Ertrinken – Dogge erhielt einen Orden – Das ganze Dorf stand Spalier für einen Hund – Hundeherz bricht vor Trauer um toten Herrn.

Dies sind die Tatsachen, die eine Umfrage des Nachrichtenmagazins »Der Spiegel« erbrachte:

- Fast jeder 6. deutsche Haushalt hat einen Hund.
- An erster Stelle stehen Dackel, Deutscher Schäferhund, Pudel und Windhund.
- Es werden mehr Rüden als Hündinnen gehalten.
- Von 100 Hunden werden versorgt:
66 von der Hausfrau – der »Hausfreund Hund« bringt ihr auch die größte Anhänglichkeit entgegen – 26 vom Mann, dem die meisten Hunde am besten gehorchen, und 8 von Kindern und Jugendlichen.
- Der Zeitaufwand für einen Hund liegt pro Tag im Durchschnitt bei 1 bis 2 Stunden.

Und dies sind die wichtigsten Eigenschaften, die der Hundehalter an einem Vierbeiner schätzt; nach der Häufigkeit der Antworten: er ist treu, gehorsam, kinderlieb, gutmütig, wachsam, gelehrig, intelligent, mutig, schön.

Und die vorrangigen Anschaffungsgründe: Der Hund ist anhänglich – macht viel Freude – zwingt zu Spaziergängen – schützt vor Einbrechern – hilft Einsamkeit überwinden – ist gut für Kinder (sagt jeder vierte) – man hat für ihn Verantwortung zu tragen – er enttäuscht nie.

Der Hund unterscheidet sich von allen anderen Heimtieren in einem sehr wesentlichen Punkt: Er ist zum »Partner des Menschen« herangezüchtet worden – so formuliert es Professor Irenäus Eibl-Eibesfeldt. Das begann vor vielleicht 15 000 Jahren, als Steinzeitmenschen erstmals Wölfe zähmten. Vielleicht fand einer der umherstreifenden Jäger einen hilflosen Wolfswelpen, nahm ihn mit zum Feuer – und der Kontakt zwischen Mensch und Tier, der bis heute nicht abgerissen ist, war hergestellt.

Wölfe sind Rudeltiere. Das Zusammenleben innerhalb einer Gruppe wird durch eine in der Jugend festgelegte Rangordnung geregelt.

Das ist im Grunde auch bei uns daheim nicht anders. Wenn der Junghund zu uns kommt, sucht er Anschluß, er braucht das Rudel, den Kontakt zum Menschen, der in seinem neuen Rudel lebt. Sonst weiß er nicht, wohin er gehört. Er verkümmert oder verwildert, wenn er sich nicht einreihen kann in eine Meute.

An der Spitze des Rudels steht der Rudelführer. Wenn Sie der anerkannte Rudelführer sind, ist alles gut, der Hund wird sich Ihnen unterordnen. Sind Sie es nicht – und auch keines der Familienmitglieder –, dann wird der Hund sich selbst zum Rudelführer machen, was bedeuten kann, daß er sich zum

Rudel- beziehungsweise Familien-Tyrannen entwickelt.

Dies ist – auf eine knappe Formel gebracht – die ganze »Hundephilosophie«. Auf ihr baut sich Ihr Zusammenleben mit einem Hund auf.

Wie es in der Praxis aussieht, hängt von mancherlei ab:

- Wie alt der Hund ist, wenn er zu Ihnen kommt. Und bei einem älteren Hund: Welche guten oder bösen Erfahrungen er bereits mit dem Rudelgenossen Mensch gemacht hat.
- Welcher Rasse er entstammt und welches Durchsetzungsvermögen er besitzt.
- In welche familiären und häuslichen Umstände er bei Ihnen kommt; ob es Ihnen gelingt, ihm mit Einfühlungsvermögen, Zuneigung und Konsequenz – bei ausreichendem »Hundeverstand« – ein hundegemäßes Dasein zu schaffen.

»Törichte Methoden konnten eine ›Verhausschweinung‹ des Hundes herbeiführen«, stellt Professor Eibl-Eibesfeldt fest. Und das bedeutet:

Die immer wieder geäußerte – irrige – Meinung: Gerade beim Hund kommt der Mensch mit wenig Wissen über das Wesen des Tieres aus. Und die Wahrheit: Gerade beim Hund braucht der Mensch besonders viel Kenntnis vom Wesen, vom Verhalten seines Tieres, wenn er wirklich sein Freund werden will.

Natürlich werden Sie viel aus der Beobachtung Ihres Hundes lernen. Aber einiges sollten Sie bereits vor der Anschaffung eines Hundes wissen, damit Sie nicht erst herumexperimentieren müssen. Sehr viel Wissenswertes über Hunde und ihr Verhalten hat Eberhard Trumler zusammengetragen, einer der besten Kenner der Hundeseele. Vertiefen Sie sich bei Gelegenheit einmal in seine Bücher *»Mit dem Hund auf du«* und *»Hunde ernst genommen«*.

Was Sie unbedingt wissen müssen, will ich hier zusammenfassen.

Nasen-, Ohren- und Augenhunde
Die vollendete »Laufmaschine« Hund

Die »Hundeartigen Raubtiere« *(Caniden)* – Wolf und Fuchs vor allem – sind gesellige »Laufräuber«: Der Rumpf ist schmal und hoch, die Beine sind lang; die Pfoten tragen Krallen. Die Tiere traben und laufen ausdauernd, schneller als die meisten Huftiere. Auf ihren weitläufigen Beutezügen lassen sie sich hauptsächlich von Nase und Ohren leiten. Allerdings sind die »Steppenhunde« (beispielsweise die Windhunde) mehr Augentiere; sie müssen auf weite Entfernung sehen können, um an die Beute heranzukommen. Caniden nehmen eine Fährte auf, verfolgen Geruchsspuren und hetzen das aufgestöberte Wild – bis sie es reißen können und die Beute verschlingen. Aber sie nehmen auch Aas und andere Kost. Sie sind vorsichtig und dreist, mißtrauisch und listig, aber auch wendig und anpassungsfähig. Sie können mit eingezogenem Schwanz umherschleichen oder mit erhobener Rute zum Angriff übergehen. Und da es sich um hochentwickelte Geschöpfe handelt, sind die einen geborene, durch ihre Fähigkeiten anerkannte Führer, die anderen gehorsame, unterwürfige Befehlsempfänger.

Ich bin mir bewußt, daß dies Verallgemeinerungen sind. Eberhard Trumler nennt die Hunde »sozial lebende Jäger«. Das trifft den Kern der Sache.

Da wir Menschen unsere Kulturgeschichte ebenfalls als »sozial lebende Jäger« begonnen haben, können wir den Hund verstehen lernen – gerade weil wir diese Art des Erwerbslebens längst überwunden haben. Aber es steckt noch in uns; wie es auch im Hund noch steckt.

Der Hund hat sich zwar im Laufe vieler Jahrtausende an unser Leben angepaßt, aber er hat nicht seine arteigenen Instinkte verloren. Schon der Welpe verfolgt alles, was wegläuft, selbst eine davonrollende Garnrolle – und auf jeden Fall die Katze oder den Gold-

Der Hund ist ein Lauftier und Fährtensucher. Er kann mit Ausdauer über lange Strecken hinweg seine Beutetiere verfolgen. Laufhunde brauchen ein lauffreudiges Herrchen.

hamster. In wohlbehüteter Umgebung – in unserem Haus – lernt er »spielend« Beute zu machen. Er schnappt zu, weil er etwas festhalten will; er will nicht beißen, nicht wehtun. Er handelt so, wie es sein Instinkt ihm eingibt. Das heißt vor allem: Er will laufen – weil er als Beutejäger laufen muß. Hunde können große Strecken überwinden – mit Schnelligkeit und Ausdauer. Darum laufen sie auch dann schnell, wenn es eigentlich nicht sein muß – oder sein sollte. Beobachten Sie mal einen größeren Hund, wenn er mit seinem Herrn spazierengeht. Er trabt immer wieder voraus und kehrt zurück – es sei denn, er ist »dressiert« und darf seinem Herrn nicht von der Seite weichen. Er mag nicht langsam neben seinem Führer gehen – obwohl es ein wohlerzogener Hund natürlich können sollte.

Trumler schreibt in seinem Buch »Hunde ernst genommen«: »Für einen normal bewegungsfreudigen Hund oberhalb der Mittelgröße zumindest ist es eine quälende Sache, Spaziergänge mit seinem Herrn nur an der Leine machen zu dürfen, wie das zum Beispiel in Tollwutsperrgebieten Vorschrift ist und in der Großstadt meist unvermeidlich. Lassen wir ihn frei, dann trabt er voraus, bis er etwas besonders Interessantes gefunden hat, läßt sich von uns überholen, um dann nachzutraben. Noch beliebter ist das weit Vorauseilen, um dann zum Herrn zurücklaufen zu können; so macht der Hund den ganzen Weg praktisch zweifach.«

Lauffreude und Bewegungsmöglichkeit spielen also für die Auswahl der Hunderasse eine wichtige Rolle. Ein Hund, der noch Hund ist, findet Gehen oder Schleichen langweilig; er will sich bewegen, er will arbeiten – das heißt auch spielen: Einen weggeworfenen Stock apportieren, einem Ball nachjagen – kurz: Er muß seine Jagdlust befriedigen.

Die Entwicklungsphasen des Hundes
Ein wichtiger Begriff: Prägung
Wie Hunde lernen und wie wir sie spielend erziehen

Was ist für die Eingewöhnung und Heimhaltung Ihres Hundes wichtig?

Falls Sie den Welpen nicht zusammen mit seiner Mutter aufziehen, stellt sich die Frage nach dem Kaufalter. Da streiten sich die Fachleute.

Wenn Sie den Junghund in der 6. bis 8. Lebenswoche zu sich nehmen, ist er entwöhnt, kann Wichtiges für sein Leben durch Sie lernen und Freundschaften schließen – auch mit Ihnen und Ihrer Familie.

Das alles hängt entscheidend mit seinen Entwicklungsphasen zusammen. Eberhard Trumler hat sie beobachtet:

Die vegetative – unbewußte – Phase:
1. und 2. Woche
Der Welpe kommt ohne Hör- und Sehfähigkeit auf die Welt. Nur wenige Bewegungen sind angeboren. Sie reichen aus, die Zitzen

der Mutter zu finden. Er schreit jämmerlich, die Welt interessiert ihn noch nicht. In der Hauptsache trinkt und schläft er.

Die Übergangsphase: 3. Woche
Gewöhnlich am 13. Tag öffnen sich Lidspalten und äußere Gehörgänge. Am 17. oder 18. Lebenstag beginnt sich die Sehfähigkeit zu entwickeln. Gehör- und Geruchssinn erwachen. Der Säugling beginnt, seine Umwelt in Konturen zu sehen. Er empfindet die Geschwisterberührung, freut sich schwanzwedelnd, wenn die Mutter kommt.

Jetzt würgen Hündin – und Rüde – halbverdaute Nahrung als Zufutter aus. Der Winzling lernt, seine Eltern anzubetteln. Mit dem 21. Lebenstag beginnt er, das Lager zu verlassen und der Mutter zu folgen. Damit erlebt er Neues, Unbekanntes. Der Vater will mit ihnen spielen. Aber das macht er recht »rüde«. Vor Angst wirft sich der Welpe auf den Rücken und bietet die ungeschützte Bauchseite und Kehle zum Biß dar (ein angeborenes Schutzverhalten). Daraufhin läßt der Stärkere ab. Ins Lager zurückgekehrt, haben die Welpen Erfahrungen gemacht, die sie fürs ganze Leben prägen. Zum Beispiel, wie unsicher und bedrohlich die Welt sein kann. Man muß sich vorsehen!

Die Prägungsphase: 4.–7. Woche
Alle Sinne sind voll entwickelt. Der Welpe wird beweglicher, wendiger – bildet seine Fertigkeiten aus. Noch nimmt er Muttermilch, aber die Hündin beginnt, ihn von den Zitzen wegzudrängen – er wird entwöhnt.

Jetzt übt er Sozialverhalten: Er streitet sich mit den Geschwistern ums Futter, wedelt freudig erregt mit dem Schwanz, klemmt die Rute ein aus Angst oder Unterwerfung – vor dem Vater oder dem menschlichen Ersatzvater –, er sträubt das Fell, legt die Ohren an, knurrt mit entblößten Zähnen.

Er läuft auch schon mal alleine weg, versucht, Neues zu entdecken auf eigene Faust.

Was er jetzt nicht lernt, lernt er nie! Jetzt entscheidet sich auch, wie der Hund sich in Zukunft dem Menschen gegenüber verhält. Trumler: »Wenn wir täglich in dieser Zeit den Welpen die Möglichkeit bieten, sich mit unserer Hand zu befassen, dann werden aus diesen Welpen dem Menschen gegenüber ausgesprochen kontaktfreudige Hunde.« Nach der Zeit der Prägung können sie allenfalls noch zahm werden. Jetzt werden auch die späteren Freßgewohnheiten festgelegt: Wenn Sie in dieser Zeit Fleisch füttern, wird er immer Fleisch mögen.

Die Sozialisierungsphase: 8.–12. Woche
Noch braucht der Welpe das schützende Geburtslager, aber sein Revier erweitert sich. Die Mutter – oder die Eltern – bringen ihm noch Nahrung, auch kleine lebende Beutetiere. Die Hundekinder dürfen noch zuerst fressen; sie streiten untereinander um jeden Bissen. Diese »Kämpfe« sind sehr wichtig für die Entwicklung.

Denn was der kleine Hund jetzt treibt, dient der Ausbildung der sozialen Partnerschaft. Sein Spiel – auch mit uns – ist Kampfspiel, mit Erfolgserlebnissen und Niederlagen verbunden: Siegen – Freude; verlieren – Schmerz.

Diese Kampfspiele wiederholen sich so lange, bis der Hund gelernt hat, soziale Hemmnisse und seine eigenen Grenzen zu erkennen. Wenn der Hund bei Ihnen – also ohne Meute – aufwächst, müssen Sie der Ersatz-Vater sein, an dem er sich immer wieder »erproben« kann. In der Meute wird er vom Rüden bestraft; der Welpe erkennt die Strafe an und bietet ohne Unterwürfigkeit den »Schnauzenstoß« an. So entsteht Partnerschaft – zwischen dem Junghund und seiner Meute, zwischen dem kleinen Hund und Ihnen.

Trumler: »Der Welpe muß . . . das Zusammenspiel mit dem Menschen als eine für beide Seiten erfreuliche Wechselbeziehung kennenlernen.«

Der Junghund lernt Lob, Freundlichkeit, Tadel, Strafe unterscheiden. Spielen Sie viel mit ihm, dann lernt er viel kennen – und beachten.

Strafen Sie – bitte – sofort, wenn eine Strafe fällig ist, niemals später! Aber strafen Sie nur, wenn der Hund wirklich etwas Verbotenes tut – etwas, bei dem er auch erkennen kann, daß es unerlaubt ist. Bei »strafen« ist gemeint: Leise bis etwas lauter schimpfen, nicht zu laut – Nichtbeachtung – einen nicht zu heftigen Knuff geben – am Nackenfell durchschütteln: beuteln, wie es auch der Rüde macht. (Nicht am Nackenfell hochheben!) Und bedenken Sie immer: Der Hund lernt nur mit Hilfe von Geduld und Belohnung.

Er ist abhängig von Ihrem Lob, es erfreut ihn. Wenn er zum ersten Mal etwas richtig gemacht hat, loben Sie ihn freudig – aus vollem Herzen. Zeigen Sie ihm, wie sehr Sie sich darüber freuen – das ist sein schönster Lohn. Davon kann der kleine Kerl nicht genug haben.

Freilich macht dieses Erziehungsspiel müde – nicht den Hund, sondern Sie. Der »Trumlertrick«: Gerade dann abbrechen, wenn der Hund etwas falsch gemacht hat. Das merkt er sich dann. Vielleicht »motzt« er nur, vielleicht kommt er aber auch bald darauf wieder, um es noch einmal zu probieren – und macht es dann besser. Weisen Sie ihn also in solchen Situationen nicht zurück.

Lernen soll Vergnügen machen – und nicht Unlust erwecken. Trumler: »Nur unter diesen Voraussetzungen erfüllt der Mensch seine Rolle als Erzieher, als anführender Sozialpartner, und nur so kann er seine sinnvolle und beständige ›Mensch-Hund-Meute‹ aufbauen.«

Der folgenschwerste Fehler, den Sie in der Sozialisierungsphase machen können ist der, den Hund dressieren zu wollen – ein abscheulicher und selbst bei Zirkusleuten längst überwundener Begriff. Mit Dressur, Drill und Dresche legen Sie den Grundstock für das, was man fälschlicherweise »Charakterfehler des Hundes« nennt – in Wahrheit sind es die Erziehungsfehler des Menschen, die sich später zeigen.

Erziehen Sie Ihren Hund spielerisch, mit Geduld, mit Ausdauer – und mit viel, viel Lob.

Die Rangordnungsphase: 13.–16. Woche
Die Entwicklungsphasen beginnen sich zu verwischen, sie setzen früher oder später ein. Denn es gibt auch unter Hunden Früh- und Spätentwickler. Schon längst hat sich der stärkste (was wohl heißt: geistig regsamste) Welpe unter seinen Geschwistern zum vorläufig Ranghöchsten aufgeschwungen. Jetzt setzen die eigentlichen Rangordnungskämpfe – auch Ihnen und Ihren Familienmitgliedern gegenüber – ein. Der Welpe lernt bald, den Klügsten und Erfahrensten, wohl auch Willensstärksten als Meuteboß zu respektieren – und nicht denjenigen, der nur eine körperliche Überlegenheit besitzt. Denn nicht Körpergröße und Kraft allein sind entscheidend für die Führungsposition, sondern wirkliche Führungsqualitäten, sowohl unter den Hunden – wie dem Menschen gegenüber.

Für die Praxis bedeutet das auch: Jetzt müssen Sie Ihrem Hund mehr Leistung abverlangen. Aber die Zeit der handgreiflichen Strafe – Klaps mit der Zeitung etwa – sollte vorbei sein. Der Hund hört an unserer Stimme, ob wir loben oder tadeln. Sobald etwas klappt, spielen Sie mit ihm das Nächste, Schwierigere. Sonst wird es ihm langweilig. Und loben Sie ihn – sonst weiß er nicht, ob er's nun gut gemacht hat oder nicht. Und das verunsichert ihn.

Die täglichen »Unterordnungs- und Gehorsamsübungen« sollten Sie daheim, ohne Zuschauer machen, nicht beim Spaziergang, wo Zuschauer den jungen Hund scheu machen können. Üben Sie nicht zu lange, anfangs ein paar Minuten, allmählich länger. Bringen Sie ihm »Sitz«, »Platz« und »Faß« bei. Wenn ihm das selbstverständlich geworden ist, können Sie auch mal draußen und beim Spaziergang üben.

Halten wir fest: Dies ist die Phase, in der sich die Autorität des Leittieres – also die

Ihre – festigt. Aber auch hier gilt: Sie brauchen Zeit, Konsequenz und Geduld.

Die Rudelordnungsphase: 5.–6. Monat

Jetzt gilt es, die »straffe Rudelordnung« auszubauen – für den Welpen in der Hundemeute die Jagdpartnerschaft, im Umgang mit dem Menschen die Heimpartnerschaft. Gegenüber den Hundegeschwistern – oder den Familienmitgliedern – ist die Rangordnung jetzt klar. Nun muß sie sich bewähren und festigen. »Herrchen« – wer immer der Rudelboß ist – muß jetzt als Leittier wirkliche Erfolgserlebnisse vermitteln, und das geht nur durch Zusammenarbeit.

Der Junghund möchte jetzt länger und weiter hinauslaufen, am liebsten in Gesellschaft der ganzen Familie. Das kann natürlich problematisch sein, weil Sie Gefahr laufen, daß ein Schießwütiger Ihren Hund – weil »herrenlos« – erschießt. Sie sollten also seines Gehorsams bereits sicher sein. Ersetzen Sie die Beutehatz in dieser Entwicklungsphase durch »Ersatzspiele«; lehren Sie ihn neue Umgangsformen, das Apportieren, auch Kunststücke, machen Sie Gehorsamsübungen.

Trumler: »Der Junghund erwartet ein ›Leitbild‹ des erfahrenen, psychisch überlegenen Anführers und ist keineswegs darauf eingestellt, einem Tyrannen zu Diensten zu sein.« Das bedeutet in der Praxis: Der Hund wird kritischer, er beobachtet genau, verlangt mehr von Ihnen, lernt Ihre Schwächen besser kennen und will auch auf der Rangordnungsleiter weiter hinauf, vielleicht möchte er sogar über Ihnen stehen. Mit anderen Worten: Es ist auch die Phase der Erziehungsschwierigkeiten (Vorpubertät). Wenn Sie jetzt als »Leithund« versagen, schwingt sich der Hund selbst zum Leittier auf – zum Familientyrannen.

Die Pubertätsphase: etwa 7.–8. Monat

Bei frühreifen Hündinnen kann es zur ersten Läufigkeit kommen, damit endet die Pubertätsphase abrupt. Ihr Hund ist kein Welpe mehr und wird – vorübergehend – unleidlich. Wenn sich der Rüde erwachsen fühlt, beginnt er das Bein zu heben und durch Urinieren sein Revier zu markieren. Hat die Hündin ihren ersten Wurf aufgezogen, ist sie »eine richtige Frau«; und der Rüde ist mit dem Ende des zweiten Lebensjahres endgültig zum Mann gereift, gemessener, sicherer, voller Hundeherrenwürde – eine Persönlichkeit. Als Mensch wäre er jetzt 24 Jahre alt.

5 Hundejahre	=	36 Menschenjahre
6 Hundejahre	=	40 Menschenjahre
9 Hundejahre	=	52 Menschenjahre
11 Hundejahre	=	60 Menschenjahre
13 Hundejahre	=	70 Menschenjahre
15 Hundejahre	=	78 Menschenjahre
17 Hundejahre	=	86 Menschenjahre
19 Hundejahre	=	94 Menschenjahre

Nach dieser Zusammenstellung wissen Sie, was Sie von Ihrem Hund erwarten, verlangen – oder nicht mehr verlangen können.

Der Hunde-Alltag
Sprache und Stimmungen des Hundes

Wenn wir unseren Welpen durch seine Entwicklungsphasen hindurch und zum Erwachsensein gebracht haben, kennen wir seine Stimmungen und Launen – und wie er sie äußert.

Der Hund besitzt zwei Verständigungsmittel:

- Die Lautsprache: Fiepen, winseln, schniefen, knurren, jaulen, heulen, bellen – eine ganze Skala von »Worten«, um zu warnen, Eindringlinge zu vertreiben, Kontakte zu knüpfen, Stimmungen auszudrücken.
- Die Körpersprache: Mimik, Körperbewegungen, Ohren stellen oder hängen lassen, Schwanz einklemmen, mit dem Schwanz wedeln, Schwanz stellen.

Die Laut- und Körpersprache zusammen sagen uns, was der Hund will, was er empfindet.

Aus der Ohren-»Sprache«: Gestellte Ohren bedeuten Wachsamkeit, Aufmerksamkeit, Zuversicht. Nach vorn gestellt oder seitwärts gebogen: Angriffsbereitschaft. Klappen die Ohren seitwärts ein, greift der Hund an.

Die Schwanz-»Sprache« seiner Bassets beschreibt Ulrich Klever in seinem Buch *»Dein Hund – Dein Freund«* so:

»Wenn die Tendenz lustlos ist, hängt der Schwanz nach unten. Bei gleichgültigem Dahertrotten tragen sie ihn in der Waagerechten, wir wissen, es besteht keine Gefahr, daß sie sich plötzlich vom Rudel entfernen. . . . Geht die Antenne bei Henry hoch, dann ist etwas los. Es ist jetzt besser, ihn anzuhängen oder sich auf einen Ruck an der Leine gefaßt zu machen. Gehen dann am Schwanz die Haare auseinander, so daß er eine entfernte Ähnlichkeit mit einer Flaschenbürste bekommt, liegt Gefahr in der Luft. Bei David biegt sich kurz vor einem Angriff die Schwanzspitze fast auf den Rükken herunter, was nach dem Rassestandard gar nicht sein dürfte. Der ganze Hund bekommt dadurch etwas Gespanntes, durch die Spannung wird sein Gang schwerfällig kraftvoll.«

Je bewegter der Schwanz ist – pendelnd, wedelnd –, desto weniger gehemmt ist der Hund. Eingeklemmter Schwanz: Zurückhaltung, Vorsicht, Ängstlichkeit; der Hund kann jetzt – aus Angst – zubeißen. Wedeln bedeutet Freundlichkeit, bei hängenden Ohren und halbgeschlossenen Augen: Wohlgefühl. Böses Gesicht und Wedeln: Vorsicht. Gesträubtes Fell: Besondere Vorsicht.

Wie aber soll ein Hund den Schwanz einklemmen oder mit dem Schwanz wedeln, wenn er gar keinen mehr hat, weil er kupiert ist? Und wie sollen wir erkennen, was er meint? Der Hund »wedelt« zwar auch ohne Schwanz – innerlich –, und man kann es erkennen, wenn man den Hund genau kennt. Aber differenzierte Äußerungen kann ein solcher Hund nicht mehr machen.

Hunde können auch lachen: Der Fang ist leicht geöffnet, die Mundwinkel sind hochgezogen. Stellt er dazu die Ohren nach vorn, wedelt mit hochgerecktem Schwanz und springt vor und zurück, heißt das: »Ich will spielen.« Legt er die Ohren an und »lächelt« dabei, bedeutet das: »Ich bin dir zugetan.«

Wenn wir lachen, so begreift es der Hund sehr schnell. Wir können auch mit ihm sprechen; er versteht zwar nicht, was wir sagen – aber wie wir es sagen: Freundlich, auffordernd, verweisend, verärgert. Bestimmte Worte – wie »Komm«, »Sitz«, »Fuß«, »Gassi« – lernt er kennen. Aber er versteht sie besser, wenn wir dazu Handzeichen geben. Unsere Miene, unsere Worte, unsere Gesten – dies alles zusammen ergibt für den Hund einen Sinn. Wenn wir es ihm beigebracht haben, müssen wir es immer in dieser Form beibehalten.

Wichtig ist, daß wir uns Mühe geben, den Hund zu verstehen. Wir sollten konsequent seine Ausbildung betreiben – was einige Mühe kostet. Dann sind die Voraussetzungen für eine glückliche Mensch-Hunde-Familie geschaffen; nach Meinung des Bundesfinanzgerichts ist der Hund freilich kein Familienmitglied, jedenfalls nicht im steuerrechtlichen Sinn.

Kauf und Kosten
Rassehund und Ahnentafel

Kaufen Sie möglichst einen jungen Hund – im Alter von 6 bis 8 oder 10 bis 12 Wochen. Auch sechs Monate alte Hunde kann man noch ganz gut eingewöhnen.

41 Prozent der Hundehalter kaufen ihren Hund durch Anzeigen, auf Empfehlungen, durch Bekannte; 38 Prozent beim Züchter; 8 Prozent in der Zoohandlung oder beim Versandhandel; 6 Prozent im Tierheim.

Erwachsene Tiere einzugewöhnen, braucht viel Geduld und Geschick – vor allem, wenn sie bereits durch mehrere Hände gegangen sind. Oft haben diese armen Geschöpfe Schlimmes hinter sich, ehe sie ins Tierheim kommen. Gehen Sie – trotzdem oder gerade deshalb – mal ins Tierheim. Wenn Sie ein guter Hundehalter sind, viel Geduld, Geschick und Kenntnis der Hundeseele haben, können Sie einer enttäuschten Kreatur vielleicht doch noch ein hundewürdiges Dasein schaffen. Es darf ruhig eine Promenadenmischung sein, für die ich eine besondere Zuneigung habe.

Falls Sie gern einen Rassehund kaufen wollen, wenden Sie sich, um Enttäuschungen zu vermeiden, an den Verband für das Deutsche Hundewesen – VDH – oder einen der Landesverbände. Dort weist man Ihnen geeignete Züchter nach. Oder Sie besuchen eine Hundeausstellung; da können Sie leicht Kontakte knüpfen.

Für alle Rassehunde stellt der Zuchtverband eine Ahnentafel aus, fälschlicherweise »Stammbaum« genannt. Sie bedeutet, daß der erwachsene Hund seinen Eltern ähnlich sein wird, die dem Standard der jeweiligen Rasse entsprechen. Der VDH und damit die Fédération Cynologique International (F. C. I.) hat mehr als 400 Rassen anerkannt.
Hier einige Tips für den Hundekäufer:

- Denken Sie an die Größe des erwachsenen Hundes. Ihr Hund bleibt nicht so klein wie er als Welpe ist. Große Hunde brauchen mehr Bewegung und Auslauf als kleine. Ein Bernhardiner braucht dreimal soviel Futter wie ein Terrier.
- Denken Sie an Ihre Zeit. Langhaarige Hunde und manche Kleinrassen haben mehr Pflege nötig.
- Seien Sie besonders vorsichtig bei sogenannten günstigen »Stammbaumhunden«. Die Papiere müssen einwandfrei sein, zumal der Preis meist gesalzen ist. Lassen Sie sich die Papiere zusammen mit dem Hund aushändigen, nicht erst später.
- Ob der Welpe gesund ist, erkennen Sie mit einiger Wahrscheinlichkeit an den klaren hellen Augen, die nicht entzündet sein und nicht tränen dürfen; an der sauberen Schnauze, die keinerlei Ausscheidungen haben darf; an den sauberen inneren Ohren – kranke Ohren riechen schlecht; an der trockenen, nicht schuppigen Haut; an dem neugierigen, lebendigen Wesen des Hundes, er soll nicht winseln, zittern oder weglaufen wollen, sondern Sie aufmerksam betrachten.
- Bitten Sie den Verkäufer, mit Ihnen und dem Hund – auf Ihre Kosten – zum Tierarzt zu gehen. Wenn der Verkäufer nicht zustimmt, ist wahrscheinlich etwas faul. Nehmen Sie dann vom Kauf Abstand.
- Das ganze Jahr über können Sie Welpen zu sich nehmen, weil sie bei Haushunden das ganze Jahr über geboren werden können.
- Schlechte Zeiten für die Anschaffung eines Hundes: Vor dem Urlaub und zu Weihnachten. Denn in der Eingewöhnungszeit braucht der Hund Sie – außerdem Zeit und Ruhe. Sonst geht's meistens schief.

Ausstattung – Pflege – Zubehör

Dies sind die Anschaffungen für Ihren Hund: Halsband und Leine – 1 Futterschüssel und 1 Wasserschüssel, am besten in verschiedenen Farben und möglichst schwer – Kauknochen – Korb mit Decke oder Kissen, für kleine Rassen empfiehlt sich die »Strandkorbform«, weil diese Tierchen gern geborgen sein möchten – Kamm und Bürste – fester Kunststoffstriegel. Kostenpunkt insgesamt: etwa 60–150 DM.

Vom Kaufpreis für den Hund abgesehen – Durchschnittspreise siehe unter Hunderassen auf den Seiten 149 bis 156 –, entstehen für Verpflegung, Arztkosten einschließlich Impfungen, und Tierhalter-Haftpflichtversicherung jährliche Durchschnittskosten zwischen 650–2000 DM, je nach Größe, Rasse, Aufwand. Hinzu kommt die Hundesteuer, die um 40–120 DM liegt.

Sein Hund – sein Freund:
Ulli mit jungem Bobtail.

Selbstverständlich soll der Hund seinen festen Schlaf- und Ruheplatz haben, auch wenn er zusätzlich noch bestimmte Lieblingsplätze hat. Der Hundekorb – Decke, Matratze, Kissen – soll an einem ruhigen, zugfreien Platz bleiben, jedenfalls nicht neben Haus- oder Wohnungstür liegen, nicht mitten im Zimmer sein oder an einem zugigen, lauten, feuchten Platz. Der Hund will gern etwas sehen, er will beobachten können, aber er muß gelegentlich seine Ruhe haben.

Auch der Futterplatz soll ein für allemal bestimmt sein: Nicht im Wohn- oder Eßzimmer, am einfachsten in der Küche. Wählen Sie dort die abgelegenste Ecke. Denn Hunde, die mitten im »Durchgangsverkehr« fressen müssen, werden nervös bis bösartig. Am vernünftigsten ist es, wenn Sie dem Hund dann das Fressen geben, während Sie selbst die Mahlzeit einnehmen. Der Futternapf soll auf dem Boden – bei Langohren im Futtergestell – stehen. Dort soll der Hund fressen – nicht bei Ihnen am Tisch.

Damit ist bereits die Hygiene angesprochen. Bürsten Sie den Hund täglich mehrere Minuten. Grundregel: Je länger die Haare, desto gründlicher die Pflege. Bei Langhaarhunden müssen Sie vor dem Bürsten gut durchkämmen. Die Bürste soll nicht zu weich sein.

In größeren Abständen – etwa alle 5 bis 6 Monate – müssen Sie den Hund baden, vor allem dann, wenn er viel draußen herumläuft, was er ja soll. Er bringt dann viel Staub und Dreck mit, das Fell verklebt mit der Zeit. Verwenden Sie ein gut schäumendes Hunde-Shampoo.

Alle 2 bis 3 Wochen kontrollieren Sie das Ohrinnere. Falls Sie es nicht tun, laufen Sie Gefahr, daß Ihr Hund an dem schmerzhaften Ohrenzwang erkrankt. Reinigen Sie die Ohrmuschel mit etwas Watte oder einem weichen Lappen, den Gehörgang mit einem Wattestäbchen, auf das Sie etwas Öl oder Ohrentropfen träufeln.

Die Absonderungen in den Augenwinkeln waschen Sie behutsam mit etwas feuchter Watte aus.

Auch das Hinterteil müssen Sie, wenn es bekleckert ist, mit einem Lappen oder Papiertaschentuch säubern.

Manche Hunde sollten regelmäßig geschoren und getrimmt werden – Pudel, Terrier, Rauhhaardackel beispielsweise. Lassen Sie sich vom Züchter oder Verkäufer darüber beraten.

Wenn Sie Ihren Hund vernünftig ernähren, wird er ein schönes, seidiges – also gesundes – Fell haben.

Hundeernährung — leicht gemacht

Jeder zweite Haushund ist zu fett
Was Hunde nicht fressen sollen
Menüs aus Kochtopf und Dose
Ist Fertignahrung zu empfehlen?

Mit was, wann und wie oft der Hundehalter seinen Vierbeiner füttern soll, darüber gibt es fast so viele Meinungen, wie es Hunderassen gibt. Man kann sie zu einigen einfachen, überschaubaren Grundregeln und Ernährungsvorschlägen zusammenfassen.

Zunächst muß jedoch festgestellt werden, daß jeder zweite Hund zu dick ist – er hat Übergewicht oder ist bereits verfettet. Das bedeutet: Blutdruck und Blutfettwerte steigen; es kann zur Zuckerkrankheit kommen; Herz und Kreislauf sind überlastet, was zu Kollaps und Herzinfarkt führen kann. Und bei falscher Ernährung können Erkrankungen von Magen, Darm, Niere und Leber die Folge sein, außerdem stellen sich Mangelerscheinungen ein – Haarausfall zum Beispiel.

Es gibt sicher viele Mittel gegen Übergewicht. Junge Berliner Tierärzte haben neuerdings mit Erfolg Appetitzügler, Hormone und Füllpräparate gegen die Fettsucht bei

Oben: Boxer und Deutscher Schäferhund. Mitte: Dackel. Unten: Pudel und Foxterrier (Drahthaar).

Hunden eingesetzt. Aber sie haben nichts gegen die Überfütterer gefunden.

Das beste und wirksamste, gesündeste und billigste Rezept, einen Hund gesund zu erhalten: Die kleinere Portion – richtig zusammengesetzt.

Wer mehr Nahrung zu sich nimmt als er braucht und damit seinem Körper mehr Energie zuführt als er benötigt, setzt Speck an. Dieses Fett wird an Bauch und Hüften, an Hals und Kopf, rund um die Muskeln, selbst im Blut und an den Wänden der Blutgefäße deponiert.

Weniger ist also mehr: Weniger Futter für den Hund bringt ihm ein Mehr an Gesundheit. Zu wenig füttern freilich, so daß der Hund bis auf Haut und Knochen abmagert, ist Tierquälerei und strafbar.

Von Haus aus ist der Hund ein Fleischfresser – mit Einschränkungen, denn er braucht auch nebenbei Pflanzenkost; sie enthält Kohlenhydrate und Rohfasern. Fleisch allein bekommt dem Hund nicht; es macht den Stuhl hart und kann Mangelschäden hervorrufen.

Grundregeln für die Zusammensetzung der Ernährung erwachsener Hunde: Halb Eiweißkost, halb Kohlenhydrate plus Fett. Der Welpe braucht sogar zwei Drittel Eiweißanteil in der Nahrung.

Dazu die bereits zum Teil im Futter enthaltenen Vitamine und Mineralstoffe. Fertigfutter – in Dosen oder Paketen, also Naß- und Trockenfutter – enthält diese Beigaben bereits in ausgewogener Menge. Füttert man Selbstgekochtes, dann sollten gelegentlich etwas Schnittlauch und Petersilie beigegeben werden.

- Eiweiß in Form von Quark – auch mit etwas Honig – oder Eiern: Eidotter roh oder Rührei – schmeckt und bekommt dem Hund.
- Fisch ist ebenfalls eiweißhaltig. Kaufen Sie (Fisch füttern Sie ja nur gelegentlich) die billigeren (und fetteren) Sorten je nach Tagesangebot.
- Die alte Methode, dem Hund viel Knochen zu geben, ist gefährlich. Wild- und Geflügelknochen splittern, aber Kalbsknochen darf er abnagen und zerbeißen; vor allem geben Sie Knorpel als Beigabe. Bedenken Sie jedoch immer: Knochen sind kein Vollfutter; bei zu großen Knochengaben kann es zu hartem Stuhl oder gar zu Dickdarmverstopfung kommen.
- Neben anderem Fleisch bekommt Ihr Hund Leber.
- Obst können Sie zerdrückt oder gerieben füttern – falls Ihr Hund es mag.
- Gegen Mangelschäden sollten Sie eine Kalktablette täglich – für kleine Hunde eine halbe – im Futter zerdrücken. Zudem einen Teelöffel Lebertran täglich beigeben, um die Vitamine A und D zu ergänzen.

Auch wenn Sie Ihren Hund so abwechslungsreich wie möglich füttern, verwöhnen Sie ihn – bitte – nicht mit Süßigkeiten. Sie machen dick, träge und krank. Gewöhnen Sie ihm von klein auf an, daß er zur Belohnung für gute Taten den Löffel Lebertran, das kleine Quantum zerdrückte Banane oder ein paar Trockenfutter-Brocken erhält – und vergessen Sie nicht, diese Dinge in Ihre Tagesberechnung mit einzubeziehen.

Keine Regel ohne Ausnahme: Ulrich Klever, Hundespezialist und Gourmet, hat eine wohlschmeckende Hunde-Festtorte erfunden, gebacken und an seinen beiden Bassets ausprobiert; er hat ihnen allerdings nur ein Stück von dieser Torte täglich gegeben. (Nachzulesen in »Dein Hund – Dein Freund«.)

Wenn Sie Ihrem Hund diesen Festschmaus an seinem – oder Ihrem – Geburtstag gönnen, muß die Hauptmahlzeit natürlich dürftiger ausfallen

Um von vornherein dem Übergewicht vorzubeugen, plädiere ich für den wöchentlichen Fasttag – übrigens für Tier und Mensch.

Ulrich Klever fand heraus, was Hunde mögen – und auch haben dürfen: Hunde-

Dein guter Freund Der Hund

Ernährung für Welpen
(Vorschläge auf der Basis von Hausmenüs, Dosennahrung Pal und Vollnahrung)

Alter	Gewicht (kg)	Mahlzeiten am Tag	Kalorien-Bedarf	Vorschläge abwechselnd	Beikost oder Menge
5. und 6. Woche	2–3	5	300–400	A, B	2)
7. und 8. Woche	2–3	5	400–500	A, B, C	
9.–12. Woche	3–4	5–4	590	A, B, C, D	$1\frac{1}{2}$fache Menge
4. Monat	6,5	4–3	880	B, C, D	2fache Menge
5. Monat	8,5	3	1100[1])	B, C, D	$2\frac{1}{2}$fache Menge
(Falls erforderlich steigern bis zu der Menge, die der erwachsene Hund braucht)					

1) Der Kalorienbedarf und die Nahrungsmenge gelten in der Tabelle für mittlere Rassen (Pudel, Spaniel, Mittelschnauzer etwa). Für kleinere Hunde (Zwergpudel, Dackel, Pinscher z. B.) setzen Sie ungefähr die Hälfte an. Große Rassen (Schäferhund, Boxer, Basset, Collie) brauchen meist die doppelte Menge, übergroße Hunde (Bernhardiner, Neufundländer) entsprechend mehr. Probieren Sie es selbst aus!

2) Welpen werden ab der 5. Lebenswoche auf feste Nahrung umgestellt. Solange sie saugen (bis zur 6. Woche etwa) und die Muttermilch nicht mehr ausreicht (die Welpen wimmern, sind lustlos, apathisch), kann Haferschleim mit und ohne Milch oder klare Fleischsuppe zugefüttert werden.

A 50 g Haferschleim (oder feingekochte Haferflocken) mit Milch, $\frac{1}{2}$ Banane zerdrückt, $\frac{1}{3}$ Dose Pal = 400 Kalorien.

B 50 g Möhren (auch Blumenkohl, gekocht und passiert oder püriert), 1 rohes Ei eingemischt, 40 g gekochter Reis, $\frac{1}{2}$ Dose Pal = 400 Kalorien.

C 100 g gekochtes Fleisch (feingeschnitten: Rindfleisch, Pansen, Leber, Milz, Blättermagen), 40 g gekochter Reis (falls Sie Innereien verwenden, kann statt Reis 1 rohes Ei gegeben werden), 100 g gekochtes Gemüse, $\frac{1}{4}$ l Brühe = 400 Kalorien.

D 50 g gekochte Haferflocken, 50 g gekochtes Gemüse, $\frac{1}{2}$ Dose Vollnahrung = 400 Kalorien.

Ernährung für erwachsene Hunde (1 Mahlzeit täglich)

Größe/ Typ	Gewicht (kg)	Nahrungsmenge täglich (g)	Kalorien tägl.	I		II	III	IV	
				Fleisch Dosen	Beifutter (g)	Vollnahr. Dosen	Trockenfutter Tassen	Frischfleisch (g)	Beikost (g)
klein	5	390	500	1	40	1	$1\frac{1}{2}$	400	40
mittel	15	900	1000	$1\frac{3}{4}$	95	2	$2\frac{3}{4}$	700	95
groß	30	1450	1700	3	160	$3\frac{1}{2}$	$4\frac{1}{2}$	1200	160

Der Kalorienbedarf (und entsprechend die Nahrungsmenge) ist für Hunde berechnet, die vorwiegend ruhen müssen. Bei mittlerer Belastung erhöht sich ihr Energiebedarf (die Kalorienzahl) durchschnittlich um etwa $\frac{1}{4}$ der angegebenen Menge.

bisquits und Hundeflocken, rohen Pansen, Kopffleisch, gekochter Euter, Rinderlunge, Muskelfleisch, Herz und Leber, rohe Gurgeln und Schlünde, fettloser Hammelhals, Reis, Vollkornbrot. Fisch und Fleisch aus der Dose.

Damit wären wir beim Thema »Fertignahrung«. Manche Hundehalter, vor allem Züchter, die selbst für ihre Tiere kochen, sind strikt gegen Dosenfutter. Ich habe, was den Normal-Hundehaushalt angeht, nichts dagegen. Mehr noch: Ich halte es für vernünftig, Dosen und/oder Paketfutter zu verwenden. Die Bestandteile der guten Marken sind einwandfrei und hochwertig; ich habe mich selbst davon überzeugt. Keine Hausfrau der Welt, an der ja die Hundekochkunst vorrangig hängenbleibt, kann die Zusammensetzung von Grundnahrung und Beigaben so ausgewogen und gleichmäßig mischen wie der Hersteller der Fertignahrung.

Die Stiftung Warentest hat Hunde-Fertignahrung untersucht: Kein Urteil lautete schlechter als »zufriedenstellend«; fünfmal wurde sogar die Traumnote »sehr gut« vergeben.

Selbst der Einwand, Fertigfutter sei zu teuer, trifft heute für den Einzelhalter kaum noch oder überhaupt nicht zu. Ich habe es für Sie mal durchgerechnet (Preisstand Mitte 1976):

Ein mittelgroßer Hund von 20 kg Gewicht (Airedale, Wolfsspitz) braucht bei mittlerer Belastung täglich 1600 Kalorien. Das bedeutet: Er muß entweder 200 g Fleisch plus 230 g Mischkost oder 400 g Fertig-Trockenfutter aus der Packung bekommen. Wenn Sie Fleisch plus Zusatzkost einkaufen, müssen Sie dafür etwa 3 DM täglich ausgeben. 400 g Trockenfutter als Vollnahrung kosten etwa 1,30 DM; Dosennahrung mit vergleichbarem Nährwert kommt auf 3,50 bis 4,80 DM.

Krankheiten des Hundes
Schutzimpfungen

Wenn Sie an Ihrem Hund Anzeichen für eine Krankheit entdecken, dann zögern Sie nicht lange, gehen Sie sofort zum Tierarzt. Mit Kurpfuschen kommt man – auch bei Hunden – nicht weit.

Sie haben ja ohnehin als mittlerweile geschulter Hundefreund einen Tierarzt Ihres Vertrauens, der überdies ganz in Ihrer Nähe wohnt, ausgesucht. Er kennt Ihren Hund bereits von der Erstuntersuchung. Er ist der Fachmann, dem Sie die Gesundheit Ihres Vierbeiners getrost anvertrauen können.

Schutzimpfungen müssen vorgenommen werden gegen:

- Staupe, auch Hundeseuche, Hundepest, Sucht und Katarrhalfieber genannt. Am meisten gefährdet sind Junghunde im 3. bis 9. Lebensmonat. Die Anfälligkeit für Staupe erhöht sich durch schlechte Haltung und Fütterung, Erkältungen, Wurmbefall, schlechtes Allgemeinbefinden, bakterielle Erkrankungen.
- Leberentzündung, Anzeichen: Erbrechen, Durchfall, Appetitlosigkeit, Apathie. Welpen winseln, saugen nicht mehr und haben Krämpfe.
- Leptospirose, auch Hundetyphus, medizinisch *Typhus canum*. Sie wird auch Stuttgarter Hundeseuche genannt, weil sie auf einer Hundeausstellung in Stuttgart erstmals seuchenartig ausbrach und zahlreiche Todesopfer forderte. Die Leptospirose wird auch auf den Menschen übertragen *(Zoonose)*. Überträger sind hauptsächlich Mäuse und Ratten, die durch ihre Ausscheidungen die Gewässer verunreinigen. Anzeichen beim Hund: Häufiges Erbrechen, starker Durst, blutiger Durchfall. Es gibt auch mildere Formen. Beim Menschen kann es zur Gelbsucht kommen.
- Tollwut, auch Wut oder Wasserscheu, medizinisch: *Hydrophobie*. Sie grassiert seit langem in Deutschland und wird vor allem

durch den Fuchs übertragen. In den Tollwut-Sperrbezirken (Rote Schilder beachten!) müssen Sie Ihren Hund an der Leine führen, falls Sie nicht riskieren wollen, daß er, wenn er frei herumläuft, abgeschossen wird. Die »stille Wut« läßt die Tiere – auch die Wildtiere – zutraulich und zahm (apathisch) erscheinen. Durch Biß oder Speichel kann der Erreger übertragen werden. Sofortige ärztliche Behandlung ist dringend erforderlich! Die Schutzimpfung beim Hund gegen Tollwut ist unerläßlicher Menschen- und Tierschutz.

Durch vorbeugende Schutzimpfungen können auch andere Infektionskrankheiten beim Hund vermieden werden; fragen Sie Ihren Tierarzt.

Diese Anzeichen deuten beim Hund auf Erkrankungen hin:

- Anhaltendes Niesen oder Husten: Falls der Hund nicht einen Fremdkörper in den Nasengängen hat oder – als Stadthund, auch bei Autofahrten – wegen der Autoabgase niest: Erkältung, Halsentzündung oder Verdacht auf Staupe.
- Krämpfe: Vergiftung nicht ausgeschlossen – oder Epilepsie. Falls anhaltend, zum Tierarzt. Manche Hunde – überzüchtete Kleinrassen beispielsweise – können degenerative epileptiforme Anfälle haben.
- Erbrechen, Durchfall, Futterverweigerung: Vergiftung durch cumarinhaltige Giftköder (Ratten-, Mäusegift) möglich. Sofort zum Tierarzt.
- Blut im Urin: Verdacht auf Blasen-Nieren-Erkrankung. Sofort zum Tierarzt.
- Häufiges Kratzen an einer bestimmten Stelle: Wahrscheinlich Flöhe oder Läuse. Es kann aber auch ein Ekzem sein, das langwierig ist. Tierarzt aufsuchen.
- Geschwulst – beim Abtasten festzustellen: Es kann Krebs sein. Tierarzt aufsuchen.
- Erbrechen mit Fieber: Kann auf schwere Erkrankung – oder Vergiftung – hindeuten. Sofort zum Tierarzt.
- Fühlbar erhöhte Körperwärme bei allgemeiner Erschöpfung oder Schweißausbrüchen, dazu stumpfes Fell, trübe Augen, trokken-heiße Nase: Fieber. Tierarzt aufsuchen.

Notfälle behandelt jeder Tierarzt sofort: Verkehrsunfälle, die bei Hunden weit an der Spitze der tierärztlichen Notfalltabelle rangieren; Vergiftungen, die in der Praxis Vorrang vor anderen Patienten haben; Erstikkungsanfälle, auch Rauchvergiftungen; Krämpfe – bei Staupe oder Epilepsie; Kreislaufstörungen mit Fieber; komplizierte Geburten; plötzlich eintretende Lähmungen. Bei fast allen anderen Krankheitserscheinungen kann bis zur nächsten Sprechstunde des Arztes gewartet werden.

Verhalten bei Verkehrsunfällen mit Hunden:
Oft erleidet das Tier einen Schock und wird dann bissig. Also Vorsicht – auch beim eigenen Hund! Warten Sie, bis er ruhiger geworden ist. Dann binden Sie ihm den Fang zu, stellen auch mit einem zusammengedrehten Taschentuch oder der Krawatte die Blutung ab und verständigen den nächsten Tierarzt. Ähnliches gilt auch für größere blutende Bißverletzungen.

Tips für gesunde und kranke Tage

- Da Sie Ihren Hund gern haben, kennen Sie seine Stimmungen, Launen und auch Wehwehchen. Ich bin sicher, daß Sie ihn jeden Tag aufmerksam beobachten. Dann merken Sie auch sofort, wenn ihm etwas fehlt.
- In einfacheren Fällen wenden Sie harmlose, aber wirksame Hausmittel an: Bei Verstopfung geben Sie rohe Leber, Kalbsknochen, gekochtes Obst, Ölsardinen; bei Durchfall gebratene Leber, rohes Rindfleisch, Kohletabletten.
- Sie haben Ihren Hund gewiß so gut erzogen, daß er sich – von Ihnen oder vom Tierarzt – widerspruchslos untersuchen läßt. Er

muß sich in den Fang schauen (nicht mit Gewalt aber nachdrücklich den Fang öffnen), die Ohren untersuchen und die Pfoten aufheben lassen. Bissigen Hunden legen Sie vor der Untersuchung den Maulkorb an.

- Wenn er Fieber hat, müssen Sie messen: Fetten Sie das Thermometer mit Vaseline ein, schlagen es auf 36° herunter und drehen es etwa 3 cm in den After hinein – (aber nicht brutal), während Sie den Hund mit einer Hand festhalten und ihn beruhigen. Nach einer Minute Thermometer herausnehmen, abwischen, ablesen. Hundefieber beginnt etwa um 39° C – bei Welpen um 39,5° C.
- Falls Sie Medikamente eingeben oder Zäpfchen verpassen müssen: Pulver im Futter zerreiben, Pillen so in den Schlund praktizieren, daß der Hund schlucken muß, Flüssigkeit seitlich in den Fang träufeln. Das Zäpfchen wird mit einem Ruck so tief wie möglich in den After geschoben, während Sie den Hund begütigend streicheln. Kleine Hunde können bei dieser Prozedur auf den Schoß genommen werden.

Mit dem Hund auf großer oder kleiner Fahrt

Es gibt Einweg-Transportkartons für den Bahn- und Postversand. Wenn es irgend geht, sollten Sie dieses Transportmittel vermeiden. Hunde holt man nach Möglichkeit selbst ab, und am besten, nachdem man sich bereits eine Weile vorher mit der Mutter und dem Wurf angefreundet hat. Dann wird der kleine Hund seinen neuen Herrn bereits kennen und den Ortswechsel, auch die Trennung von Mutter und Geschwistern, besser überwinden.

Vergessen Sie nicht: Gewöhnlich kauft man Hunde nach der Entwöhnung. Das ist eine kritische Phase. Junghunde brauchen den Streichel- und Liebhabe-Kontakt – wie kleine Kinder auch. Sie können das Tierchen unterwegs beruhigen, es streicheln, sich in leisem Tonfall mit ihm unterhalten. Ihr Geruch, die Stimme und die Berührung helfen ihm, seine Angst zu überwinden.

Wenn Sie in Urlaub fahren

Vielleicht übernimmt ein guter Freund oder Nachbar die Urlaubsvertretung bei Ihrem Vierbeiner. Übergeben Sie dem Ersatzpfleger dieses Amt bereits einen oder zwei Tage vor Ihrer Abreise, damit er sich einarbeiten kann. Hinterlassen Sie Ihre Urlaubsadresse.

Falls Sie das Futter selbst zubereiten, stellen Sie frühzeitig – etwa 4 bis 6 Wochen vor Ihrer Abreise – auf Fertignahrung um, am besten Trockenfutter plus Wasser. Gehen Sie in der Vorbereitungszeit einige Male mit Hund und Ersatzpfleger den gewohnten Spaziergang, damit sich beide aneinander gewöhnen können.

Legen Sie sich erst noch einmal ernsthaft die Frage vor, ob Ihr Hund ohne Sie – Ihre Frau, Ihre Kinder – auskommen kann. Wer ist die Bezugsperson für Ihren Hund? Spätestens bei der Urlaubsplanung kommt »die Stunde der Wahrheit«; vielleicht entschließen Sie sich ja doch, den Hund mitzunehmen.

Dann müssen Sie besonders gut und lange vorplanen. Informieren Sie sich, in welche Hotels und auf welche Campingplätze Sie Tiere mitbringen dürfen. Es gibt Gasthäuser speziell für Tierfreunde; die Anzeigen in den Zeitungen, die von den Besitzern solcher Häuser aufgegeben werden, mehren sich. Dort sind Sie im Kreise Gleichgesinnter und können auch auf Verständnis für den Hund rechnen. Auch die Automobilklubs, die Reisebüros und Fremdenverkehrszentralen der Urlaubsländer weisen Adressen nach.

Richten Sie ein eigenes Gepäckstück für den Hund her, in dem alles Erforderliche zusammengepackt ist: Futter, am zweckmäßigsten Dosen- und Paketnahrung, dem Hund bereits bekannt; Freßnapf; Wasserschüssel; Medikamente gegen Durchfall und

Verstopfung, auf Reisen gibt's leicht Magenverstimmungen; Schlafdecke; zweite Leine; Kamm und Bürste. Machen Sie vor der Abreise eine »Checkliste« und kontrollieren Sie den Koffer-Inhalt, damit Sie auch für den Hund nichts vergessen.

Hunde dürfen nicht auf dem Vordersitz eines Autos transportiert werden. Der beste Platz ist auf den Rücksitzen – vielleicht mit den Kindern zusammen.

Ich fand ein Merkblatt über »Tierschutz im Unterricht«, herausgegeben von der »Arbeitsgemeinschaft Tierschutz im Unterricht« in Frankfurt am Main. Da gerade an Hunden auf Reisen sehr viel gesündigt wird, möchte ich die folgenden Hinweise dieses Merkblattes jedem Hundehalter – und jedem Kind – ans Herz legen:

Wie verhält man sich auf Reisen?
Pausen einlegen und Auslauf gestatten; frisches Wasser besorgen; nur mäßig füttern – auch vor der Abreise; mit dem Tier beschäftigen und ihm dadurch die Angst nehmen; Spielzeug bereithalten.

Am Urlaubsort: Die Bedürfnisse und Gewohnheiten des Tieres in den Urlaub einplanen; Regelmäßigkeit beim Füttern, Ausführen, Säubern beibehalten; möglichst wenig Umstellung in der Fütterung – also, wenn erforderlich, mehrere Wochen vor der Reise bereits auf Fertignahrung umstellen; Adresse des nächsten Tierarztes erfragen.

Schwere Fehler, die häufig gemacht werden: Tiere werden im Kofferraum eines Autos transportiert; Tiere müssen während einer Rast bei Hitze im Auto warten; Tiere werden allein in fremde Hotelzimmer gesperrt – um nur die gravierendsten zu nennen.

Der Schlußsatz dieser dankenswerten Verhaltensregeln: »Wir genießen unsere Ferien; aber das darf nicht dazu führen, daß unsere Heimtiere darunter leiden müssen!«

Beförderung mit Fernverkehrsmitteln

Bahnreisen: Eine Hundekarte kostet den Preis einer halben Fahrkarte 2. Klasse (Kinderkarte). Hundeabteile gibt es im Bereich der Deutschen Bundesbahn nicht mehr. Hunde können, soweit andere Fahrgäste nicht widersprechen, im Abteil mitgeführt werden, sonst gegen Aufschlag von 1,50 DM im Gepäckwagen.
Schiffsreisen: Stellen Sie vorher fest, ob die Reederei überhaupt Haustiere befördert. Lassen Sie sich die Beförderungsbedingungen vorlegen. Manche Reedereien befördern Hunde kostenlos, andere erheben eine – je nach Streckenlänge – recht teure Gebühr. Sie können durch Vergleich vor der Buchung (dem Schiffskartenkauf) viel Geld sparen.
Flugreisen: Größere Hunde dürfen nicht in die Kabine. Für Transporte verwenden die Fluggesellschaften eigene Transportbehälter. Sie berechnen den Tarif nach Gewicht (Hund plus Behälter). Kleinere Hunde → Transport (Heimtier-Lexikon S. 174).

Mit dem Hund in fremde Länder

Die meisten Länder verlangen bei der Einreise ein tierärztliches Gesundheitszeugnis oder den Nachweis über Tollwutschutzimpfung. Am besten besorgen Sie sich bei Ihrem Tierarzt einen Internationalen Impfpaß, der die entsprechenden Eintragungen enthält; er muß vom Amtstierarzt beglaubigt werden. Erkundigen Sie sich beim zuständigen Konsulat Ihres Reiselandes nach den gültigen Einreisebestimmungen. Für Zwischenlandungen brauchen Sie keine besonderen Papiere.

Die Tollwut-Schutzimpfung muß, vom Tag der Einreise an gerechnet, wenigstens 30 Tage – Jugoslawien und Spanien 15 Tage – und höchstens 12 Monate – Jugoslawien 6 Monate und Spanien 3 Monate – vorher erfolgt sein. In Großbritannien muß

Ihr Hund 6 Monate, in Norwegen und Schweden 3 Monate in Quarantäne. An der dänischen Grenze müssen Sie Ihren bereits tollwutgeimpften Hund nachimpfen lassen. Passieren Sie daher nur bei Tag und an großen Übergängen die Grenze.

Wenn Sie mit Ihrem Hund in die DDR einreisen wollen, müssen Sie ein amtstierärztliches Gesundheitszeugnis und einen Identitätsnachweis vorlegen, dessen Ausfertigungsdatum nicht mehr als 5 Tage vor dem Reisetermin liegen darf. Anstelle des Gesundheitszeugnisses genügt die amtstierärztlich bestätigte Impfbescheinigung gegen Tollwut (Impfpaß). Die Impfung muß mindestens 30 Tage vor der Einreise erfolgt sein und darf nicht länger als 12 Monate zurückliegen. Für die Einreise (Wiedereinreise) in die Bundesrepublik ist ein Identitätsnachweis (Impfpaß mit Gesundheitszeugnis und Tollwutimpfung) erforderlich.

Hinweise zur Haftpflichtversicherung

Hundehaltung ist mit einem Risiko verbunden. Das Gesetz bestimmt, daß Sie für alle Schäden, die durch Ihren Vierbeiner entstehen, in unbegrenzter Höhe haften, auch wenn Sie persönlich keine Schuld trifft. Fahrlässigkeit wird man Ihnen jedenfalls fast immer nachweisen können.

Schließen Sie, um sich vor diesen Folgen zu bewahren, eine Tierhalter-Haftpflichtversicherung ab. Jahresprämie etwa 90 bis 100 DM bei 1 Million DM Höchstersatzleistungssumme für Personenschäden und bis 200 000 DM für Sachschäden. Der Beitrag ist im Rahmen der gesetzlichen Höchstbeträge bei der Lohn- und Einkommensteuer als Sonderausgabe absetzbar. Falls Sie bereits eine private Haftpflichtversicherung abgeschlossen haben, lassen Sie sich ein Angebot über zusätzliches Tierhalter-Risiko machen. Dabei können Sie Geld sparen, denn der Beitrag für eine Zusatz-Versicherung ist niedriger als für eine neue Versicherung.

Deutscher Schäferhund

Gewicht: 30 bis 35 kg
Schulterhöhe: bis 65 cm
Farben: Schwarz, grau, rotgelb bis rotbraun, einfarbig oder mit Abzeichen.
Haltung: Ausgesprochener Gebrauchshund für besondere Aufgaben – kein »Hund im Heim«.
Vorteile: Stellt an die Pflege keine besonderen Ansprüche.
Nachteile: Verkommt und verkümmert ohne sehr viel Beschäftigung.
Anschaffungspreis: 300–500 DM
Normalkosten im Monat: 80–110 DM

Der Deutsche Schäferhund: Noch immer Sinnbild des treuen, intelligenten Haushundes.

Ich habe den Schäferhund absichtlich an den Anfang unserer Betrachtungen über die besten Familien- und Kinderhunde gestellt; es ist mir sehr wichtig, ausführlich über ihn zu sprechen:

Der Deutsche Schäferhund zählt zu den vier meist gehaltenen Rassen. Immer wieder, wenn entweder von Unglücksfällen, verursacht durch Hunde, die Rede ist oder wenn es gilt, Treue und Intelligenz der Hunde zu rühmen, wird der Schäferhund als Beispiel angeführt. Warum ist das so?

Es gibt kaum einen anderen Hund mit vergleichbaren Qualitäten; als Schutz- und Wachhund, Spuren- und Suchhund, Polizei- und

Begleithund, Blindenführ- und Zollhund ist er nahezu unübertroffen. Spätestens seit dem Ersten Weltkrieg, in dem erstmals Hunde Sanitätsdienste versahen und vielen Verwundeten zwischen den Linien zu Hilfe kamen, gilt der Schäferhund als »treuer Kamerad« des Menschen.

Was ihn auszeichnet vor seinen Artgenossen: Er kann und will schwierige Aufgaben bewältigen. Gerade darum muß er hervorragend erzogen und ausreichend beschäftigt werden. Sonst entartet er leicht und verliert seine Qualitäten. Also ist der Mensch daran schuld, wenn ein Schäferhund zum »Verbrecher« wird. Denn es sind nicht die gut ausgebildeten und artgemäß beschäftigten Tiere, die Unglücksfälle verursachen, sondern die vernachlässigten, deren Fähigkeiten nicht genutzt werden und die unter ihrem Wert – oder gar nicht eingesetzt werden.

Zu viele ungeeignete Leute halten sich am ungeeigneten Ort dieses prachtvolle Tier, das dann mit seiner Leistungskraft nichts anzufangen weiß und seelisch verkümmert. Dieser Hund ist auch kein ausgesprochener Kinderhund – auch wenn er Kinder mag und sie gut bewacht. Aber Spielen reicht ihm nicht. Er muß sinnvolle Hundeaufgaben erfüllen.

Darum meine Bitte an alle, die beabsichtigen, einen Deutschen Schäferhund anzuschaffen: Prüfen Sie sich – und Ihre Möglichkeiten – gewissenhaft. Fragen Sie sich, ob Sie und Ihre Familie auch wirklich in der Lage sind, die Verantwortung, die ein Schäferhund mit sich bringt, auch auf sich zu nehmen. Sie brauchen sehr viel Zeit, auch auf dem Dressurplatz, Sie brauchen sehr viel Einfühlungsvermögen und nicht zuletzt: Geld. Ein Schäferhund *muß* richtig erzogen und ausgebildet werden und dann sein Leben lang das, was er gelernt hat, auch anwenden dürfen. Findet er diese Bedingungen bei Ihnen?

Wenn nein, halten Sie nach einer anderen Rasse Ausschau. Blättern Sie in diesem Buch weiter. Lesen Sie aufmerksam die Beschreibungen. Sie werden bestimmt eine Rasse finden, die besser zu Ihnen paßt.

Und noch einmal: Ich habe viel für **Mischlinge** übrig. Bedenken Sie, daß es sich meist um intelligente, geistig regsame und sehr treue Tiere handelt, die weniger kosten und oft mehr Freude machen als manche Rassehunde, die vielleicht überzüchtet, verdorben, körperlich und seelisch degeneriert sind. Mischlinge haben meist etwas Herzerfrischendes, Ursprüngliches, etwas »Wölfisches« im besten Sinn: Treue ihrem Rudel gegenüber steckt ihnen im Blut – wer immer zu diesem Rudel gehört, ob Hunde oder Menschen. Und daß sie »unehelich« geboren, nicht standesgemäß, ohne genaue Rassezugehörigkeit und oft auch heimatlos sind – dafür können sie doch wahrlich nichts.

Denken Sie bitte mal darüber nach. Im Tierheim gibt es genug solcher verlassenen, verstoßenen Geschöpfe, die auf einen guten Herrn, eine liebevolle Familie warten.

Collie oder Schottischer Schäferhund

Gewicht: 20 bis 30 kg
Schulterhöhe: bis 60 cm
Farben: Schwarz mit weiß und braun, rotbraun mit weiß, weiß mit silber- bis blaugrau *(bluemerle)*, schwarze Flecken und Tupfen.
Haltung: Im Haus und im Freien (nicht in engen Wohnungen) – ein Kinderhund mit Einschränkung, da er einen Hang zur Nervosität hat.
Vorteile: Als ehemaliger Hütehund wetterfest.
Nachteile: Haart stark und bringt viel Schmutz ins Haus, ausgiebige Fellpflege nötig (vor allem bei langhaarigen Collies).
Anschaffungspreis: 300–600 DM
Normalkosten im Monat: 75–100 DM

Nur wer viel Zeit und Verständnis aufbringen kann, sollte sich einen Collie halten.

Der »Film-Lassy« hat den Collie berühmt gemacht und dazu beigetragen, daß man ein fal-

sches Bild von ihm gewann: Er ist im Grunde nicht anschmiegsam, auch zum Teil recht heikel. Er ist intelligent, willig und gehorsam, aber seelisch etwas labil. Es besteht die Gefahr der Überzüchtung, da er als Modehund zunehmend gefragt ist. Es gibt dann häufiger hysterische Exemplare, die entweder ängstlich oder bösartig reagieren, so daß sie dann auch als Kinderhunde ungeeignet sind. Der Collie bellt gern und laut – und macht mehr Arbeit als man denkt. Aber er ist sehr schön – ein »Zuschautier«.

Bernhardiner

Gewicht: 55 bis 90 kg
Schulterhöhe: bis 75 cm
Farben: Weiß und rot, um den Hals und Nacken weiße Binde.
Haltung: Kein Wohnungs- und Großstadthund.
Vorteile: Verläßlicher Familienbeschützer, gutmütig und sehr kinderlieb.
Nachteile: Paßt nicht in einen Personenwagen; braucht viel Bewegung (Arbeit) und Futter (teuer).
Anschaffungspreis: 500–800 DM
Normalkosten im Monat: 150–200 DM

Bernhardiner sind gescheit und gutmütig. Sie brauchen viel Platz und kosten viel Geld.

Seinen Namen hat der Bernhardiner von den Mönchen am Großen Sankt Bernhard in der Schweiz, die ihn vor Jahrhunderten als Lawinen- und Suchhund züchteten. Der berühmte Barry hat allein 40 Menschenleben gerettet (steht ausgestopft im Berner Naturhistorischen Museum).

Bernhardiner sind harte, unerschrockene Tiere, etwas phlegmatisch, aber sie lernen leicht. Wenn man sie nicht beschäftigt, trotten sie allein umher auf der Suche nach Arbeit. Aber sie verkümmern seelisch, wenn man sie nicht fordert. Vom Charakter her gibt es kaum etwas Besseres.

Rottweiler

Gewicht: 50 kg
Schulterhöhe: bis 65 cm
Farben: Schwarz mit Abzeichen.
Haltung: Guter Wach- und Begleithund, dabei ein treuer Kinder- und Familienfreund.
Vorteil: Braucht wenig Pflege, bellt kaum.
Nachteil: Nicht in der Wohnung zu halten, am besten im Garten, er braucht viel Bewegung und Beschäftigung.
Streunt und wildert gern.
Anschaffungspreis: 500–800 DM
Normalkosten im Monat: 100–120 DM

Der Rottweiler – ein anhänglicher Familienhund. Nur für Gartenbesitzer geeignet.

Diese sehr alte deutsche Hunderasse wurde wahrscheinlich ursprünglich für die Treibjagd gezüchtet. Seinen Namen hat dieser Hund von der württembergischen Kreisstadt Rottweil, aus der die Zucht stammt.

Früher wurde er öfter als Wach- und Schutzhund, Rindertreib- und Zughund eingesetzt. Der Rottweiler entwickelt sich langsam, lernt aber gut und vergißt das Gelernte nicht mehr; dazu widerstandsfähig, mutig, anhänglich. Rudelchef, Familienmeute und Eigentum verteidigt er unnachgiebig und erfolgreich.

Er verlangt eine gewisse sportliche Note bei seinem Herrn. Wer nicht gern spazierengeht, – oder besser noch: -läuft, sollte ihn nicht halten. Mit anderen Hunden läßt er sich auch schon mal in eine Rauferei ein. Hat Anlagen zum Streunen.

Boxer

Farbfoto → Seite 142.

Gewicht: 30 kg
Schulterhöhe: bis 60 cm
Farben: Gelb bis rotbraun, auch gestromt.
Haltung: Angenehmer Familien- und Kinderhund in nicht zu kleiner Wohnung.
Vorteile: Anspruchslos; keine Schwierigkeiten mit Pflege und Ernährung.
Nachteile: Sehr viel Bewegung (weite Spaziergänge).
Anschaffungspreis: 300–600 DM
Normalkosten im Monat: 75–100 DM

Boxer sind ideale Spielgefährten für Kinder. Manche mögen ihr »verknittertes« Gesicht nicht.

Mit dem »Bullen- oder Bärenbeißer« – man nannte ihn früher so – zogen schon die alten Germanen in den Krieg. Er ist als Schutz- und Wachhund anerkannt und geschätzt. Der »Deutsche Boxer« mit seinem ein bißchen melancholischen Gesicht und dem prachtvollen Charakter ist anschlußfreudig, gutmütig, kinderlieb, wachsam, robust und intelligent. Er ist bei guter Erziehung leicht zu halten.

Cocker-Spaniel

Gewicht: 12 kg
Schulterhöhe: bis 40 cm
Farben: schwarz, braun oder heller (weiß vermischt), bis zu drei Farben.
Haltung: Beliebter (nicht zu lauter) Familien- und Kinderhund auch in der Wohnung.
Vorteile: Friedfertig – gehorcht bei richtiger Erziehung gut.
Nachteile: Haart und bringt viel Schmutz in die Wohnung. Sehr viel Fellpflege, tägliche Ohrenkontrolle (neigt zu Entzündungen); speichelt bei Erregung, neigt zu Übergewicht.
Anschaffungspreis: 250–500 DM
Normalkosten im Monat: 60–90 DM

Der Cocker steht heute an der Spitze beliebter Heimhunde – aus gutem Grund.

Dieser vor allem auch in England sehr beliebte Jagdhund (mit mehreren Spanielrassen) gehört zu den 4 meistverkauften Heimhunden. Er ist zutraulich und anhänglich. Als Wachhund taugt er nicht viel. Charakterzüge: etwas empfindsam, unterschiedlich in den Stimmungen (»himmelhoch jauchzend – zu Tode betrübt«).

Der verspielte Hund ist immer in Bewegung, da sein Jagdinstinkt stets wach ist – auch daheim. Das seidige Fell täglich sorgfältig kämmen und bürsten, nicht scheren. Im Futter kurz halten, nicht zu fett ernähren. »Blonde« Spaniels können neurotisch sein, was zu Bissigkeit führt (sogenannte »Cocker-Wut«).

Schnauzer

Gewicht- und Schulterhöhe: Riesenschnauzer 40 kg/bis 70 cm – Mittelschnauzer 15 bis 18 kg/50 cm – Zwergschnauzer 8 kg/bis 35 cm

Farben: Riesenschnauzer schwarz, die anderen schwarz oder »Pfeffer und Salz«.

Haltung: Guter Haus- und Wohnungshund (allerdings nicht der Riesenschnauzer); Zwergschnauzer auch in Ein-Zimmer-Wohnung zu halten – körperlich robust und anspruchslos.

Nachteile: Muß regelmäßig getrimmt werden (120 DM jährlich) – seelisch etwas empfindsam; nicht immer leicht zu erziehen und zu halten.

Anschaffungspreis: 300–600 DM

Normalkosten im Monat: 50–100 DM

Riesen-, Mittel- oder Zwergschnauzer? Einer paßt bestimmt für Ihre Wohnverhältnisse.

Alle Schnauzer arbeiten gern und brauchen viel Bewegung. Sie sind mißtrauisch gegenüber Fremden. Der **Riesenschnauzer** ist ein vorzüglicher Begleithund und anerkannter Schutzhund. Man sollte ihn nicht unbedingt in der Großstadt halten, da er hier kaum den richtigen Auslauf findet.

Der **Mittelschnauzer** ist der Familie ein guter Freund, auch kleineren Kindern gegenüber freundlich. **Zwergschnauzer** lassen sich leicht erziehen und auf engem Raum halten; aber man muß sie gut beschäftigen (auch mit Auslauf), sonst tyrannisieren sie ihre Umgebung.

Spitz

Gewicht und Schulterhöhe: Großspitz 20 kg/50 cm – Wolfsspitz 10 kg/45 cm – Zwergspitz 1,5 bis 2,5 kg/25 cm

Farben: Weiß, grau mit schwarzen Schatten, auch braun oder orangefarben.

Haltung: Zwergspitz in kleiner Wohnung, Großspitz im Freien.

Vorteile: Verläßlicher Wachhund – guter Kinder- und Anfängerhund.

Nachteile: Lauter Beller (vor allem Zwergspitz) – haart.

Anschaffungspreis: 250–500 DM

Normalkosten im Monat: 50–90 DM

Leider immer seltener zu sehen: Der zuverlässige und blitzgescheite Spitz.

Viele Leute verschreien ihn als großen Beller. Andere, zu denen außer mir viele Binnenschiffer gehören, lassen nichts auf ihn kommen. Es gibt kaum einen besseren Aufpasser. Da er nicht streunt und wildert (kein Jäger und Stöberer), ist er auch auf dem Land gut zu halten.

Seine Treue und Freundlichkeit »seiner« Familie gegenüber ist sprichwörtlich. Man kann sich kaum einen angenehmeren Mitbewohner denken. Die kleineren Spitze in der Wohnung gehen recht unbekümmert mit Teppichen und Möbeln um. Wer da empfindlich ist, sollte sie nicht nehmen. Spitze gehören zu den ältesten Hunderassen überhaupt.

Pinscher

Gewicht: 1,8 bis 3,6 kg
Schulterhöhe: Standardpinscher bis 48 cm – Affen- und Zwergpinscher bis 30 cm
Farben: Einfarbig schwarz, braun bis rot, schwarz mit rostbraunem Einschlag; blaugrau mit roten oder gelben Flecken. Affenpinscher nur schwarz.
Haltung: Ausgesprochener Großstadthund (nicht Standardpinscher), Zwerg- und Affenpinscher sind auch in Ein-Zimmer-Wohnungen zu halten.
Vorteile: Zwerg- und Affenpinscher sind gute Kinderhunde.
Nachteile: Neigt zum Kläffen und zu Übergewicht; Standard-Pinscher ist kein Wohnungshund.
Anschaffungspreis: 200–650 DM
Normalkosten im Monat: 40–50 DM

Der **Normal-** oder **Standard-Pinscher,** der nicht mehr häufig vorkommt, ist ein ausgezeichneter, unerschrockener Wach- und Begleithund: klug, lebhaft, kinderlieb und gutartig. Vor allem die kleineren Typen (**Reh-** oder **Zwergpinscher** und **Affenpinscher**) sind verspielte Kinderhunde, die man am besten gleich nach der Entwöhnung zu sich nimmt. Der sehr kleine Affenpinscher ist ein tapferer Geselle.
Pinscher sehen ein bißchen wie Glatthaar-Schnauzer aus, und früher gehörten beide Rassen auch zusammen. Es ist eine deutsche Züchtung trotz des englischen Namensstammes (*to pinch* heißt beißen; Pinscher sind ganz scharf auf Mäuse und Ratten).

Pudel

Farbfoto → Seite 142.

Gewicht und Schulterhöhe: Groß- oder Königspudel 25 kg/45 bis 55 cm – Mittelpudel 15 kg/35 bis 45 cm – Klein- oder Zwergpudel 4 kg/bis 35 cm
Farben: Braun, schwarz, weiß, silbern und apricot.
Haltung: Auch in Mietwohnungen und Großstädten.
Vorteile: Guter Wächter; haart nicht.
Nachteile: Muß regelmäßig getrimmt werden (200–250 DM jährlich) – bellt gern laut und oft; Zwergpudel nicht zu empfehlen für nervöse Menschen.
Anschaffungspreis: 300–600 DM
Normalkosten im Monat: 55–65 DM

Pudel können reizend sein; sie sind aber nichts für Hundehalter mit schwachen Nerven.

Der Pudel ist der Spitzenreiter unter den Modehunden. Der Grund: Einst gelehriger Jagdhund, Zirkus- und Allerweltskünstler, zeigt er hohe Intelligenz, ein liebenswertes Wesen, ist lustig, temperamentvoll, verspielt, wachsam und sehr anhänglich. Weil er immer und überall dabei sein will, kann er ziemlich aufdringlich werden, deshalb ist er für Menschen mit nicht allzu guten Nerven nicht zu empfehlen. Wer jedoch bei Langeweile viel Abwechslung und Beschäftigung sucht, kommt auf seine Kosten.

Vor allem die **Zwergpudel** sind überzüchtet, manchmal verhaltensgestört neurotisch, werden dann leicht bissig (bei kleinen Kindern Vorsicht!), oder verfallen in hysterische Krämpfe. Selbstverständlich gibt es Ausnahmen.

Terrier

Farbfoto → Seite 142.

Gewicht und Schulterhöhe: Scotchterrier 8 bis 9,5 kg/bis 28 cm – Foxterrier 9 kg/bis 40 cm – Airedaleterrier 25 kg/60 cm
Fell und Farben: Scotch schwarz bis weizenfarben (Haar dick und drahtig) – Fox weiß mit gelblichen Flecken (Rauh- und Drahthaar, seltener Glatthaar) – Airedale schwarz, dunkelgrau (Nase schwarz).
Haltung: Scotch und Fox auch in kleineren Wohnungen.
Vorteile: Gute Wach- und Kinderhunde; lernbegierig und robust.
Nachteile: Fox kann ziemlich laut sein. Terrier müssen regelmäßig getrimmt werden (100 bis 120 DM jährlich).
Anschaffungspreis: Scotch 500–800 DM; Fox 300–700 DM; Airedale 500–900 DM
Normalkosten im Monat: 60–120 DM

Terrier: Ideale Hunde für Großstadtmenschen. Hier ein Scotchterrier.

Selbstverständlich ist es problematisch, Terrierarten zusammen zu behandeln; sie unterscheiden sich zum Teil auch äußerlich erheblich voneinander. Jede Spielart hat eigene Vorzüge und Nachteile entwickelt. Aber alle Terrier sind intelligente und gelehrige Hunde, die sich gut ausbilden und erziehen lassen.

Der **Scotchterrier** ist ein sehr beliebter, anspruchsloser Hund für kleine und größere Familien. Man muß ihn aber gut erziehen und konsequent halten, sonst schlägt er über die Stränge.

Der **Foxterrier** muß öfter ausgeführt werden; ein temperamentvoller Familienhund, der freilich auch recht laut bellen kann. Gerade der Foxl ist ein richtiger Spielfreund der Kinder.

Der **Airedaleterrier** ist eher für den Wach- und Polizeidienst geschaffen, da wird er sehr geschätzt. Wer Haus und Hof (oder Garten) zu bewachen hat, kann ihn gut halten. Auch er versteht sich gut mit Kindern, obwohl er sehr kräftig ist und dadurch manchmal etwas ungestüm. Er muß mehrmals jährlich getrimmt werden.

Der kleine **Yorkshire-Terrier** ist heute groß in Mode: nur 2 kg schwer bei 23 cm Schulterhöhe, aber ein richtiger Terrier: wachsam, temperamentvoll, aufmerksam – aber für Kinder vielleicht schon ein bißchen zu nervös.

Mops

Gewicht: 6 bis 8 kg
Schulterhöhe: bis 32 cm
Farben: Gelbweiß bis gelbbraun, auch grausilbern ohne Zeichnung. Schwarze Gesichtsmaske.
Haltung: Für jede Wohnung – Kinder- und Anfängerhund.
Vorteile: Braucht wenig Pflege und Auslauf.
Nachteile: Wird bei Überfütterung leicht fett – verträgt keine Hitze, schnauft hörbar beim Atmen.
Anschaffungspreis: 400–1000 DM
Normalkosten im Monat: 50–75 DM

Der Mops, ein Hund auch für Kleinwohnungsbesitzer. Er ist leise und folgsam.

Dieser verspielte Kleinhund mit dem schwarzen Knittergesicht ist eine richtige Dogge – in China schon seit Jahrtausenden bekannt, vielleicht eine glatthaarige Version des Pekinesen. Vor Jahrzehnten war der Mops eine beliebte Witzblattfigur der »Fliegenden Blätter«.

Mag er auch ein bißchen komisch aussehen: Er ist doch ein kluger, munterer Familienhund ohne besondere Probleme. Zwar läßt er sich als Schoßhund leicht verzärteln, ist aber sonst eher ein robuster Begleithund: lebhaft, anhänglich, auch verspielt, von angenehmem Wesen. Er braucht aber viel Zuneigung und Liebe.

Dackel (Teckel, Dachshund)

Gewicht: 6 bis 9 kg (Zwergdackel auch weniger)
Haarform: Kurzhaar, Rauhhaar, Langhaar
Farben: Kurzhaar meist braun bis schwarzrot, manchmal getigert – Rauhhaar auch hasen- oder saufarben und getigert – Langhaar rot, braun, schwarzrot bis rot.
Haltung: Bei guter Erziehung Familienhund, auch in Mietwohnungen gut zu halten.
Vorteile: Braucht (bei täglichen Spaziergängen) nicht viel Spielraum.
Nachteile: Geht nicht gern in belebten Straßen; neigt zu Fettsucht; bei Rauh- und Langhaar ist viel Fellpflege notwendig.
Anschaffungspreis: 180–300 DM
Normalkosten im Monat: 45–55 DM

Mit einem Dackel kann einfach keine schlechte Laune aufkommen.

Er ist lustig, stöbert gern herum. Darum stellt er auch in der Wohnung dauernd etwas an und wird, wenn man ihn nicht beherrscht, zum Familientyrannen; ein eigenwilliger Dickkopf, dem man aber gern verzeiht. Er entschädigt durch seine Späße. Wer Sinn für Humor hat (und selbst ganz gern auch mal nachgibt), kommt auf seine Kosten.

Sein Beruf als Spür- und Jagdhund bedeutet: Er mag laufen und suchen. Er ist sozusagen *der* deutsche Jagdhund (heimische Züchtung), obwohl neuerdings der englische Jagdterrier stark aufkommt.

Der schöne Heimtiergarten:

Tiere draußen

Pony-Fohlen auf der Weide.

Der schöne Heimtiergarten
Tiere draußen

Anlagen im Heimtiergarten: Selber planen – selber bauen

Ich habe dieses kleine Schlußkapitel bereits da und dort – bei Kriechtieren, Vögeln und Säugern zum Beispiel – angekündigt. Es soll Ihnen helfen, auch im Freien Tiere richtig – also artgemäß zu halten.

Viele Familien besitzen einen Garten und tragen sich mit dem Gedanken, hier ein Tier – oder sogar mehrere Tierarten – anzusiedeln. Weil sie ein Hobby suchen, das naturnah ist und ihre Freizeit sinnvoll ausfüllen kann.

Man muß nicht viel Geld ausgeben; es soll ja keine Menagerie werden und auch kein Zoo, sondern eine Freistatt für einige wenige Geschöpfe, eingefügt ins Grün der Nutz- und Zierpflanzen. Der Phantasie sind hier keine Grenzen gesetzt.

Aber bedenken Sie bitte, daß mehr Aufwand auch mehr Geld kostet und mehr Zeit für Pflege und Instandhaltung beansprucht. Das Hobby ist nur sinnvoll, wenn Sie seine Möglichkeiten auch nutzen. Am schönsten ist es, wenn Sie – zusammen mit Ihren Kindern oder auch allein – alles selbst planen und bauen. Es ist nicht schwierig und macht Spaß.

Die einfachste Art, Tiere im Freien zu halten, ist die Holzkiste. Aber sie ist weder schön, noch angemessen für die Tiere. Meerschweinchen und Kaninchen können Sie frei laufen lassen, falls der Gartenzaun keine Löcher hat. Oder Sie setzen die Tiere in einen ausgedienten, mit Draht umkleideten Kinderlaufstall, den Sie weiterschieben, sobald das Gras abgefressen ist. Auch die Schildkröte fühlt sich darin wohl und genießt die Sonne. Wie Sie eine feste Anlage für Landschildkröten bauen können, habe ich auf Seite 111 beschrieben.

Kaninchen brauchen einen Stall, der zum Schutz gegen Nässe am besten auf hohen Beinen steht. Für Meerschweinchen können Sie ein Haus bauen, wie man es oft in Zoologischen Gärten sieht. Denn diese Nager sind Höhlenschlüpfer und möchten auch gern mal unterkriechen.

Wasserteil und Gartenweiher

Für manche Gartentiere, wie Enten und selbst Landschildkröten, sollten Sie ein Flachwasser anlegen. Fische, Molche und Frösche brauchen ein Wasserbecken. Dort können auch die frei fliegenden Vögel im Sommer ihren Durst löschen. Sie sind dann an Ihren Garten gewöhnt und kommen auch im Winter zum Futterhäuschen, falls sie bei uns überwintern.

Eine eingegrabene bepflanzte Tonne ist ein billiger und schöner Gartenteich.

Die einfachste Art, sich ein Wasserbecken anzulegen: Nehmen Sie Tonnen oder Bottiche und stellen sie in nebeneinander liegende Löcher in den Erdboden, so daß ihr Rand etwa 10 cm über dem Boden steht. Die Zwischenräume schließen Sie mit Steinen, Erde, Rasen und Baumstümpfen. Sie können auf diese einfache Art eine natürliche kleine Wasserlandschaft gestalten. Auch einige Rohrkolben, Schwertlilien, Tausendblatt-,

Oben: Brautente und Waschbär. Mitte: Haushahn und Schaf mit Lämmchen. Unten: Igel mit Jungem und Pfau.

Froschbiß- oder ähnliche Wasserpflanzen können Sie einsetzen – es sieht hübsch aus. Eine See- oder Teichrose sollte auch nicht fehlen. Dann hätten sogar einige Frösche noch ihr Unterkommen.

Beachten Sie, daß die Hälfte der Wasserfläche im Schatten liegen sollte – unter einem Baum oder nahe der Gartenmauer. Sie können auch schnellwüchsige Pflanzen oder einen Busch ans Ufer setzen.

Schöner noch wäre ein Gartenweiher. Dann haben auch Fische – so die leuchtenden und kältefesten Goldfische und Schleierschwänze – ihr Freiaquarium. Die Goldfische müssen Sie im Winter ins Zimmeraquarium umsetzen oder das Becken abdecken. Bei größeren Weiheranlagen ist es sinnvoll, wenn Sie einen Kostenvoranschlag einholen, obwohl Gartenfreunde alle Arbeiten – unter fachkundiger Anleitung – gut selbst ausführen können.

Vergessen Sie nicht, im Weiher eine Insel aus Steinen oder als Brücke einen verzweigten Ast vorzusehen. Dann fühlen sich auch Sumpfschildkröten geborgen und können gelegentlich mal einen Landbesuch machen. Auch für den Gartenigel können Sie dabei gleich sorgen. Notfalls legen Sie in den Teich oder das Schwimmbecken ein Brett bis über den Beckenrand, so daß hineingestürzte Igel auf dieser Rampe wieder das Trockene erreichen können.

Das Freiland-Terrarium

So können Sie sich ein Garten-Terrarium bauen: Mauern Sie aus unregelmäßigen Steinen – Feldsteinen, Hohlblockziegeln – eine hufeisenförmige Mauer, die möglichst unregelmäßig Kletterwege, Nischen und Verstekke enthalten soll. In die Ritzen können Pflanzen gesetzt werden: Moos, Mauerraute, Mauerpfeffer, Steinkraut. Im Mauerschatten am Boden – die hufeisenförmige Öffnung nicht nach Norden und Westen – gedeihen Miere, Steinbrech und ähnliche Arten, die der Handel gerade vorrätig hat, gut. Sie sind auch als Verstecke nützlich.

Ein Gartenterrarium. Oben Schutzblende – vorn ein Baumstumpf zum Sonnen.

Oben muß die Mauer mit einem schrägen Überhang, 15 bis 20 cm nach innen und unten vorstehend, versehen sein: aus Holz, Blech oder unterhalb der Krone eingemauerten Platten. Manche Bewohner, Mauereidechsen beispielsweise, sind meisterliche Kletterer und verschwinden ohne diese Vorrichtung auf Nimmerwiedersehen.

Wie Sie das Gartenterrarium ausbauen, ist Geschmacksache, zudem richtet es sich nach den Bedürfnissen der Pflanzen, die Sie einsetzen. Auf jeden Fall sollte ein Baumstumpf vorhanden sein und darunter eine geräumige Höhle. Da können manche Tiere (Schildkröten, Kröten, Erdhörnchen) auch überwintern. Um den Stumpf herum können Sie Efeu, Brombeeren oder andere wuchernde Pflanzen setzen.

Welchen Landschaftstyp Sie gestalten, richtet sich nach den Tieren, die Sie einsetzen wollen: Eine Uferzone mit Fröschen und Schildkröten, einen Waldrand, ein Ruinengelände für Eidechsen und andere Sonnenfreunde, eine Sandlandschaft etwa. Im Kapitel über Terrarientiere (Landschaftsaquarium) finden Sie weitere Anregungen.

Noch ein Hinweis: Legen Sie das Garten-Terrarium möglichst nicht nahe dem Zaun zur Straße hin an. Einmal der Auto-Abgase wegen. Und außerdem kommt es immer wieder vor, daß Fremde, ob aus »Tierliebe« oder dem Drang zu zerstören, falsches Futter oder gar Gift ins Terrarium werfen. Der Freilandteil sollte sich in einer abgelegenen Ecke des Gartens befinden, wo er wind- und wettergeschützt ist. Gut bewährt hat sich als Standort auch die Gartenfront des Hauses, weil sie Wetterschutz bietet, ein Wasseranschluß vorhanden ist und durch einen kleinen Mauerdurchbruch eine Verbindung mit dem Zimmer-Terrarium hergestellt werden kann. Dann haben Sie eine Ganzjahres-Anlage, die manches Problem erst gar nicht aufkommen läßt.

Käfige und Volieren auch für Säugetiere
Der Huftierstall mit Auslauf

Wer Stubenvögel besitzt, möchte vielleicht eines Tages die Anlage nach draußen erweitern. Heimische Singvögel und wetterfeste Exoten können gut auch draußen leben.

Es ist nicht nur schön, sondern auch praktisch, wenn Sie die üblichen Sitzstangen durch einen verzweigten Kletterbaum ersetzen oder die Voliere um einen lebenden Gartenbaum herum bauen, den Sie dann freilich stutzen müssen. Wahrscheinlich wird er mit der Zeit absterben, aber auch dann noch kann er als Kletterbaum und Versteck für die Vögel geeignet sein.

Wenn Sie die Drahtbehälter selbst bauen, müssen Sie vor allem darauf achten, daß sie dicht schließen. Orientieren Sie sich in jedem Fall im Fachgeschäft; besorgen Sie sich Prospekte der Lieferanten. Vielleicht entschließen Sie sich dann doch, fertige Behälter zu bestellen. Suchen Sie im Garten einen möglichst wind- und wettergeschützten Platz für Ihre Käfige und Volieren aus.

Besondere Lieblinge vieler Kinder sind Zwergesel, Ponys und Zwergziegen. Wer genug Platz hat, kann ausprobieren, ob sich diese Tiere auch bei ihm im Garten halten lassen. Der Spaß für die Kinder ist groß – die Mühe bei der Pflege aber auch nicht gerade klein.

Die Tiere brauchen selbstverständlich einen wetterfesten Stall. Gegen Nässe und Kälte sind sie alle recht empfindlich. Außerdem sollten Sie angrenzend ein Stück Garten abteilen, damit die Tiere Auslauf haben – im Sommer auch nachts. Sie sollten dann ungestört grasen und sich bewegen können.

Mandarinente ▲▼▲▼ ◉ ☼ ※

Aix galericulata

Farbfoto → Seite 160.

Familie: Enten *(Anatidae)*
Heimat: Ostasien (China bis Ostsibirien)
Größe: 45 cm
Anschaffungspreis: 50–100 DM
Normalkosten im Monat: 8–12 DM

Die farbenprächtige Mandarinente ist eine Zierde für jeden Garten mit Wasserteil.

Der farbenprächtige Erpel dieser ostasiatischen Zierente für den Gartenteich trägt eine hohe Haube auf dem Kopf. Hauptfarben: orangerot und weiß (dazu grün und blau). Das Weibchen ist schlicht graubraun gefärbt. Wenn Sie ein Pärchen halten, ergibt das einen reizvollen Kontrast (im Zoologischen Garten und in manchen Parks können Sie es sich mal ansehen). Die Zierenten pflanzen sich bei uns gut fort und haben, wie alle Enten, ein recht großes Gelege. Sie sind Baumhöhlenbrüter, brauchen also

etwas erhöht an einem Baum einen Nistkasten.

Enten sind sehr unterhaltsam – vor allem, wenn sie Küken haben. Legen Sie den Teichrand mit Sand aus. Dann versumpft er nicht. Setzen Sie in erreichbarer Nähe Buschwerk für die heißen Tage ein. Da kriechen sie gern mal unter.

● Ähnlich schön ist das Männchen der amerikanischen **Brautente** *(Aix sponsa)* mit weißem Bauch und einem dunklen Schopf. Das Weibchen sieht unscheinbar braun getupft aus. Brautenten sind gleichfalls Höhlenbrüter.

Haustauben

Columba livia domesticus

Ordnung: Taubenartige *(Columbiformes)*
Heimat: (Kreuzungen aus der Felsentaube) Mittelmeer bis Großbritannien, Vorder- und Zentralasien
Größe: 25 bis 45 cm
Anschaffungspreis: 20–100 DM (manche Zuchtpaare 1000 DM und mehr)
Normalkosten im Monat: 3–7 DM

Vor einem Taubenschlag. Die Taubenzucht ist ein Hobby, das viel Zeit und Liebe erfordert.

Es gibt erstaunlich viele Taubenfreunde. Aber selbst Zwergrassen der Tauben lassen sich so gut wie nicht in einer Wohnung halten – schon deshalb nicht, weil der Taubenmist recht scharf und ätzend riecht. Also bleibt nur der Garten. In etlichen Gegenden (so im Ruhrgebiet) gibt es zahlreiche Liebhaber (und große Fachleute) der Reisetauben (früher Brieftauben). Viele halten die Schläge auf den Dachböden ihrer Häuser. Es ist ein Volkssport – und wahrlich ein schöner.

Das setzt freilich ein besonderes Interesse voraus, das eigentlich fast immer mit der Zucht von Tauben verbunden ist – von einigen wenigen Ziertaubenrassen abgesehen. Man wird also am besten Mitglied des örtlichen Taubenzuchtvereins, der mit Rat und Tat zur Seite steht. Denn wer zum Beispiel Reisetauben züchtet, will auch in den Konkurrenzen seine Mühen honoriert sehen.

Der Taubenschlag muß trocken, luftig und raubtiersicher, das Einflugloch nach Südosten bis Süden gerichtet sein. Verwenden Sie statt der kalten Steinfliesen Holz- oder Hartfaserplatten für den Boden. Der Schlag muß oft gereinigt werden – wenigstens zwei- bis dreimal wöchentlich. Tauben sind parasitengefährdet!

Sie nehmen das übliche Körnerfutter. Die Trink- und Futternäpfe müssen gut saubergehalten werden.

Wer die Taubenzucht anfangen will, sollte unbedingt vorher einen guten Fachmann zu Rate ziehen. Es ist keine Nebenbeibeschäftigung, sondern ein zeitraubendes Hobby.

Pony

Equus caballus (für die Hauspferde)

Farbfoto → Seite 159.

Heimat (Abstammung): umstritten
Ordnung: Unpaarzeher *(Perissodactyla)*
Größe der Ponys (Kleinpferde von 150 cm Widerristhöhe): Mittelpferd oder Doppelpony 135 bis 149 cm – Kleinpferd 120 bis 134 cm – Zwergpferd bis 119 cm (Miniponys 45 bis 50 cm)
Anschaffungspreis: 250–1000 DM (je kleiner, desto teurer; Miniponys bis 10 000 DM und mehr)
Normalkosten im Monat: 50–100 DM

Am bekanntesten sind bei uns die **Island-** und die **Shetlandponys:** Schulterhöhe nur 80 cm, dabei kräftig und robust – da sie aus dem Norden kommen, auch unempfindlich für Kälte.

Höchstens am Stadtrand können Sie sich wohl einen Ponystall mit Auslauf bauen – falls die Grasfläche groß genug ist und möglichst durch Absperrung gewechselt werden kann, weil die

Hufe das Gras rasch zertrampeln. Bereits Kinder mit 10 bis 12 Jahren können sich verantwortlich mit einem Kleinpferd befassen. Es darf, solange es unter drei Jahren ist, nicht als Reit- und Fahrpferd benutzt werden; Reiten nur mit Sattel (und Ausbildung).

Traum vieler Kinder: Ein eigenes Pony. Es braucht Auslauf und einen Stall.

Die Stallgröße sollte 250 x 350 cm nicht unterschreiten bei ausreichender Höhe; feste warme (durchzugfreie) Holzwände, die Tür zweiteilig nach der wetterabgewandten Seite und so konstruiert, daß das Pony jederzeit ungehindert aus dem Stall heraus- und in den Stall hineinlaufen kann.

Füttern und Tränken täglich morgens und abends (wenn Kinder es betreuen, morgens vor dem Schulgang): Heu, bis zu 1 l Hafer, einige Mohrrüben, bei größerer Beanspruchung auch etwas zusätzliches Kraftfutter. Ponys sind liebebedürftig und brauchen jeden Tag die »Ansprache« ihres Freundes. Die Kinder müssen sich angewöhnen, frisches Trinkwasser zu geben, kein verwelktes oder nasses Gras zu verfüttern, Fell und Hufe oft zu kontrollieren und den allgemeinen Gesundheitszustand zu beobachten. Bei Beschwerden den Tierarzt rufen.

Zwergesel ▲▲▼ ☼ ◇ ※

Asinus (Equus) africanus (Wildesel)
Farbfoto → Seite 124.

Gattung: Pferde *(Equidae)*
Heimat: Nord- und Nordostafrika
Größe (des Zwergesels) 70 bis 90 cm Schulterhöhe
Anschaffungspreis: 250–500 DM
Normalkosten im Monat: 60–100 DM

Kaum anders ist es mit Eseln. Sie sind übrigens gar nicht so bockig, wie man sagt.

Zwergesel sind Kleinstformen des üblichen Hausesels. Kleinste Ausgabe dieser liebenswerten Tierchen ist mit 70 cm Schulterhöhe der **Ceylonzwergesel.** Andere, etwas größere Rassen kommen aus Sardinien und Serbien zu uns.

Der Zwergesel ist ein gutmütiger und geduldiger Paarhufer, auf dem man reiten (siehe Pony), mit dem man sich gut unterhalten und schmusen kann. Er ist ein kluges, aufmerksames Tier voller lustiger Einfälle.

Das genügsame kleine Grautier füttern wir mit Gras, Heu, zerquetschtem Hafer, Rüben, Maisschrot. Er nimmt aber selbst Unkraut und Disteln, dazu Kartoffeln und altes Brot.

Über den Stall und den Auslauf: → Pony.

Waschbär oder Schupp ▲ ◉ ⊖ ※ ▦

Procyon lotor

Farbfoto → Seite 160 und Umschlagrückseite.

Familie: Kleinbären *(Procyonidae)*
Heimat: Umgebung der Waldgewässer von Kanada bis Panama
Größe: bis 65 cm (davon Schwanzlänge 25 cm)
Anschaffungspreis: je nach Angebot

Manche Leute halten den findigen Burschen im Hauskäfig. Ich empfehle es nicht, zumal er im Alter recht kratz- und beißwütig wird. Aber vor allem ist er ein Meisterausbrecher, der – wenn er's schafft, im Haus herumzugeistern – eine ziemliche Unordnung anrichtet und kaum einzufangen ist. Der Freikäfig sollte doppelt gesichert und mit einem Vorhängeschloß versehen sein, sonst knackt er die Riegel und läuft fort. In unseren Wäldern gibt's schon eine Menge, die als Nordamerikaner gut zurechtkommen – ein Beispiel für die Anpassungsfähigkeit dieser Arten.

Schupps hübsche Färbung: gelbgrau mit schwarzem Gesicht und schwarzem Einschlag im Fell, der Schwanz abwechselnd gelb und schwarzbraun geringelt.

Man hat viel Spaß mit ihm, auch wenn es kein Streicheltier im üblichen Sinne ist. Der Waschbär braucht einen geräumigen Schlafkasten. Da nickt er (als geborenes Nachttier) schon mal ein, gewöhnt sich aber bei uns, da wir ihn tagsüber füttern, auch ans Leben im Licht.

Wer einen Waschbär halten will, braucht viel Geduld – und einen Gartenzoo.

Kaufen Sie einen jungen Waschbären, den Sie mit Geduld aufziehen (Vorsicht: Er hat sehr scharfe Krallen!). Ein Kletterbaum im Käfig ist unerläßlich. Sie füttern rohes Fleisch, zerschnittene Leber, Fisch, Hundenahrung, Brot, Grünzeug, gekochten Reis, süßes Obst, Grießbrei, Eier, gelegentlich einen Kalbsknochen.

Europäischer Igel ▲●

Erinaceus europaeus

Farbfoto → Seite 160.

Ordnung: Insektenfresser *(Insectivora)*
Heimat: Europa, gemäßigtes Asien und Vorderasien bis Palästina (in verschiedenen Unterarten)
Größe: bis 27 cm (davon Schwanz 2,5 cm)
Gewicht: 1000–1500 g

Wo Igel in Gefahr sind, sollten wir mithelfen, sie zu schützen und zu erhalten.

Er ist kein Heimtier. Man kann ihn nicht kaufen und soll ihn nicht einsperren. Denn er steht unter Naturschutz. Wer einen Igel fängt oder tötet, muß mit Geld- oder Freiheitsstrafe rechnen – aus gutem Grund. Wenn ich Ihnen trotzdem den »Mecki« ans Herz lege, hat das zwei wichtige Gründe:

Der Igel ist als Schädlingsvertilger sehr nützlich, aber als urtümliches (mit einem schiefen Ausdruck belegt: »primitives«) Tier in unserer schnellen Autorenngesellschaft bedroht. Als nachtgehender Ungezieferjäger muß er oft, von Garten zu Garten oder sonstwo, die Straße überqueren. Außerdem sammeln sich auf den von der Sonne aufgeheizten Fahrbahnen wärmeliebende Kerbtiere, die der Igel nachts abräumt. Dabei werden jedes Jahr Hunderttausende von den Nachtrasern plattgedrückt. Denn gegen Autoreifen helfen die Stacheln nichts. Und da er immerhin schon 15 bis 20 Millionen Jahre auf der Welt ist, dreißigmal so lange wie wir Menschen, kann er auch das Weglaufen und die Verkehrsregeln nicht mehr lernen. Denn bis in unser Jahrhundert hinein konnte er sich auf seine

Stacheln verlassen und alle Gefahren leicht überstehen. Da ich selbst Autofahrer bin, weiß ich mich dem Igel gegenüber, dem wir so viel verdanken, in der Schuld, obwohl ich noch keinen überfahren, aber wiederholt rechtzeitig gebremst habe, um ihn vorüber zu lassen. Was wir ihm schuldig sind? Kaum ein anderes Tier tut – zusammen mit den verwandten Spitzmäusen – so viel für das Gleichgewicht der Natur wie er.

Der Igel ist in unseren Breiten Winterschläfer, und da muß er bei schwankenden Temperaturen oft leiden. Viele gehen ein. Darum hat das Gesetz vom Fangverbot eine Ausnahme zugelassen: Zwischen dem 1. Oktober und 28. Februar, der Winterschlafzeit der Igel, kann sich jedermann einzelne Tiere »aneignen«, um sie zu pflegen und im Frühling wohlbehalten wieder in die Freiheit zu entlassen.

Und mir scheint, daß dies eigentlich die schönste Form der »Heimtierhaltung« ist! Hier die Zusammenhänge: Junge Igel werden in zwei Würfen zwischen März und Juli geboren: um 6 cm groß, weiß, bereits mit Stacheln versehen, die Augen geschlossen. Die Mutter säugt sie 6 bis 8 Wochen, in der dritten Woche öffnen sie die Augen und schon bald darauf sind sie in der Lage, der Igelin auf Nahrungssuche zu folgen. Sie verzehren in großen Mengen Regenwürmer, Schnecken, Insekten und Mäuse, bei Gelegenheit auch Schlangen. Es kann vorkommen, daß auch Vater Igel mitmarschiert. Das sieht dann recht lustig aus.

Weniger lustig ist es, wenn junge Igel zu früh von Schnee und Kälte überrascht werden. Im Normalfall klappt alles. Die Körpertemperatur des Igels beträgt um 34° C. Im Winterschlaf sinkt sie manchmal bis auf 3° C ab, während die Herzfrequenz bis auf einen Schlag in der Minute (!) zurückgeht. Der Schmelzpunkt des Körperfetts liegt so niedrig, daß es auch bei großer Kälte abgebaut werden kann.

Dramatisch wird es, wenn der Spätwurf erst im September oder gar Oktober kommt. Dann finden die Jungigel nicht mehr genug Nahrung, um sich das nötige Überwinterungsgewicht von mindestens 700 Gramm anzufuttern. Da Igel, entgegen landläufiger Meinung, keine Vorratssammler sind, müssen sie sterben. Und eben hier können wir Menschen am Igel wieder etwas gutmachen. Damit Igel ihr Winterschlafgewicht von wenigstens 700 Gramm noch erreichen, füttern wir sie den September und Oktober hindurch im Freien mit kräftigen Mahlzeiten. Gute Igelkost ist folgendermaßen zusammengesetzt: Fleisch, gehackt oder kleingeschnitten; Herz, Leber, Hühnerinnereien; Eier (Dotter, roh und gekocht), Fisch; Käfer, Grashüpfer, Regenwürmer (nicht vom Misthaufen), Mehlwürmer aus der Zoohandlung. Überstreichen Sie die Nahrung gegen Stachelausfall und Lähmungen täglich mit getrockneten Garnelen oder Kükenaufzuchtfutter (in Futtermittelhandlungen erhältlich) und rühren Sie einmal wöchentlich 3–5 Tropfen eines Multivitaminpräparats ins Futter. Bitte, die Nahrung nicht kühlschrankfrostig, sondern zimmertemperiert geben – auch nicht salzen, zuckern oder würzen. Stets ausreichend Trinkwasser beistellen.

Ein Igel, der noch bis Ende Oktober im Freien umherirrt, hat keinen Schlafplatz gefunden. Wiegt er weniger als 700 Gramm, sollten Sie ihn ins Haus nehmen. Igel haben wenig Feinde, aber viel Ungeziefer. Fliegeneier oder Maden am Körper ziehen Sie mit einer Pinzette heraus und streichen eine Heilsalbe darüber. Fast alle Igel haben Flöhe. Keine Angst! Sie gehen nicht an uns und können mit dem für Haustiere üblichen Insektenpulver besprüht werden (kein DDT). Bitte achtgeben, daß das Mittel nicht in Augen und Ohren kommt! Wenn Ihnen sonst etwas nicht geheuer vorkommt, fragen Sie den Tierarzt. Das sollte Ihnen die Sache wert sein.

Baden Sie den Igel in lauwarmem Wasser (in der Wanne abbrausen) und trocknen Sie ihn mit einem weichen Tuch ab. Igelkinder bis 150 Gramm Gewicht brauchen sofort Nahrung: auf 2 Teile Milch 1 Teil Fencheltee (bei Durchfall statt Fencheltee schwarzen Tee), alle 3 bis 4 Stunden mit der Puppenmilchflasche oder der Pipette einflößen. Nach der Mahlzeit After und Geschlechtsgegend mit weichem Haarpinsel massieren, bis das Tier Kot absetzt. Hat es etwa 150 Gramm erreicht, kann man es an die Schüsselnahrung zu gewöhnen versuchen: vorsichtig mit der Schnauze eintunken, aber nicht zwingen. Klappt es, dann die Flüssigkeit mit Haferflocken, Kinderbrei (Kindernahrung) oder gekochtem Gries andicken, dazu feste Nahrung geben (siehe oben).

Haben Sie einen Igel ins Haus genommen,

müssen Sie ihn auch behalten, bis er das Winterschlafgewicht erreicht hat. Sonst halten Sie ihn in der warmen Stube (durchgehend 18° C Bodentemperatur) in einer Kiste 100 x 50 x 40 cm, mit Plastiktuch ausgeschlagen und Zeitungen belegt, oder Torf. Vergessen Sie die Futter- und Wasserschale sowie den Schlafkasten nicht. Lassen Sie ihn jeden Tag eine Zeitlang frei in der Wohnung umherlaufen, damit er seine Beweglichkeit behält. Seine Scheu wird er dann bald ablegen. Bissig sind allenfalls ältere Tiere, und auch die nur selten. Trotzdem sollten Sie Ihrem Igel genug Zeit lassen, sich einzugewöhnen. Später können Sie ihn streicheln, ohne daß er die Stacheln stellt.

Im Haus aufgezogene Igel dürfen Sie nur bei milder Witterung (16–20° C) aussetzen, sofern Sie wenigstens 800–900 Gramm wiegen. Im Freien halten Igel Winterschlaf unter Unkrauthaufen, Holzstößen, Laub, Strohmieten, in trockenen Höhlen und ähnlichen frost- und windgeschützten Verstecken. Sehen Sie vorsichtshalber im Herbst nach, ehe Sie den Unkrauthaufen im Garten verbrennen. Es könnte ein Igel drin sein. Lassen Sie einen Heu- oder Reisighaufen in einer Gartenecke liegen, den unser Insektenfresser als Unterschlupf gerne annimmt. Auch mehrere allseitig geschlossene Holzkisten (50 x 40 x 40 cm, Einschlupfloch 20 x 20 cm) können Sie unter Reisig oder anderem Material verborgen aufstellen – mit Heu, Stroh, trockenem Laub gefüllt. Igel überwintern einzeln; jeder braucht einen Verschlafplatz.

Sie tun ein gutes (und vernünftiges) Werk, wenn Sie sich um Igel kümmern. Ich weiß Fälle, daß Hausfrauen im Herbst regelrechte »Igelaktionen« gemacht haben, um die vom Wintertod bedrohten Spätlinge und Leichtgewichte einzusammeln und durchzubringen. Wenn Sie obige Ratschläge beachten, werden Sie damit Erfolg haben.

Kleines Heimtier-Lexikon

Hier finden Sie Antworten auf wichtige Fragen der Heimtierhaltung, soweit sie nicht bereits an anderer Stelle behandelt wurden: praktische Tips für Pflege und Ernährung, Rechtsfragen, wissenschaftliche Begriffe, Fachausdrücke. Das Zeichen → bedeutet, daß Sie unter dem nachfolgenden Stichwort nachlesen können.

Abstammungslehre, Dezendenzlehre oder Transformismus. Besagt, daß alle Lebewesen, die heute die Erde besiedeln oder früher gelebt haben, in sehr langen Zeiträumen durch allmähliche Umbildung entstanden sind. Der Mensch hat sich aus höheren Tieren entwickelt, diese sind aus niederen Tieren entstanden, niedere Tiere aus Pflanzen — bis zurück zum Urkeim, aus dem alles Leben unseres Planeten kam. Schon die alten Griechen (Anaximander, Demokrit) haben solche Ideen der Verwandtschaft und Entwicklung der Lebewesen vertreten. Entscheidendes hierzu hat Charles Darwin geschrieben. → *Auslese, Evolution.*

Affen. Menschenaffen (Orang-Utan, Gorilla, Schimpanse) sind keine Heimtiere. Es sind hochstehende und entsprechend schwierige Wesen, die zu den → *Primaten* gehören. Auch Kleinaffen sind in Gefangenschaft sehr empfindlich und brauchen viel Verständnis, Hinwendung und Spielraum (auch Spiel-Raum). Nur im Käfig gehalten, trauern sie oder werden bösartig. In der Wohnung freigelassen, reißen sie Gardinen, Tapeten und Sonstiges herunter. Affen sollte nur der erfahrene Kenner und Könner halten. → *Problemtiere.*

Alleinfutter → *Fertignahrung.*

Anschaffung von Heimtieren und Zubehör. Tageszeitungen, Fachzeitschriften, Vereins- und Verbandsblätter bieten unter der Rubrik »Tiermarkt« Tiere zum Verkauf an. Hier finden Sie auch Adressen von Züchtern. Erkundigen Sie sich über ihre Seriosität bei den Klubs, Züchtervereinen und Verbänden oder besuchen Sie Fachausstellungen (siehe Anzeigenteil der Tageszeitungen).

Gehen Sie nach Möglichkeit selbst zum Züchter, anstatt bei dubiosen Adressen blind per Post zu bestellen. Sehen Sie sich den Betrieb an! Wenn der Züchter seriös ist, wird er Ihnen Fragen stellen und Ihnen vielleicht sogar vom Kauf abraten. Reine Geschäftemacher verkaufen Ihnen alles — und zu jedem Preis — sobald sie in Ihnen den Laien erkennen. Kaufen Sie dort nicht, wenn es unsauber und schlecht gelüftet ist, die Tiere eng gepfercht sind (oft gemischte Massenzucht).

Rassetiere zu kaufen, ist Vertrauenssache. Es kann Sie teuer zu stehen kommen — vor allem dann, wenn Sie sich an Ausstellungen und Zuchtkonkurrenzen beteiligen wollen. Wenden Sie sich am besten vorm Kauf an den zuständigen Zuchtverband. Man weist Ihnen gern geeignete Klubs und seriöse Züchter nach.

Falls Sie nicht einen Rassehund mit »Stammbaum« haben wollen, empfehle ich einen Besuch im → *Tierheim.* Sehen Sie sich dort um. Vielleicht entwickeln Sie (oder ein Angehöriger Ihrer Familie) rasch Zuneigung zu einem der Pfleglinge und können ihn erwerben.

Vergessen Sie bei allem nicht, daß Tiere keine Geschenkartikel sind. Solche freudigen Überraschungen enden meist bitter. Mit Recht wendet sich der Tierschutzbund gegen die Unsitte, zu Weihnachten lebende Tiere oder zu Ostern Küken zu verschenken oder zum Verkauf anzubieten. Das ist ein geschmackloser Werbegag. Die armen Tierchen sind in ein paar Tagen verhungert, zu Tode geliebt oder ersäuft worden. Machen Sie diese Tierquälerei nicht mit! → *Tierhandel.*

anal: in der Aftergegend. Analdrüsen: Afterdrüsen.

Anthropologie: Wissenschaft vom Entstehen und der Entwicklung des Menschen sowie seines Verhaltens in Bezug auf die sich ständig verändernde Umwelt — insbesondere Rassenkunde, Erb- und → *Abstammungslehre.*

Artenwandel → *Evolution*

Auslese, Selektion: Überall in der Natur treten Vorgänge der Auslese auf. Es bedeutet, daß einzelne Lebewesen oder ganze Arten sich besser behaupten können, wenn sie die für das Überleben günstigeren Eigenschaften besitzen. Nachteile (z. B. fehlende Geschicklichkeit, Kraft, Verteidigungsfähigkeit) können durch besonders hohe Nachkommenzahlen ausgeglichen werden → *Evolution.*

Beförderung von Tieren → *Transport.*

Biotop, der: von griechisch ›topos‹, so viel wie Ort oder Stätte — in unserer Betrachtung ein begrenzter Lebensraum, der bestimmte Bedingungen bietet, unter denen sich die davon abhängigen Pflanzen und Tiere ansiedeln, zum Beispiel Wiese, Laubwald, Feldrain, Moor, Heide, Bach, Seeufer, Strand usw. Manche Tiere (Vögel z. B.) müssen wir im Käfig halten und können ihnen für den natürlichen Lebensraum keinen Ersatz bieten. Stattdessen müssen wir durch Unterbringung, Pflege, Ernährung und persönliche Zuwendung die Umstände schaffen, unter denen die Tiere auch in Gefangenschaft »artgemäß« leben, also ihre angeborenen Verhaltensweisen zeigen können, damit sie gesund bleiben und nicht verkümmern. Der Natur nachempfundene Biotope der Heimtierhaltung sind z. B. das Landschaftsterrarium, das Freilandterrarium und die Gartenvoliere.

Degeneration, Degenerierung, lat. Entartung: die nicht normale (natürliche) Rückbildung oder Umbildung von Körperzellen, Organen, geistigen Fähigkeiten bei einzelnen oder ganzen Familien. Auch das Auftreten und Verbreiten krankhafter oder minderwertiger Erbanlagen.

Demutsgebärde, Demutsgeste: erkennbares Verhalten eines unterlegenen (auch jungen) Tieres gegenüber einem Stärkeren seiner Art (bei Heimtieren auch dem Menschen gegenüber, wenn ihn das Tier als »artzugehörig« betrachtet), z. B. das Auf-den-Rücken-Werfen des Hundewelpen, um auszudrükken: Du bist der Stärkere, tu mir nichts!

Domestikation, von lat. »Hausgenosse«: die Situation der Haus- und Heimtiere (sowie Kulturpflanzen) gegenüber wildlebenden Arten. Domestizierung: Wildtiere in den Zustand der Domestikation versetzen.

Dosenfutter → *Fertignahrung.*

Dressur, aus dem Französischen: das »Abrichten« von Tieren, um sie zu zähmen oder ihnen bestimmte Verhaltensweisen abzuverlangen. Dressieren kann man nur Tiere, die ein Gedächtnis haben, also höhere Tiere, die durch wiederholte Versuche Irrtümer erkennen und vermeiden oder etwas ihnen Abverlangtes leisten. Tiere leisten in der Natur auch »Selbstdressur«, indem sie durch Erfahrung lernen. Der Mensch nutzt das durch das Mittel von Belohnung und Strafe aus. Bekanntestes Dressurbeispiel sind die Raubtiernummern im Zirkus. Aber man spricht heute nicht mehr von Dressur, sondern von Tiererziehung: nämlich die arteigenen Verhaltensweisen zu erkennen und auszunutzen, um das Tier zu Leistungen zu bringen. Das gilt sinngemäß auch für die Heimtierhaltung: Nicht Dressur und Zwang, sondern Eingewöhnung und Erziehung sind die Leitlinien für den Heimtierhalter. → *Tierschutz.*

Eingewöhnung ins Haus. Auch Menschen müssen sich an eine neue Umgebung — bei Wohnungswechsel, im Urlaub, beim Krankenhaus- oder Sanatoriumsaufenthalt — erst gewöhnen. Warum sollte es Tieren anders ergehen? Das neue, fremde Nest muß von ihnen erst angenommen werden. Es soll erst noch zum wärmenden und beschützenden Nest werden. Unsere Wohnung ist das vorerst noch nicht. Der Umgewöhnungsprozeß verläuft schmerzlich; zumindest ist er nicht ganz leicht. Wir können das an uns selbst nachempfinden. Unser Haus, unser Garten entspricht in etwa dem → *Biotop*, dem Revier des Tieres. Daheim fühlen wir uns sicher. Es ist unser Unterschlupf, der uns schützend umhüllt. Im Ernstfall werden wir sogar dem körperlich stärkeren Eindringling überlegen sein, weil uns das Hausrecht mehr Sicherheit verleiht.

Prüfen Sie sich einmal selbst! Sie werden zum Beispiel finden, daß sie ein »Höhlenmensch« sind. Das Bewußtsein, von schützenden Mauern bei wohliger Wärme umgeben zu sein, empfinden Sie als angenehm, ja sogar als notwendig für Ihr Wohlbefinden. Psychologen können Ihnen das erklären: Der Mensch kommt, wie alle Säugetiere, aus dem wohlgeborgenen Mutterleib hinaus in die feindliche Welt. Diese (unbewußte) »Erinnerung« begleitet ihn durchs Leben. Sie hilft ihm, sich zu verbergen — im Verborgenen »geborgen« zu sein.

An vielen Tieren - nämlich den → *Nesthockern,* zu denen im weiteren Sinne die meisten unserer üblichen Heimtiere gehören — können wir studieren, daß sie wenigstens zeitweise ein schützendes Nest (Versteck) brauchen, und daß sie standorttreu sind. Das heißt: Sie bleiben in aller Regel im näheren Umkreis ihres Geburtsplatzes. Da versteht es sich, daß Ortswechsel sie beunruhigt.

Am besten gewöhnen wir unseren Pflegling ein, wenn wir ihm vorher ein passendes Versteck herrichten. Das geeignete (übliche) Futter muß bereitstehen. Darum haben wir uns beim Züchter oder Vorbesitzer nach den Futterzeiten, Freßgewohnheiten und Leckerbissen erkundigt. Anfangs sollten wir möglichst wenig Aufhebens von unserem Neuling machen. Hastige Bewegungen und laute Rufe sind beim Umgang mit Tieren stets von Übel. Wir sollten das Tier anfangs nicht lange allein lassen, aber auch nicht durch den Ansturm der ganzen Familie zu Tode erschrecken. Zuerst soll es seinen Pfleger noch besser kennenlernen. Dann ist Zug um Zug die Familie an der Reihe. So wird er uns am besten als Ersatz für seine Artgenossen akzeptieren — falls er das überhaupt kann oder sein → *Sozialtypus* es zuläßt.

Erbgut: die Gesamtheit der Gene (das sind die in den Chromosomen des Zellkerns vorhandenen Erbanlagen).

Ernährung. Heimtiere zu halten, ist nicht gerade billig — vor allem, wenn wir sie sachgemäß unterbringen und ernähren. Man hat errechnet, daß 1975 allein die Heimtierhalter der Bundesrepublik Deutschland 650 Mill. DM vorfabrizierter Tiernahrung ausgegeben haben: für Hundefutter 480 Mill., für Katzenfutter 110 Mill. und für Vogelfutter 60 Mill. — nicht gerechnet das selbstgemachte Futter (und ohne andere Tierarten). Die Kostensätze für

Heimtiere schwanken erheblich — je nach Art und Aufwand. Die Grundkosten können Sie der Tabelle *Heimtiere auf einen Blick* (S. 30) entnehmen.

Meist laufen Anfänger aus falsch verstandener Tierliebe Gefahr, ihre Lieblinge zu überfüttern. Bei zu wenig Bewegung werden sie rasch fett und krank. Sie weisen dann alle Anzeichen der Adipositas (Fettsucht) auf, die heute auch jeden zweiten Menschen verunstalten: Bauch, Speckfalten, Verdauuntsstörungen, schlechte Haut. Es kommt zu hohem Blutdruck und Kreislaufstörungen.

Auch Tiere sind davon nicht frei — durch unsere Schuld. Wir widmen uns dieser Frage bei den einzelnen Tierarten eingehend. Halten wir fürs erste fest, daß Sie bei Ihrem Heimtier — analog zum Menschen — folgende Faustregeln beherzigen sollten:

- Übergewicht liegt vor, wenn das Tier zehn bis zwanzig Prozent über Durchschnitt wiegt.
- Bei zwanzig und mehr Prozent über Durchschnittsgewicht leidet es an Fettsucht. Zu viel Gewicht ist stets von Übel. → *Fertignahrung, Füttern, Mangelschäden.*

Evolution, lat. in der Biologie die Entwicklung der Vielfältigkeit des heutigen Lebens (→ *Abstammungslehre*). Das bedeutet auch: Alle Pflanzen und Tiere, ebenso der Mensch, gehen auf einen Ursprung zurück und sind miteinander verwandt. Für die fortschreitende Bildung neuer Formen, Arten, Familien, Ordnungen usw. (→ *Ordnung des Tierreichs*) sind verschiedene Ursachen verantwortlich, z. B. die → *Mutation.* Die → *Auslese* kann bestimmte Formen bevorzugen oder unterdrücken, z. B. Tiere mit einer günstigen Tarnfarbe, die dann besser überleben, während verwandte Tiere mit auffälliger Farbe schneller von ihren Feinden aufgespürt und allmählich ausgerottet werden.

Exoten kommen aus tropischen oder subtropischen, also heißen Gegenden der Erde. Dazu gehören u. a. viele Aquarienfische, Terrarientiere und Vögel. Für zahlreiche Exoten können wir nur mit verhältnismäßig hohem Kostenaufwand die äußeren Bedingungen schaffen, die sie brauchen, um gut zu gedeihen. Viele sind wärmebedürftig. Sie haben besondere Futteransprüche. Nehmen Sie von diesen, oft auch seltenen Arten, Abstand! Es gibt Raritätensammler, die unbedingt das Teuerste und Knappste haben müssen. Aber bedenken Sie bitte, daß viele Tierarten vom Aussterben bedroht oder selten geworden sind. Wissenschaftler beobachten, daß es in manchen Urwaldstrichen Süd- und Mittelamerikas so gut wie keine Papageien mehr gibt. Man hat sie weggefangen, um sie nach Übersee zu schaffen — für Heimtierhalter hauptsächlich. Aber von zehn kommen kaum zwei oder drei in Europa an. Die anderen sterben beim Fang oder auf dem Transport. Wir sollten dem nicht Vorschub leisten. Ich empfehle Tiere, die es noch in großer Zahl in der freien Natur gibt oder die auch bei uns nachgezüchtet werden → *Problemtiere.*

Fertignahrung. Manche Heimtiere, insbesondere auch Katzen und Hunde, können mit Fertigfutter gut ernährt werden. Die Hersteller unterscheiden: Hauptnahrung in Dosen (Naßfutter), die man mit Beigaben an Frischfutter (Fleisch, Grünzeug usw.) füttert, oder Alleinnahrung (Vollnahrung) in Dosen (als Naßfutter) oder in Paketen (Trockenfutter, das durch Wasserentzug entsteht, so daß beim Füttern für ausreichend Wasser gesorgt werden muß). Die Alleinnahrung enthält alle Bestandteile, die zu einer gesunden Ernährung gehören. Sie sind gleichbleibend zusammengesetzt und einwandfrei verarbeitet — unter Kontrolle der Veterinärverwaltung. Da sie ohne Konservierungsmittel nach besonderen Verfahren haltbar gemacht werden, bleiben die sonst beim Kochen zerstörten Vitamine weitgehend erhalten. Die Haltbarkeit ist auf lange Zeit berechnet; der gute Hersteller garantiert, daß keine Krankheitskeime (Salmonellen etwa) enthalten sind. Überdies richten sich die Markenhersteller nach neuesten ernährungswissenschaftlichen Erkenntnissen. Gegen Fertignahrung, vor allem für Urlaub und Reise, ist nichts einzuwenden. → *Ernährung, Mangelschäden, Vitamine.*

Füttern. Halten Sie regelmäßige Fütterungszeiten ein — für jüngere Tiere öfter, für ältere am besten morgens und abends. Die Tiere gewöhnen sich rasch daran. Sie sollten in Ruhe fressen können, sonst nehmen sie zu wenig oder zu hastig. Hinterher brauchen sie Verdauungsruhe. Jetzt ist nicht die Zeit, mit ihnen zu spielen oder spazieren zu gehen. Kinder sollten das wissen. Zum Futter das Wasser nicht vergessen! Es sollten keine Reste zurückbleiben; gegebenenfalls die Rationen kürzen. Reste säuern und geben Nährboden ab für Bakterien und Fliegeneier. Verderbliches Futter soll höchstens 24 Stunden bereitstehen. Bei Freßunlust für Abwechslung sorgen. Der Futterbedarf richtet sich nach der Verdauungsleistung: Körpergröße (Gewicht), Beschäftigungsgrad, Qualität des Tieres als »Futterverwerter«. Für die meisten Tiere (nicht Jungtiere) ist der wöchentliche Fastentag durchaus gesund. → *Ernährung.*

Heimtiere. Ein Begriff, der zunehmend Verwendung findet. Man meint die in Wohnung oder Garten gehaltenen Haustiere, die keine Nutz- oder Gebrauchstiere (Zugpferd, Milchkuh, Fleischschaf, Wachhund z. B.) sind. Das bedeutet: Ihr Nutzen liegt in unserer Freude am Tier als Lebewesen mit »Familienanschluß«, nicht in der Arbeitsleistung oder Rohstofflieferung.

Kleines Heimtier-Lexikon

Instinkt, lat. Eingebung, Anreiz: angeborene Bewegungen (für jede Tierart, auch den Menschen, verschieden), die lebensnotwendig sind, um das Leben und die Art zu erhalten. Sie werden durch »Stimmungen« ausgelöst; der sogenannte »Auslösemechanismus« ist angeboren. Beispiel: Wer hungrig ist, sucht Nahrung (die Brust der Mutter), oder lutscht wenigstens am Daumen (Ersatzhandlung). Andere Instinkte: Schlaf, Geschlechtstrieb. → *Trieb.*

Imponiergehabe, Imponiergeste, Drohgeste — Fachterminus der → *Verhaltensforschung:* Verhalten gegenüber Artgenossen, um sich größer zu machen und damit stärker zu erscheinen (Abschrekkung). Beispiele: der auf die Brust trommelnde Gorilla, der die Flossen spreizende Fisch, die gesträubten Haare der Katze. Auch Menschen benutzen diese Imponiergesten. → *Demutsgebärde.*

Kauf von Heimtieren → *Anschaffung.*

Klassifikation der Tiere → *Ordnung.*

Krankheiten. Die meisten Heimtierkrankheiten können durch gute Unterbringung und Pflege sowie vollwertige, abwechslungsreiche Ernährung vermieden werden. Schwankungen im Wohlbefinden des Tieres (Freßunlust, Verstopfung, Durchfall) kommen gelegentlich vor. Hier können einfache Mittel (Milch bei Verstopfung, Kohletabletten bei Durchfall, auch Leber usw.) fehlen. (Siehe Angaben bei den einzelnen Tierarten.) Lähmungen und Haarausfall sind nicht selten auf → *Vitaminmangel* (→ *Mangelschäden*) zurückzuführen. Sobald ernsthafte Veränderungen festzustellen sind (anhaltendes Fieber, Blut im Stuhl, Eiterabsonderungen, wiederholtes Erbrechen z. B.) muß der → *Tierarzt* zu Rate gezogen werden.

Mangelschäden sind die Folgen falscher Ernährung. Nicht nur die Menge, sondern auch die Zusammensetzung spielt für die tierische (und menschliche) Ernährung eine entscheidende Rolle. Neben den herkömmlichen Grundbestandteilen der Nahrung — Eiweiß (Proteine), Fett, Kohlenhydrate und → *Vitamine* — dürfen Mineralstoffe und Spurenelemente (wie Eisen, Kupfer, Mangan, Molybdän etc., auf manchen Fertigpackungen auch als »Asche« ausgewiesen) nicht fehlen. Das richtig zusammengestellte Futter enthält sie nur in kleinen Mengen. Ihr Fehlen jedoch ruft gefährliche Mangelerscheinungen hervor. → *Ernährung.*

Mietrecht. Das Halten von Haustieren ist dem Mieter nur gestattet, soweit dadurch keine Belästigung anderer Hausbewohner oder Beeinträchtigung der Mietsache verursacht wird, und sich die Anzahl und Größe der Tiere in üblichen Grenzen hält. Die Einwilligung des Vermieters ist einzuholen. Der Vermieter kann üblicherweise seine Zustimmung zur Heimtierhaltung nicht versagen, sie jedoch zurückziehen, falls Ihr Tier die Hausbewohner oder die Nachbarschaft ungebührlich belästigt — etwa durch besonderen Lärm, unzumutbaren Geruch, Bissigkeit. Glücklicherweise sind das moderne Mietrecht und die Gerichte tierfreundlicher geworden. Früher hieß es in den Mietverträgen oft lakonisch: Das Halten von Haustieren wie Hunden etc. ist nicht gestattet. Das kann auch heute noch gelegentlich drinstehen. Darum lesen Sie vor Unterzeichnung des Mietvertrags den entsprechenden Paragraphen (Benutzung der Mieträume) und die Hausordnung gut durch, ehe Sie unterschreiben. Oder versuchen Sie, den Mietvertrag entsprechend zu ändern. Im Streit- oder Zweifelsfall holen Sie fachmännischen Rat ein. Der örtliche Mieterschutzverein wäre für Sie der richtige Partner.

Mutation: ein Vorgang, der plötzlich, meist zufällig, zu einem veränderten Erbmerkmal (Mutante, Mutat) führt. Es gibt verschiedene Ursachen, z. B. Veränderung oder Verminderung von Chromosomen (Erbanlagen), oder äußere Ursachen: Strahleneinwirkungen (UV-, Röntgenstrahlen usw.), Keimgifte u. a. → *Evolution.*

Nachttiere. Dazu gehören auch viele Heimtiere, die erst bei Dunkelheit aktiv werden, wie Kröten, Eidechsen, manche Hörnchen, Waschbär u. a. Andere Nachttiere haben sich an das Leben mit uns angepaßt und werden auch bei Tag aktiv, obwohl sie hauptsächlich nachts besonders rege sind (Goldhamster, Katze). → *Problemtiere.*

Nestflüchter und Nesthocker. Viele Tiere, vor allem Wirbeltiere, betreiben Brutpflege: Sie sorgen solange für ihre Nachkommen, bis sie sich selbst ernähren und verteidigen können. Nestflüchter können sofort nach dem Schlüpfen weglaufen und ihre Nahrung selbst suchen. Nesthocker sind vorerst ans Nest gebunden und auf Ernährung durch die Alttiere angewiesen.

Nomenklatur, lat. Namensverzeichnis: In der Biologie die von Linné eingeführte internationale wissenschaftliche Benennung der Tiere (und Pflanzen). Bei dieser binären Nomenklatur hat jedes Tier (Pflanze) einen zweiteiligen lateinischen Namen. Der großgeschriebene Erstname benennt die Gattung (Gattungsname), der kleingeschriebene Zweitname die Art (Art- oder Speziesname). → *Ordnung.*

Ökologie, die Wissenschaft von der Beziehung der Lebewesen zu ihrer Umwelt. Sie ist besonders wichtig für den Natur- und Umweltschutz, um weitere Zerstörungen der Lebensgrundlagen (auch der Vielfalt der Tiere) zu verhindern.

Kleines Heimtier-Lexikon

Ordnung der Tiere (und Pflanzen). Im Jahre 1735 stellte der schwedische Naturforscher Carl v. Linné ein natürliches System auf, in das sich alle Lebewesen einordnen lassen. Denn da sie aus einem Ursprung kommen (→ *Abstammungslehre*), können sie zu verwandtschaftlichen Gruppen zusammengefaßt werden. Der Dackel zum Beispiel wird dann so eingeordnet: *Rasse:* Dackel. *Art:* Haushund (lat. *Canis familiaris*). *Gattung:* Echte Hunde *(Caninae)*. *Familie:* Hundeartige *(Canidae)*. *Ordnung:* Raubtiere (*Carnivora* = Fleischfresser). *Klasse:* Säugetiere *(Mammalia)*. *Stamm:* Chordatiere, Wirbeltiere *(Chordata)*. *Unterreich:* Vielzeller oder Metazoen *(Metazoa)*. Reich: Tiere.

Ornithologie, griech. Vogelkunde.

Prägung. Konrad Lorenz hat diesen Begriff in die → *Verhaltensforschung* eingeführt: daß nämlich in einer kurzen empfindsamen Zeitspanne nach der Geburt (dem Schlüpfen) das Jungtier(Küken) auf die Mutter »geprägt« wird und ihr dann bis zum Erwachsensein folgt. Es kann auch ein »Muttterersatz« sein. (→ *Ein wichtiger Begriff: Prägung*, S. 19)

Primaten, Herrentiere (Säugetierordnung): biologisch gesehen die Menschen, Affen und Halbaffen.

Problemtiere im Heim setzen viel Erfahrung voraus. Der Anfänger sollte sie nicht halten. Gründe: Sie sind besonders empfindlich. Der Halter muß viel über ihr Verhalten wissen, sonst gehen sie ein. Manche vertragen die Gefangenschaft nicht und werden im Käfig trübsinnig. Andere gedeihen nur, wenn wir praktisch unsere ganze Zeit an sie wenden. Auch manche → *Nachttiere* und → *Winterschläfer* sind solche Problemtiere, ebenso zahlreiche → *Exoten.* Auch Affen, Greifvögel und Schlangen gehören in die Hand des Kundigen.

Reise und Urlaub. Wir unterscheiden zwischen freibeweglichen Tieren, die mitreisen können (*Hunde* → S. 131), sowie hausbeständigen Tieren, die den Ortswechsel schwer vertragen oder unterwegs Anstoß erregen. Katzen sind wohnungsgebunden. Man kann sie nicht frei laufen lassen, da sie ausreißen und nicht wieder heimfinden. Phlegmatische Katzen könnten an Halsband und Leine mitreisen, aber sie haben es nicht gern und es tut ihnen nicht gut. Kleinere Käfigtiere — Wellensittiche, Kanarienvögel, Goldhamster — können (bedingt) mitreisen. Zu empfehlen ist es nicht; die Autofahrt wirkt auf sie nachteilig. Außerdem sind kleinere Tiere besonders gegen Zugluft empfindlich und dadurch erkältungsanfällig. Manche Kleinsäuger riechen nicht sehr gut. Es könnte im Hotel Schwierigkeiten geben. Versuchen Sie, einen geeigneten Hauspfleger aufzutreiben, der Sie vertritt. Aquarienfische können bei automatischer Fütterung und eingeschalteter Belüftung/Heizung einige Tage allein bleiben, notfalls auch Körnerfresser, falls sie mit einem Automaten gefüttert werden und genug Trinkwasser haben. Sorgen Sie vor, daß tagsüber nicht die pralle Sonne auf den Käfig scheint! Bei Hunden und Katzen, die daheim bleiben, muß die regelmäßige Fütterung sichergestellt sein. Das Katzenklo nicht versperren. Hunde brauchen täglichen Auslauf. Reisen ins Ausland: → S. 147. → *Tierheim, Transport.*

Selektion → *Auslese.*

Sozialtyp, dem das Tier angehört — hängt ab vom Sozialverhalten der Tiere, ihrer sozialen Verständigung: wie Angehörige einer Art untereinander in Beziehung treten. Ohne soziale Verständigung wäre ein Zusammenleben von Tieren in Rudeln, Herden, Staaten nicht möglich. Verständigungsmittel sind Gesten, Bewegungen, Gerüche (der »Familiengeruch« bei Ratten z. B.). Der Sozialtypus ist in diesem Buch für Heimtiere im Hinblick auf die praktische Bedeutung für den Heimtierhalter vereinfacht auf Einzelgänger, Schwarm- und Rudeltiere.

Terrarium: von lat. Terra, die Erde: Ein Behälter für Lurche und Kriechtiere, der so eingerichtet und klimatisiert ist, daß er den natürlichen Bedürfnissen und Lebensumständen der Tiere nahekommt. Das Aquaterrarium (von lat. Aqua, Wasser) hat einen gesonderten Wasserteil für amphibisch lebende Tiere, wie Molche, manche Salamander, oder Frösche und Kröten zur Laichzeit.

Tierarzt. Wenigstens vom Kleinsäuger an aufwärts sollten Sie Ihre Neuerwerbung nach der Anschaffung vom Tierarzt untersuchen lassen. Diese Gesundheitsinspektion dient auch dazu, daß der Veterinär dem Anfänger Ratschläge über Pflege und Fütterung gibt. Außerdem nimmt der Arzt die eventuell erforderlichen Impfungen vor. Wählen Sie einen Tierarzt in der Nähe, so daß Sie keine großen Umstände haben, wenn Sie einmal in die Praxis müssen. Bestellen Sie den Arzt nur ausnahmsweise nach Hause. Es ist teurer und meist nicht nötig. Außerdem hat der Arzt in seiner Praxis alle Untersuchungs- und Behandlungsmöglichkeiten, die sein Besuchskoffer nicht beinhaltet. Im Notfall können Sie am Wochenende die Tierärztliche Klinik oder eine private Tierklinik aufsuchen. In den meisten Großstädten ist ein Tierärztlicher Sonn- und Feiertagsdienst eingerichtet, den Sie telefonisch erreichen können. Die Klinik nimmt auch stationäre Patienten an, gewöhnlich für schwierigere Operationen. Das Veterinärmedizinische Labor nimmt Gesundheitskontrollen, Kotuntersuchungen, bakteriologische und parasitologische

Untersuchungen sowie Sektionen vor. Grundsätzlich sollten Sie aber Ihrem Tierarzt die Entscheidung überlassen, was er für notwendig hält. → *Krankheiten.*

Tierhalter — Haftpflichtversicherung. Bei Tieren, die Schaden anrichten können (vor allem Hunde, vielleicht auch Katzen und gefährliche Tiere), wäre eine Haftpflichtversicherung zu empfehlen. Über Einzelheiten → S. 149.

Tierhandel. Im Normalfall wird der Käufer seine Wünsche im Zoofachgeschäft befriedigen können. Es hält auch Käfige, Aquarien, Terrarien, Zubehör und Futter zum Verkauf bereit. Grundsätzlich sollten Sie nicht in Geschäften kaufen, die lebende Tiere direkt in der Auslage feilbieten. Zumindest müssen Schaufenstertiere eine Zufluchtsmöglichkeit vor Sonneneinstrahlung haben; denn die Scheibe kann wie ein Brennglas wirken. Andernfalls sollten Sie einen solchen Laden gar nicht erst betreten. Die Tiere sind hier in schlechten Händen. Es gibt auch renommierte Versandhäuser, die gewöhnlich auf bestimmte Tierarten spezialisiert sind: Zierfische, Amphibien/Reptilien oder Vögel etwa. Adressen finden Sie im Anzeigenteil der Fachzeitschriften, in Katalogen usw. Lassen Sie sich Prospekte, Lieferlisten und Bildkataloge schicken. Sie erhalten damit interessante Vergleichsunterlagen über lieferbare Tiere, Preise, Futter, Pflanzen, Behälter und Zubehör. → *Anschaffung.*

Tierheim. Neben privaten Tierheimen und -pensionen unterhalten vor allem die Tierschutzvereine Heime für Fundtiere. Man kann dort preiswert auch wertvolle Tiere kaufen. Für Hunde müssen Sie gewöhnlich einen Fundvertrag mit Eigentumsvorbehalt abschließen. Falls sich der Eigentümer noch meldet und das Tier zurückerhält, können Sie die Pflegekosten zurückverlangen. Sie können Ihr Tier vorübergehend ins Tierheim auch zur Pflege geben. Melden Sie frühzeitig Ihr Tier an. Gerade zur Urlaubszeit sind die Heime überfüllt — nicht zuletzt mit »herrenlosen« Tieren, die verantwortungslose Tierhalter vor Urlaubsantritt aussetzen oder davonjagen, um die Pensionskosten zu sparen. Viele der bedauernswerten Geschöpfe meldet der Besitzer später als »entlaufen«. Vernünftigerweise verweigern die Tierheime zunehmend die Rückgabe, wenn sich die Besitzer nach Rückkehr aus dem Urlaub melden, um ihren Liebling mit Tränen in den Augen wieder heimzuholen. Übrigens ist das Aussetzen von Heimtieren nach dem → *Tierschutzgesetz* strafbar. Fast alle Tierheime verlangen Schutzimpfungen für Katzen und Hunde.

Die Tagespflegesätze betragen etwa: Kleintiere 0,50—1,50 DM; Vögel 1—3 DM; Katzen 4—6 DM und Hunde 5—10 DM.

Sie sollten daran denken, daß die Unterbringung im Tierheim für Hunde und Katzen schwere Komplikationen mit sich bringen kann. Das gilt sowohl für den längeren Urlaubsaufenthalt, als auch die kurze Wochenendpension. Der Milieuwechsel, das Einsperren im Massenkäfig, der Verzicht auf den gewohnten Umgang, die unerwartete Auseinandersetzung mit Artgenossen um den daheim längst sichergestellten Rang: diese Streßsituation kann zu schweren seelischen Schäden führen. Man muß es nicht dramatisieren. Ein Heimtier, das körperlich und geistig in Bewegung gehalten und nicht verzärtelt wird, dürfte das meistern. Aber daran denken sollte man und sich vielleicht doch entschließen, das Tier mit in den Urlaub zu nehmen.

Tierschutz. Jeder Heimtierhalter ist verpflichtet, die wichtigsten Bestimmungen des neuen Tierschutzgesetzes vom 1. 10. 1972 zu kennen und sich danach zu richten, zumal Zuwiderhandlungen empfindliche Strafen nach sich ziehen. Diese Bestimmungen gelten sinngemäß auch in den meisten außerdeutschen Ländern, selbstverständlich auch für Nutztiere.

§ 1 (Grundsatz) Dieses Gesetz dient dem Schutz des Lebens und Wohlbefindens der Tiere. Niemand darf einem Tier ohne Grund Schmerzen, Leiden oder Schäden zufügen.

§ 2 (Tierhaltung) (1) Wer ein Tier hält, betreut oder zu betreuen hat,

1. muß dem Tier angemessene artgemäße Nahrung und Pflege sowie eine verhaltensgerechte Unterbringung gewähren,
2. darf das artgemäße Bewegungsbedürfnis eines Tieres nicht dauernd und nicht so einschränken, daß dem Tier vermeidbare Schmerzen, Leiden oder Schäden zugefügt werden.

§ 3 Es ist verboten,

1. einem Tier außer in Notfällen Leistungen abzuverlangen, denen es wegen seines Zustandes offensichtlich nicht gewachsen ist oder die offensichtlich seine Kräfte übersteigen,
2. ein gebrechliches, krankes, abgetriebenes oder altes, im Haus, Betrieb oder sonst in Obhut des Menschen gehaltenes Tier, für das ein Weiterleben mit nicht behebbaren Schmerzen oder Leiden verbunden ist, zu einem anderen Zweck als zur unverzüglichen schmerzlosen Tötung zu veräußern oder zu erwerben,
3. ein im Haus, Betrieb oder sonst in Obhut des Menschen gehaltenes Tier auszusetzen oder es zurückzulassen, um sich seiner zu entledigen,
4. ein Tier zu einer Ausbildung, Filmaufnahme, Schaustellung, Wertung oder zu einer ähnlichen Veranstaltung heranzuziehen, sofern damit offensichtlich erhebliche Schmerzen, Leiden oder Schäden für das Tier verbunden sind,
5. ein Tier an einem anderen lebenden Tier auf Schärfe abzurichten oder zu prüfen,

6. ein Tier auf ein anderes Tier zu hetzen, soweit dies nicht die Grundsätze waidgerechter Jagdausübung erfordern,
7. einem Tier durch Anwendung von Zwang Futter einzuverleiben, sofern dies nicht aus gesundheitlichen Gründen erforderlich ist,
8. einem Tier Futter darzureichen, das dem Tier offensichtlich erhebliche Schmerzen, Leiden oder Schäden bereitet,
9. ein Tier mit Nachnahme zu versenden.

§ 4 (Töten von Tieren) (1) Ein Wirbeltier darf nur unter Betäubung oder sonst, soweit nach den gegebenen Umständen zumutbar, nur unter Vermeidung von Schmerzen getötet werden . . . Ein Wirbeltier töten darf nur, wer die dazu notwendigen Kenntnisse und Fähigkeiten hat.

Transport. Was für Hunde gilt (→ S. 147), trifft auch auf Katzen und etwas größere »Pelztiere« zu, bis zu einem gewissen Grad auch auf Vögel. Sie sollten sie nach Möglichkeit selbst befördern und nicht in einer Kiste zuschicken lassen. Beim Transport mit öffentlichen Verkehrsmitteln beachten Sie: Auf Bahnreisen können Sie Tiere mitnehmen, sofern Sie damit andere Reisende nicht belästigen. Gegebenenfalls erfolgt der Transport im Gepäckwagen. Erkundigen Sie sich rechtzeitig auf dem Bahnhof. Das gilt sinngemäß für Schiffsreisen, vor allem bei Urlaubsfahrten. Klären Sie diese Frage, ehe Sie den Reisevertrag abschließen oder die Karten kaufen.

Im Flugzeug können Sie Kleintiere auf Inlandsstrecken kostenlos mit in die Kabine nehmen, wenn sie sich in einem Behälter befinden, aus dem sie nicht ausbrechen und aus dem keine Flüssigkeit auslaufen kann. Die Fluggesellschaft stellt solche Behälter (nicht größer als 46 x 25 x 31 cm) zur Verfügung. Das Tier muß darin aufrecht stehen und sich wenden können. Daraus ergibt sich, daß größere Tiere nicht in der Kabine, sondern im Laderaum befördert werden (gegen entsprechende Frachtrate). Der Kapitän kann jedes Tier in den Laderaum umladen lassen, wenn der Transport in der Kabine zu Schwierigkeiten führen kann. Als Fluggast haften Sie für Schäden, die durch den Tiertransport in der Kabine entstehen können. Melden Sie den Transport mit der Buchung frühzeitig an, da jeweils nur ein Tier bei einem Flug zugelassen ist. Und seien Sie frühzeitig am Schalter, da Sie ein Formular ausfüllen müssen.

Für Auslandsflüge berechnet die Gesellschaft die normale Übergepäckrate, das ist 1% vom 1. Klasse-Flugpreis je kg einschließlich Behälter. Auf Charterflügen ist in aller Regel die Mitnahme von Tieren nicht erlaubt. Erkundigen Sie sich dennoch im Reisebüro oder beim Veranstalter.

Trieb, Triebhandlung → *Instinkt.*

Trockenfutter → *Fertignahrung.*

Verhaltensforschung, vergleichende — Ethologie: von Konrad Lorenz begründete Wissenschaft, die das Verhalten von Tieren beobachtet, untersucht und dazu auch Versuche anstellt. Die Forscher vergleichen bestimmte Verhaltensweisen mit nahverwandten (freilebenden) Arten, um festzustellen, was von gemeinsamer Abstammung herrührt und was etwa durch → *Auslese* und Anpassung entstanden ist. Auch kann der Mensch mit in die Betrachtung einbezogen werden, da er mit den Tieren vieles gemeinsam hat, wie Sinne, Stimmungen, Körperfunktionen, Fortbewegungsarten.

Versicherung → *Tierhalter-Haftpflicht.*

Vitamine sind in den Nahrungsmitteln enthaltene Wirkstoffe, die im Gegensatz zu den Nährstoffen (Eiweiß = Proteine, Fett und Kohlenhydrate) keine Energie liefern, aber in kleinen Mengen für den Stoffwechsel unerläßlich sind. Vitamine werden fast nur von Pflanzen gebildet und durch längere Lagerung oder beim Kochen ganz oder teilweise zerstört. Bei unzureichendem Vitaminangebot kommt es zu → *Mangelschäden, Ernährung.*

Vivaristik. Vivarium ist lat. eine Anlage zur Pflege von Kleintieren und Fischen (früher auch Bezeichnung für Tiergärten). Vivaristik ist die Aquarien- und Terrarienkunde.

Voliere, franz., großer Flugbehälter für Vögel.

Vollnahrung, Alleinfutter → *Fertignahrung.*

Winterschläfer sind vorwiegend Säugetiere, die im Spätherbst bei Eintritt kälterer Witterung in Winterstarre fallen: ein Ruhezustand mit aufs Notwendigste herabgesetzten Körperfunktionen. Die Temperatur sinkt auf 5—0° C ab. Steigt die Außentemperatur, wirkt das als »Weckreiz«; das Tier wacht auf. Winterschläfer gehören für den Heimtierhalter aus zwei Gründen zu den → *Problemtieren:* einerseits hat er gerade im Winter besonders viel Zeit, sich mit seinem Tier zu beschäftigen, und andererseits überleben viele Tiere (z. B. Schildkröte) wegen unsachgemäßer Behandlung und Lagerung den Winterschlaf nicht. Über Vorbereitung zum Winterschlaf: → S. 111.

Zuchtwahl bedeutet, daß durch längere Generationsreihen nur Artenvertreter mit bestimmten (nützlichen, vorteilhaften) Eigenschaften sich fortpflanzen und dadurch ihre Eigenschaften weitervererben, während die unterlegenen (in bestimmter Weise weniger geeigneten) Lebewesen dadurch allmählich von der Fortpflanzung ausgeschlossen werden. → *Auslese.* Bei künstlicher Zuchtwahl ersetzt der Mensch die Natur und züchtet (veredelt) bestimmte Eigenschaften bei Haus- oder Heimtieren.

Literatur-Verzeichnis
Die Fotografen des Buches

Literatur

Erich Braum/Klaus Paysan, *Aquarienfische,* Belser, Stuttgart

Maurice Burton, *Die Welt der jungen Tiere,* Südwest Verlag, München

Irenäus Eibl-Eibesfeldt, *Liebe und Haß,* Piper, München

Irenäus Eibl-Eibesfeldt, *Grundriß der vergleichenden Verhaltensforschung,* Piper, München

Hans Frädrich/Jutta Frädrich, *Zooführer Säugetiere,* G. Fischer, Stuttgart

Hans W. Fricke, *Korallenmeer – Verhaltensforschung am tropischen Riff,* Belser, Stuttgart

Grzimeks Tierleben, Band 1–10, Kindler, München

Ulrich Klever, *Dein Hund – Dein Freund,* Gräfe und Unzer, München

Paul Leyhausen, *Verhaltensstudien an Katzen,* Paul Parey, Berlin

Konrad Lorenz, *So kam der Mensch auf den Hund,* Borotha-Schoeler, Wien

Konrad Lorenz, *Über tierisches und menschliches Verhalten,* Band 1 und 2, Piper, München

Konrad Lorenz/Paul Leyhausen, *Antriebe tierischen und menschlichen Verhaltens,* Piper, München

Konrad Lorenz, *Das sogenannte Böse,* Borotha-Schoeler, Wien

Wilpert Neugebauer, *Wilhelma, Wegweiser durch den zoologisch-botanischen Garten Stuttgart,* Stehns Buchhandlung

Jürgen Nicolai, *Vogelleben,* Belser, Stuttgart

Jürgen Nicolai, *Vogelhaltung, Vogelpflege,* Franckh, Stuttgart

Walter Schneider, *Tiere bei uns daheim,* Südwest Verlag, München

Heinz Sielmann, *Abenteuer im Tierreich,* C. Bertelsmann, München

Heinz Sielmann, *Lockende Wildnis,* C. Bertelsmann, München

Heinz Sielmann, *Mein Weg zu den Tieren,* Heyne, München

Nikolaas Tinbergen, *Tiere untereinander,* Parey, Berlin

Nikolaas Tinbergen, *Tiere und ihr Verhalten,* Time Life

Eberhard Trumler, *Mit dem Hund auf Du,* Piper, München

Ludwig Trutnau, *Amphibien und Reptilien,* Belser, Stuttgart

Rosemarie Wolff/Helga Bracmer, *Rassekatzen,* Belser, Stuttgart

Fotografen

Angermayer 43 M.r., 61, 98 u.l., 98 u.r. 160 o. r.

Coleman/Burton 80 o.l., 80 o.r., 80 u.l.

Coleman/Reinhard 97 o., 97 u.

Collignon/Lane 43 M.l., 43 u.r., 44 o.

Herrlich 142 u.l.

R. König 98 M.r.

Leclerc 142 o.l.

Mauritius/Harstrick 44 u.

Paysan 79, 80 M.l., 80 M.r.

Pfletschinger 98 o.l., 98 o.r., 98 M.l.

Roebild/E. Müller 80 u.r., 142 o.r.

Thompson 123 o.l., 123 o.r., 123 M.l., 123 M.r., 123 u.l., 123 u.r., 124 u., 142 M.

Schmidecker 43 o.l., 43 o.r., 43 u.l., 62 o.l., 62 o.r., 62 M., 62 u.l., 62 u.r., 160 o.l., 160 M.l., 160 M.r., 160 u.l., 160 u.r.

Schollmayer 18

Schrempp 17

Schürer Umschlag-Vorderseite

Schuster 142 u.r.

Ullmann 124 o., 141, 159